本成果系李慧玲主持的 2013 年普通高校教学改革研究立项项目"论讨论式教学在环保法学教育中的应用"（湘教通［2013］223 号）研究成果。

环境保护法学研讨教学论纲

李慧玲　　李爱年◎著

世界图书出版公司

广州·上海·西安·北京

图书在版编目（ＣＩＰ）数据

环境保护法学研讨教学论纲/李慧玲，李爱年著.
—广州：世界图书出版广东有限公司，2016.3
ISBN 978-7-5192-0853-0

Ⅰ.①环… Ⅱ.①李… ②李… Ⅲ.①环境保护法—
法学教育—教学研究 Ⅳ.① D922.684

中国版本图书馆 CIP 数据核字 (2016) 第 050056 号

环境保护法学研讨教学论纲

责任编辑： 廖才高　王梦洁

责任技编： 刘上锦

封面设计： 周文娜

出版发行： 世界图书出版广东有限公司

地　　址： 广州市新港西路大江冲 25 号

电　　话： 020-84460408

印　　刷： 虎彩印艺股份有限公司

规　　格： 787mm×1092mm　1/16

印　　张： 19

字　　数： 280 千

版　　次： 2016 年 3 月第 1 版

印　　次： 2016 年 3 月第 1 次印刷

ISBN　978-7-5192-0853-0/G·2047

定　　价： 48.00 元

前　言

　　早在古希腊时期，著名的哲学家苏格拉底就提出了"苏格拉底方法"，又称为"诘问法"，是有关讨论教学法的方法。它是指教师在与学生的谈话过程中，不直接把学生应知道的知识告诉他，而是通过讨论、问答甚至辩论的方式来逐步引导学生揭露对方认知中的矛盾，最后得出正确答案的方法。17世纪，西欧开始使用讨论式教学法进行教学。1919年，英国教授俄斯凯恩提出了讨论式教学模式的概念。后美国学者布鲁克菲尔德和普瑞斯基尔将讨论式教学法应用于美国各大高等院校。此后，在英国、加拿大、日本、俄罗斯等国，该教学法被普遍适用。

　　在中国，早在两千多年前，孔子就提倡学生间的相互讨论，自己也经常与学生讨论。《礼记》中也有训导："独学而无友，则孤陋而寡闻。"20世纪50年代，教育学家叶圣陶先生就提出："应提倡用启发、诱导和讨论的方法进行教学。"

　　讨论式教学法（Problem-Based Learning，简称PBL），正式在我国推进应是20世纪80年代，它是指在教师的组织和指导下，学生围绕某一理论问题或实际问题各抒己见，展开讨论、辩论等，以求得正确认识或妥善解决问题的教学方法。如果说传统教学模式中教师在"自导自演"，那么，在讨论式教学模式中，教师是"导演"，学生是"演员"，在这一教学模式中，教师是决定性因素，学生是课堂的主体。

　　社会科学的学习与研究，需掌握充分的信息量，而信息量的摄取，一则来源于茫茫的书海、网络，二则来源于同行间的思想交流。讨论式教学法不失为摄取信息量最充分的一种教学法，因为它集书海、网络和同行间的交流于一体。同时，讨论式教学法作为法学实践教育模式中重要的教学方法，既能督促教师精心地准备讨论式课堂，又能充分调动学生的主观能动性，培养学生的创新思维，提高学生的综合素质与能力，以实现本科教育的培养目标。而《环境保护法学》这门课程具有非纯理论性课程、非基础课程和非重点主干课程的特点，宜采用以讨论式教学法为主的教学方式。

《环境保护法学》这门课程，相对于其他法学学科，更加枯燥，且国家司法考试所占分值极少，因而采用传统的教学方法很难调动学生的学习积极性。同时，本科教育不仅仅是职业技能培养，它应该以专业基本素养、综合能力、职业技能培养三位一体为培养目标。为了充分调动学生的学习积极性，培养其专业基本素养和综合能力，我们将其作为以讨论式教学为主的一门课程，较大范围地采用讨论式教学法。该门课程总课时为 51 课时，我们安排近一半的课时作为讨论式课时。具体按下列步骤进行：

1. 选定主题和设置问题

讨论式课堂教学的关键在于教师通过设计教学问题来引发学生参与讨论，激发学生自己探索，形成自己的观点。而问题的设定又以主题的确定为基础。讨论式教学为主的课程选定后，不是其所有的内容都宜采用讨论式教学法，我们应选定讨论的主题。而《环境保护法》这门课程，我们共确定 12 个主题作为讨论课内容，其中 11 个主题由教师选定，一个主题由学生自己确定。但在本书中，我们在每一章里设定了多个主题，供我们在开设具体的研讨课时选择使用。从总体上看，我们确定的主题主要包括以下三类：

第一类是该学科领域的前沿、热点的理论问题，如：环境保护法的调整对象与环境权理论、环保机构监测监察执法垂直管理模式探讨、环境公益诉讼的探索与实践、排污权交易制度的推进、环境税的开征等。这类主题既是该学科的前沿问题，又是容易展开讨论的问题，它能刺激学生的讨论积极性，以更好地掌握相关知识。

第二类是该学科重点的知识点，如：我国环境保护监管体制、环境保护法的体系构建、环境保护法的基本原则、环境保护法基本制度、环境法律责任等。设定讨论的主题包括：环境影响评价制度的理论与实践、排污收费制度的理论与实践、污染环境罪等。这类主题是该门课程的重点问题，从历年司法考试的试题分析，有 40% 以上的内容出自这些主题，因此，花较多时间对其讨论，有利于对问题的深入分析和透彻理解。

第三类是现实中出现的鲜活的案例，如：环境保护民事责任——电磁波辐射案引起的法律思考、江苏泰州天价环境污染赔偿案的法律思考、环境影响评价制度的实践——三门峡水库修建的环保法反思等。这类主题既重要，又能激发学生的浓厚兴趣，是讨论课经常选择的主题。

学生自由选题，一般不宜过多，通常为一个，安排在课程的最后一次课。而这一选题的安排，既能培养学生完全独立学习的能力，让学生善于发掘本门课程的重点内容，又能彻底地调动学生的积极性，真正把这门课程的学习推向高潮。

设置问题是一个非常重要的环节，问题应由浅到深，循序渐进，引导学生深入分析，透彻理解。将主题、问题确定后在教学班的 QQ 群里予以公布，原则上提前一周进行。

2. 选择讨论模式

讨论式教学法可根据不同的主题和不同的设施条件选择讨论模式。从总体上看，讨论模式有圆桌会议模式、辩论式模式和普通教室模式三种。

对于在该学科领域里已基本形成定论的重点知识如环境保护法的基本制度和重点案例等可采用圆桌会议模式。当然，采用这一模式，受设施条件的限制，应有圆桌会议室或类似于圆桌会议室的教室。该模式可以是全班学生参与的圆桌会议模式，也可以是以小组形式参加的圆桌会议模式。该模式使师生之间产生一种亲和力，学生能轻松自如地参加讨论。小组讨论形式可让每位学生都有发言的机会；而全班讨论形式又在很大程度上刺激学生争取得到发言的机会。

对于学科领域里争论较大的热点理论问题通常可采用辩论式模式，如环境保护法的调整对象和环境权理论、排污权交易、环境税等问题，由于学术界存在针锋相对的两种观点，则宜采用辩论式模式。而辩论式模式正反两方针尖对麦芒，更能刺激双方辩手的积极性，又能锻炼其敏捷的思维能力。但采用辩论式模式应打破传统的辩论模式格局，适当增加双方辩手的人数，组成正反两大方阵，由一方三位辩手增加到六位，甚至更多。采用辩论式模式可使用模拟法庭，也可就地使用教室进行。利用教室辩论的，可在教室前面座位分正反两个方阵，后面是其他同学，包括点评和听众，讲台则是主持之地。

一些主题适宜采用圆桌会议模式，但由于全班学生人数较多，受设施条件的限制，无大型的圆桌会议室，也无类似于圆桌会议室的教室，我们只能就地取材，利用现有的普通教室进行讨论，主持人、主题发言人和点评人可以利用讲台，而其他的发言人可就座而论。此模式虽不如上述两种模式有效，但相对于传统的以教师为主体的讲授式模式而言，更能发挥学生的主观能动性。

3. 角色分工和讨论前的准备

学生在校学习期间，一方面要学习相关的专业知识，另一方面还应注重各种能力的培养，而法学专业的学生，能力的培养更显得格外重要。因此，一个主题和相关问题发给学生后，学生应做好角色分工。角色分工应根据讨论方式的不同要求进行。如一般讨论型课，谁当主持人、谁就某一问题进行主题发言、谁做补充发言或自由发言、谁做点评、谁担任记录等。而辩论型课，谁做主持人、哪些是正方辩手、哪些是反方辩手等。但每次讨论课应适当进行角色互换。根据角色分工查找相关资料，制作 PPT 文档或拟写发言提纲。

4. 正式讨论

正式讨论阶段是一个以学生为主体的阶段。主持、发言、点评、记录均由学生完成。但教师至少应在两种情形下予以适时引导：一是学生讨论在某些枝节上纠缠不休时，教师应予以引导；二是当学生提出一个新观点未予进一步阐释或提出一个新观点存在论证障碍而又无学生做进一步探讨或反驳时，可适时提出问题予以引导。

5. 讨论小结

在学生点评的基础上，教师应对当次课进行小结。小结的重点应是该堂课应讨论的问题。对学生点评者已点评到位的可忽略，对其未涉猎的学生观点和见解应有一个客观、及时的反馈与评价。对学生提出的新观点应予以充分肯定，对讨论时进入误区的观点应及时指出错误的缘由，对讨论时引入的相关的值得进一步讨论的问题应引导、鼓励学生课后做深入的探讨甚至研究。此外，对于主持人、点评人的表现也应进行总结，对其出色的表现应予以充分的肯定，对其不足之处也应指出以后的主持和点评应注意哪些问题。只有这样，才能使学生既学到了相关知识，又提高了综合素质和能力。

6. 课程结束后的总结

课程结束后，应对讨论式教学法在该门课程中的应用做一个全面的总结。一是几位教师相互交流思想，二是组织所有的学生进行一次座谈，同时接受他们提供书面的学习心得和改进建议。总结既要包括经验，也要包括改进的措施，为将来的讨论式教学法的应用积累更多的经验。

讨论式教学法应在环保法学这门课程中普遍推广应用。但我们采用该教学法时应适时适地地进行。具体应从以下几方面把握：一是应当根据环保法课程设置的时量，选择适当数量的主题进行讨论式教学；二是选择的主题应是环保法学领域的热点问题、重点问题及值得讨论的问题；三是应科学设计讨论的问题；四是根据主题和教学设施条件选择适当的讨论模式和讨论方式；五是精心设计讨论的过程。只有把握好上述各个环节，才能达到讨论式教学法所预期的教学目的。

本书作为法学专业本科生《环境保护法学》这门课程的研讨式教学教材，与一般本科使用的教材相比有以下几个特点：（1）专。书中内容，标题为章，实际为专题。因此，它并非对这门课程的全部内容做系统介绍，而是选择重点问题进行专门研究。本书涉及的内容主要是该门课程中的总论部分的内容，分论只选择了有代表性的部分，如《水污染防治法》和《大气污染防治法》中立法修改的内容。（2）深。本书的内容，对具体问题的研究较为深入，通常按提出问题、分析问题和解决问题的思路设计每一个专题。如对环境保护法基本制度的研究，会分析它的历史演进过程，以明确其修改的缘由。其直接的目的就是培养学生发现问题、分析问题和解决问题的能力。（3）新。本书吸收了新近出台的《环境保护法》《大气污染防治法》、环保部的部门规章、十八届五中全会报告和一些新的地方立法和政府规章中的新内容，是供读者学习、研究的工具书。（4）实。一是理论与实践紧密结合，本书选择了实践中的经典鲜活的案例作为研讨型教学中的讨论案例，使得这门课程更贴近生活，从而可以充分调动学生的学习积极性；二是根据该门课程的课时限制，只将平时实际上课的内容纳入其中。

正是因为本书具有以上特点，它也是环境法专业研究生学习环境保护法专业知识的不可多得的参辅资料。

目　录

第一章

绪　论

环境保护法学[1]以环境保护法为研究对象，是研究环境保护法的理论与实践及其发展规律的学科。它是在法学和环境科学相互渗透的基础上形成的一门新兴边缘学科，既属于法学的二级学科，又是环境科学的一个分支学科。环境保护法学必须以法学为基础，并不断吸收法理学、宪法学、经济法学、行政法学、民法学等邻近法学学科的新成果；同时也必须以环境科学为基础，并不断吸收环境科学技术，以及数学、化学、物理学、医学等邻近自然科学的新成果。这样，环境保护法学才能有牢固的根基，环境保护法学所面临的问题才能得以顺利解决。特别是紧密联系国内外环境保护和环境保护法实践，更是环境保护法学得以健康发展和具有强大生命力的关键。

环境保护法学是教育部法学学科教学指导委员会确定的全国高等学校法学专业十六门核心课程之一，在教育部的核心课程名称为："环境与资源保护法

[1] 1997年底，国务院学术委员会在对我国法学学科进行重新分类和调整时，将环境法学和自然资源法学学科合并新命名为"环境与资源保护法学"，同时将其列为法学的二级学科。显然，这里所称"资源"，特指环境中的自然资源，而不包括人力资源等社会资源。而自然资源是一种环境要素，环境中如果抽掉自然资源就变成了一个空洞的概念，环境保护理所当然地包括自然资源保护，将两个包含关系的概念并列组成一个新的概念，逻辑上是不科学的。为了与1989年综合性环境保护基本法——《中华人民共和国环境保护法》的称谓相衔接，本书书名选用"环境保护法学"的表述。书中所使用的环境保护法学的称谓与一般意义上理解的我国法学二级学科名——环境与资源保护法学是相通的。

学"，它是国家统一司法考试的必考科目。

第一节 环境保护法学的产生和发展

　　一个新的法学学科的兴起，总是伴随着该法律部门的发展而发展起来的。环境保护法学也不例外。综观世界各国，现代环境保护法学最先兴起于20世纪60年代西方工业发达国家。环境问题的严重化和强化国家环境管理、加强环境保护立法的迫切性加速了环境保护法学的发展。

　　20世纪70年代，在日、美、英、法等国，环境保护法学已经建立，法学院校开始开设环境保护法课程，学术专著不断问世。我国环境保护法学的创建比西方国家晚近20年，其发展历程至今有20多年的时间。与国内其他部门法学相比，环境保护法学历史很短，基础也很薄弱。但是，随着国家环境保护事业和环境保护法制建设的逐步加强，我国环境保护法学也得到了较快的发展。环境保护法学在中国的建立和发展，是与我国环境保护事业的发展和环境保护立法的发展密切相关的。20世纪70年代，在起草我国第一部环境保护法草案的过程中，原北京大学法律系、中国社会科学院法学研究所部分专家学者参与了此项国家环境立法活动。伴随着1979年9月《环境保护法》（试行）的颁布施行 [1]，国内部分高校于20世纪80年代初开始在法律系本科生中开设了环境法课程。1984年，在由原教育部颁布的《综合大学法律系法律专业教学计划》中，开始将环境保护法列为选修课；在1985年制定的《经济法专业教学计划》中，环境法与自然资源法这两门课均被列为必修课；1985年，全国高等教育自学考试指导委员会将《环境法学》列为法律专业自学考试本科阶段的选考课；1997年底，国务院学术委员会在对我国法学学科进行重新分类和调整时，将环境法学和自然资源法学学科合并新命名为"环境与资源保护法学"，同时将其列为法学的二级学科；在1998年修订的考试计划中又将其列为本科阶段的

---

[1] 它是中国环境保护史上具有划时代意义的一部法律，被学界称为中国的环境保护基本法。该法是我国现代环境立法的开端，也为此后环境法的迅速发展提供了法律基础。王灿发：《环境法的辉煌、挑战及前瞻》，《政法论坛》2010年第3期，第106—115页。

必考课程。2007年3月，教育部法学学科指导委员会在已经确立的法学14门核心课程的基础上，又将环境与资源保护法学和劳动与社会保障法学这两门课程增列为法学核心课程。[1]

由于国家对环境保护法高级专门人才的迫切需求，从1981年至今，国务院学位委员会陆续批准了武大、北大、清华等高校为环境法专业硕士点和环境法专业博士学位授予权单位，培养了一大批环境保护法学硕士、博士研究生。2000年初，教育部在批准法学学科首批设立的两个人文社会科学重点研究基地中，就包括了在武汉大学环境法研究所设立的中国环境资源法研究基地，同年，中国法学会还成立了环境资源法研究会。为全面贯彻落实科学发展观，促进和谐社会、生态文明社会、环境友好型社会、资源节约型社会和循环经济型社会（"五型社会"）的法治建设，促进我国环境资源法学研究和教育的发展，同时，为了贯彻落实中国法学会《全国性法学社会团体规则》和《中国法学会研究会筹备登记工作方案》，完成中国环境资源法学研究会法人登记手续，实现"中国环境资源法学研究会"的转型。中国法学会环境资源法学研究会于2011年8月在桂林电子科技大学召开了"中国环境资源法学研究会筹备会议"，顺利将原中国法学会环境资源法学研究会登记（改组）为中国环境资源法学研究会，并于2012年6月22日至24日在四川省成都市召开第一次会员代表大会。

目前，我国已经形成了一支由高等法学院系、法学研究单位、环境保护研究机构组成的环境保护法学研究专业队伍。他们通过运用多学科研究的方法进行了许多开拓性研究工作，出版了一批新的研究成果，包括专著、教材和论文；同时，也承担了大量的国家、省部级课题，对我国年轻的环境保护法学的创建和发展做出了积极的贡献。

---

[1] 2007年3月11日，教育部高校法学学科教学指导委员在中国人民大学会召开全体委员会议。会上充分研究、讨论和通过了调整法学学科核心课程的决定，通过了法学学科核心课程共16门，其中包括原来的14门核心课程，又新增了两门（环境法与资源保护法学、劳动法与社会保障法学）。见《教育部高校法学学科教学指导委员会在我院举行全体委员会议》，http://www.law.ruc.edu.cn/Article/ShowArticle.asp?ArticleID=6179，2012-7-16。

第二节 环境保护法学学科属性、研究对象和范围

由于环境保护法是随着环境科学的产生和发展并逐渐与法学相融合而产生和发展起来的，与环境科学之间存在着很多联系和区别。其具体表现：首先，环境科学要探索全球范围内的环境演化的规律，研究人类环境利用的行为与自然界客观规律的相互关系；环境保护法学则需要对这些自然规律从人类行为规范的角度进行研究，为人类社会确立符合自然规律的行为法则。其次，环境科学要揭示人类行为与自然环境之间的关系，使人类社会、经济与环境发展具有可持续性；环境保护法学则需要以人类开发、利用保护关系为对象，在实现"人类正义"理念的基础上树立全新的"环境正义"法律理念。再次，环境科学要研究环境变化对人类的生存和发展的影响，为维护环境质量、制定各种环境质量标准、污染物排放标准提供科学依据；环境保护法学则需要将这些科学依据、准则和操作规范作为法的规范直接将其效力确立于法律之中。最后，环境科学要研究环境变化对人类生存环境的影响，以及探索包含技术、经济、管理手段在内的区域环境污染和自然破坏的综合防治对策和措施；环境保护法学则以环境科学就环境变化对人类影响的因果关系为依据，研究人为造成环境污染和破坏进而对人类生存发展造成影响的预防和救济措施，并针对人类开发、利用、保护环境关系确立法律的保护性和制裁性规范。[1] 正因为这种联系，环境保护法学才具有浓厚的自然科学和技术色彩，成为环境科学的分支学科。也因为这种区别，环境保护法学的法学属性、内容的法学特质和解释的法学方法使其同传统部门法学学科的联系更为紧密，从总体上看，它属于一门法学学科。

环境保护法学是研究环境保护法的理论与实践及其发展规律的科学。它以环境保护法这一新兴部门法为其主要研究对象，包括环境保护法的产生和发展、环境保护法的目的和任务、环境保护法体系、环境保护法的特点、环境保护法的原则和法律制度、环境保护法基本理论等。环境保护法是随着环境问题的日益加剧而出现，环境问题具有地方性特点。这就决定了以环境保护法为研究对

---

[1] 汪劲著：《环境法学》，北京大学出版社 2006 年版，第 30 页。

象的环境保护法学，在不同国家、不同时期具有不同的研究范围，即研究的基本内容。在我国，环境保护法学研究的最大特点就是它主要围绕我国环境保护法制建设的进程而展开，与我国环境保护立法有着紧密的联系，因而其研究内容具有明显的时代特征。当今，我国环境保护法学研究的基本内容大体包括以下几个部分[1]：（1）马克思主义关于法的基本理论，关于人与自然关系的基本原理和处理人与自然关系的原则、措施。（2）我国环境问题产生的原因、发展趋势和解决的基本途径；我国环境保护工作进入以环境保护优化经济增长新阶段的必然性、特点、目标、任务和基本措施。（3）我国环境保护法的基本理论、原则、制度和基本措施；制定、修改我国环境保护法的理论、政策、现实依据和立法理由；环境保护法体现可持续发展战略和"三个转变"要求的必要性和步骤；环境保护和环境保护法实践中的经验。（4）其他部门法学和环境科学的新成果。（5）外国和国际的环境保护和环境保护法理论，立法、执法和司法的实践经验。（6）经济全球化、我国加入 WTO 后和西部大开发面临的环境问题、对策和法律措施等。此外，随着环境保护法学研究水平的提高，有关环境保护法的法理学问题研究已成为目前我国环境保护法学理论研究的重点。

第三节 环境保护法学的学习和研究方法

古人云："工欲善其事，必先利其器。"学习、研究的方法是否科学和正确，是决定科学研究活动成功与失败的关键因素。因此，学习和研究环境保护法学应当注意如下几点：

一、理论联系实际

在学习环境保护法学时，我们应该注意到，环境保护法学是一门系统概述环境保护基本理论和基本知识的法学课程，具有很强的综合性和探索性。学习环境保护法学，应当掌握环境保护法的一些基本理论，如环境保护法的产生和

---

[1]　韩德培主编：《环境保护法教程》（第七版），法律出版社 2015 年版，第 20 页。

发展、环境保护法的目的和任务、环境保护法体系、环境保护法的特点、环境保护法的原则、基本制度、法律责任等。同时环境保护法学又是一门应用性很强的课程。随着环境问题的不断加强和对人类行为的不断反思，传统的思维方式和经济发展模式正在悄然地发生改变。因此，环境保护法学可以直接服务于我国可持续发展战略的实施，并对我国环境保护方针政策的制定与实施、对我国参与国际环境合作以及对有关环境纠纷的处理等具有直接的运用价值。因此，在学习环境保护法学的过程中，应当注意培养将所学的环境保护法知识运用于实际的能力。用环境保护法学的基本理论去分析、解决我国目前的环境问题，总结环境保护中的新经验；同时从环境保护法的立法（包括制订、修改、补充和废除的整个立法过程）、执法和司法实践中研究，特别是要认真研究、总结环境保护法的新发展，从中检验和发展环境保护法的理论、原则和制度。这样，环境保护法学才能得到健康的发展。

二、进行比较研究

要对各国环境保护法学理论，环境保护法的立法、执法和司法实践经验进行比较研究，从中发现环境保护法的规律，明白其普遍性和特殊性，并根据我国的国情有分析地加以借鉴，特别是要学习经济发达国家在市场经济活动中保护环境的科学技术和立法经验。

三、吸收相关学科研究方法

由于环境保护法的学科属性，因此学习环境保护法学必须注意运用生态学、环境经济学、环境伦理学等学科的理论和方法。

环境保护法学尽管起步晚，但发展很快。随着人类对环境问题严重性认识的不断加深，对环境保护事业的日益重视和环境保护法制的逐步健全，只要坚持科学的研究方法，环境保护法学必将更加快速健康地发展。

| 第二章 |

环境保护与环境保护法概述

第一节 环境、环境问题与环境保护

谈到环境保护法，人们马上会联想到与之相关的环境、环境问题与环境保护。环境、环境问题和环境保护，是与环境保护法密切相关的环境科学基本知识，同时也是每个环境保护法学研究者无法绕开而必须面对的基本问题。先从它们谈起，至少有三个意义。第一，环境是保护对象，它的含义是什么？有什么特点？范围怎么样？这个概念是如何发展的？环境问题是不是环境立法控制对象？等等。弄清这些，才能采取相应的保护对策。第二，从环境保护法看，它们是最基本的法律规定，对它们的规定，影响甚至决定了环境保护法的其他概念，以至环境保护法体系。第三，从环境保护法学角度看，它们是环境保护法学基本范畴，同其他范畴组成环境保护法学基础，它们决定着环境保护法学研究范围、分支、体系等问题。

一、环境

（一）环境的定义和人类环境的分类

关于环境的定义，在不同场合其含义与范围是不完全相同的。

任何一个客观存在的事物都要占据一定的空间，并与周围的事物发生联系。

一般而言，环境是指围绕某一中心事物的外部条件的总和。因此，环境总是相对于某一具体中心事物而言的，中心事物不同，其内涵与外延也不同，它总是一个相对的、可变的概念。如环境科学以人类为研究对象，其所称的环境，是以人为中心、为主体的外部世界，即围绕着人群的空间，以及其中可以直接或间接影响人类生存与发展的各种自然因素的总体，也称人类环境。[1] 而生态学中的环境，是以整个生物界为中心、为主体，围绕生物界并构成生物生存必要条件的外部空间和无生命物质，如大气、水、土壤、阳光和其他生命物质等，是生物的生存环境，也称为"生境"或"栖息地"。作为主体的生物，包括动物、植物和微生物，当然也包括人类在内。可见，生态学的环境包括了人类环境，但范围要比人类环境广泛得多。

人类环境是一个十分庞大和复杂的体系，可从不同的角度、以不同的标准对其分类。在环境科学上，一般是按照环境的形成、环境的功能、环境的范围、环境的要素等作不同的分类。例如，按照环境因素的形成，可以把人类环境分为自然环境和人工环境两大类。自然环境也称自然形成或天然形成的环境，如大气、土壤、日光辐射等。这些环境要素构成了相互联系、相互制约的自然环境体系。人工环境也叫人为环境或经人工改造过的环境，是人类为了提高物质和文化生活，在自然环境的基础上，经过人类劳动的改造或加工而创造出来的，如城市、水库、名胜古迹、风景游览区等。有的环境著作中，把人工环境称为"社会环境"。"社会环境"[2] 这个概念，容易使人误解为包括非物质因素，如政治环境、文化环境等，不如使用"人工环境"更为准确。[3] 按照环境的功能或从人类对环境的影响程度不同，可以把环境分为生活环境和生态环境。我国宪法采用了这种分类方法。按照环境范围的大小，可以把环境分为室内环境、村

---

[1] 严格地说，"人类环境"这一概念是在 1972 年联合国人类环境会议上才被首次提出。人类环境是以人类为中心为主体的外部世界即人类赖以生存和发展的天然和人工改造过的各种自然因素的综合体，仅指由各种自然要素所构成的物质环境，而不包括政治环境、文化环境等非物质环境。参见金瑞林主编：《环境法学》，北京大学出版社 2007 年版，第 2—3 页。

[2] "社会环境"是指由人际关系、社会、文化、经济与国家组织制度所交错形成人类生活空间。参见陈慈阳：《环境法总论》，中国政法大学出版社 2003 年版，第 8 页。

[3] 金瑞林主编：《环境法学》，北京大学出版社 2007 年版，第 3 页。

镇环境、城市环境、区域环境、全球环境和宇宙环境等。按照环境的不同要素，可以把环境分为大气环境、水环境、土壤环境、生物环境、地质环境等。

（二）环境保护法对环境的界定

环境保护法上的"环境"受各国环境管理对象和环境立法范围的制约，不同国家对环境有着不同的定义。国外环境保护法对环境的定义，有三种立法模式：一是演绎式，即只对环境规定一个抽象的定义，而不具体列举其包含的环境要素范围。如 1991 年颁布的《保加利亚环境法》规定："环境是指相互关联并影响生态平衡、生活质量、人体健康、文化和历史遗产与景观的自然与人工因素的综合体。"二是枚举式，即只列举出法律所保护的具体环境要素，而没有一个抽象的环境定义。如 1990 年颁布的《英国环境保护法》第 1 条规定："环境由下列媒体或其之一所组成，即空气、水和土地；空气包括室内空气、地上或地下的自然或人工建筑物内的空气。"三是综合式，即既有对环境的抽象定义，又有对具体环境要素的列举。如美国 1969 年《国家环境政策法》第 2 篇第 1 条规定："……国家各主要的自然环境、人为环境或改善过的环境和情况，其中包括但不限于空气和水——包括海域、港湾、河流和淡水；陆地环境——其中包括但不限于森林、土地、湿地、山脉、城市、郊区或农村环境。"

以上三种定义模式中，演绎式的优点在于强调了环境的整体性，但过于抽象，使人们很难清楚法律所要保护的环境要素范围，可操作性差；枚举式的好处是能使人们对法律所要保护的环境的具体范围一目了然，但是不可能穷尽庞大而复杂的人类环境的所有要素，适应性差；综合式克服了上述两者的不足，而且在大多数国家的立法实践中还在概括性表达之后的列举性规定中加上"等"或"不限于"之类的用语，以示法律对环境的保护范围不限于这些列举的内容，具体明确而又有较强的适应性和可操作性，较为科学，因而为大多数国家的立法所采用。[1]

我国环境保护法对"环境"的界定，在立法模式上经历了由枚举式到综合式的演变。1979 年 9 月 13 日五届全国人大常委会第 11 次会议原则通过的《中华人民共和国环境保护法（试行）》[以下简称《环境保护法（试行）》] 第 3 条

---

[1] 李爱年、周训芳主编：《环境法》，湖南人民出版社 2004 年版，第 2—3 页。

规定：“本法所称环境是指：大气、水、土地、矿藏、森林、草原、野生动物、野生植物、水生生物、名胜古迹、风景游览区、温泉、疗养区、自然保护区、生活居住区等。”这种枚举式的界定，一是没有明确环境的内涵，其所列举的外延并不周全，漏掉了“海洋”等重要环境因素；二是用语不精炼、不准确，如其所列举的“野生动物、野生植物、水生生物”若抽象为“野生生物”，则不仅条文更精炼，且外延也扩大。

1989 年 12 月 26 日七届全国人大常委会第 11 次会议通过的《中华人民共和国环境保护法》（以下简称 89《环境保护法》），总结了我国的立法实践，并借鉴了外国立法经验，采用综合式的立法模式，明确规定了环境的概念：“本法所称环境，是指影响人类生存和发展的各种天然的和经过人工改造的自然因素的总体，包括大气、水、海洋、土地、矿藏、森林、草原、野生生物、自然遗迹、人文遗迹、自然保护区、风景名胜区、城市和乡村等。”2014 年修订、2015 年 1 月 1 日实施的《中华人民共和国环境保护法》（以下简称《环境保护法》）保留了对“环境”内涵的界定，但在其列举的环境要素中增加了“湿地”，列于“草原”之后。即“本法所称环境，是指影响人类生存和发展的各种天然的和经过人工改造的自然因素的总体，包括大气、水、海洋、土地、矿藏、森林、草原、湿地、野生生物、自然遗迹、人文遗迹、自然保护区、风景名胜区、城市和乡村等”。这种定义方法，内涵科学，外延即环境的范围较明确。《环境保护法》第 2 条的前半部，是关于环境的内涵，它包括两个方面：第一，环境的范畴并不是无限的，它仅相对于人类而言，即特指对人类的生存与发展有影响的那些自然因素的总体，不包括社会或经济等其他因素在内。第二，环境中的自然因素包括两个部分：一是各种天然的环境；二是经过人工改造的环境。[1]《环境保护法》第 2 条的后半部所列举的 15 种环境因素则是环境的范围，这 15 种环境因素之所以纳入保护的对象，是因为：一是它们当前与我国人民关系最密切，对人类的生存和发展产生直接或间接的影响；二是法律能够加以保护。也就是说这些环境因素能为人类活动与行为所影响、调节和支配，法律通过规范人的行为，调整社会关系达到保护的目的。可见，作为《环境保护法》保护对

[1] 汪劲著：《环境法学》，北京大学出版社 2006 年版，第 4 页。

象的环境，是以环境科学为基础，但其范围要小得多。

需要指出的是，无论是《环境保护法（试行）》还是 89《环境保护法》和现行《环境保护法》对环境的定义，都包括了作为环境要素的自然资源。自然资源与环境是相互交叉但又不能完全等同的两个概念。自然资源有狭义和广义两种理解。从狭义上说，自然资源是在一定经济和技术条件下，自然界中可以被人类利用的物质和能量的总称。[1] 这是一个相对发展的概念，随着科学技术的发展，人类对自然资源利用的广度和深度必然不断扩大，自然资源的范围也将不断扩大。从广义上说，自然资源不仅包括当前能为人类利用的各种自然物质与能量，而且它包括各种潜在的自然因素及条件。最具代表性的广义解释是1972 年联合国环境规划署提出的解说：“所谓自然资源，是指在一定时间、地点条件下能产生经济价值，以提高人类当前和将来福利的自然环境因素和条件。”不论何种解释，其实际、具体内容都是指自然因素（包括空间）。这些自然因素在环境的定义中就是环境要素。可见，从环境保护法看，自然资源是组成环境的因素。“环境”含自然资源，可其范围比自然资源广，因为还包含自然资源存在的空间。因此，森林、草原、湿地、土地、矿产、河湖、海洋、野生生物、大气等自然因素具有两重性，在环境保护部门和从环境保护法角度看来都是环境因素，具有环境功能和生态价值，维持整个生态系统平衡，而在资源管理部门和从自然资源法角度看来是自然资源，具有经济价值，是财源。环境包括自然资源的观点，符合我国《宪法》和《环境保护法》的精神，也与外国环境保护法以至国际环境保护法的环境定义相一致。[2]

二、环境问题

（一）环境问题的概念及分类

1. 环境问题的概念

环境问题是指由于自然变化或者人类活动使环境质量下降或者生态失调，由此给人类的生存和发展带来有害影响的现象。在环境科学研究中，一般将环

---

[1] 金瑞林主编：《环境与资源保护法学》，北京大学出版社 2006 年版，第 5 页。

[2] 韩德培主编：《环境保护法教程》（第七版），法律出版社 2015 年版，第 3 页。

境问题依不同的标准进行分类。

2. 环境问题的分类

（1）因环境问题产生的原因不同，可将环境问题分为第一类环境问题和第二类环境问题。

第一类环境问题又称原生环境问题，是因自然界自身变化引起的环境问题，如火山爆发、海啸、泥石流、洪水泛滥、干旱、黑风暴、雷电等自然灾害。第二类环境问题[1]又称次生环境问题，是因人类的生产和生活活动引起的环境问题。这类环境问题是由于人的活动引起的，因而可以通过对人类活动的调整而减少或避免其发生。环境保护法是调整人们在环境保护中产生的社会关系的法律规范，所以，环境保护法研究的环境问题，主要是指第二类环境问题。但是，随着自然科学研究的发展和人类对环境问题本质认识的深入，许多过去被认为是由于自然原因引起的第一环境问题，现在看来也与人类的活动有关。当人类活动对自然环境的干扰达到一定的程度时，就可能演变成第一环境问题的自然灾害等。[2]目前有些国家、组织已经将防治自然灾害纳入环境保护的范畴，有些环境法学专家已经将防治第一类环境问题纳入环境法学的研究范畴。例如日本的《环境六法》就包括防治地震等灾害法律。[3]

（2）因环境问题造成的危害后果不同，可将环境问题分为环境污染和环境破坏或生态破坏。

这种分类主要是对人类活动引起环境问题所进行的分类。环境污染也称投入性损害或污染性损害，是指人们在生产或生活活动中向环境排入了超过环境自净能力的物质或能量，使环境质量下降而有害于人类及其他生物的正常生存和发展的现象。如在世界现代史上的"八大公害事件"，1984年12月3日发生的印度博帕尔农药厂毒气渗漏事件以及我国2005年松花江水污染事

---

[1] 关于第二类环境问题，在西方环境法学研究的著作中，也有称之为环境退化问题（the problems of environmental degradation）或者环境破坏（the problems of environmental destruction）。与环境问题的概念一样，这些概念的提出都是基于不同的研究角度或不同的研究方法，其本质与环境问题是相同的。

[2] 汪劲、田秦等著：《绿色正义——环境的法律保护》，广州出版社2000年版，第2—3页。

[3] 蔡守秋主编：《环境资源法学》，人民法院出版社、中国人民公安大学出版社2003年版，第7页。

件，都属于这类环境问题。环境破坏又称自然资源破坏，是指人类不合理地开发和利用自然资源，过度向环境索取物质或者能量，使自然环境的恢复和增值能力受到破坏，从而危及人类的生存和发展的现象。如毁林开荒、过度放牧、不合理灌溉、过量抽取地下水等所造成的森林资源持续不足、草原资源严重退化、淡水资源日显匮乏、土地资源日益恶化、物种资源不断减少、矿产资源几近耗竭。环境破坏包括对生活环境和生态环境的破坏，但主要是对后者，因而也称生态破坏。[1] 环境破坏造成的后果往往需要很长时间才能恢复，有的甚至不可逆转。

环境破坏和环境污染又有密切联系，二者具有复合效应。环境破坏可以降低环境的自净能力，如森林减少会加重大气污染；而环境污染又会降低生物生产量，加剧环境破坏。这种分类是环境法学上常见的分类，我国环境保护单行法就分为环境污染防治法和自然资源保护法两大部分。

（二）环境问题的历史演变

环境问题是随着人类的进化发展而不断演变发展起来的。虽然在这一过程中，自然环境及其要素自身也在发生着某种改变，从而在一定程度上也可能导致环境状况的恶化，但是从事地学或生态学研究的中外学者一般都认为，环境的大多数变化主要是人为因素引起的。

人为的环境问题，在不同的历史发展阶段，不同的国家和地区，有不同的情况。大体可以分为三个大的历史阶段：

1. 原始采集、捕猎阶段。在这个时期，由于人类征服自然的能力有限，主要靠采集和猎捕自然食物来取得生活资料，对环境的依赖性很大，而改造环境的能力却很差。因此，这一阶段的环境问题主要是由于人口增长、无知而乱采滥猎，或者因用火不慎，使大片原始森林、草原被毁，破坏了野生动植物的生境，使其数量减少而引起部落之间的争夺、饥荒等。

2. 农业阶段。随着农业和畜牧业的出现，人类利用和改造自然的能力有了很大的提高，如兴修水利以灌溉农田和抵御水旱灾害，改良品种以提高农作物和牲畜的产量等。这一阶段的环境问题，主要是缺乏科学知识而大肆砍伐林木、

---

[1] 韩德培主编：《环境保护法教程》（第六版），法律出版社2012年版，第8页。

破坏植被、毁林开荒而引起水土流失、土地沙漠化、盐碱化；因不适当兴修水利而引起土壤沼泽化、血吸虫病流行，再加上战争的肆虐和水旱灾害，使农业比较发达的地区，如古代地中海沿岸、中东和非洲北部，印度北部和我国西北部等地区都变成不毛之地。

3. 现代工业阶段。18 世纪，西方工业革命浪潮席卷全球，把人类社会带进了一个崭新的时代。一方面，大幅度提高了社会生产力，增强了人类利用和改造环境的能力；另一方面，资源的消耗、废弃物的排放也大量增加，从而大规模地改变了环境的组成和结构，带来了种种环境问题。现代工业阶段的环境问题，大体上又可以分为地域环境问题时期、国际环境问题时期以及全球环境问题时期三个阶段[1]：

（1）地域环境问题时期（18 世纪以后至 20 世纪 60 年代）。这个时期的环境问题，主要表现在各国工业区、开发区一带的局部污染损害和自然资源破坏方面。到 20 世纪五六十年代，以环境污染为突出表现的环境问题则在各主要工业国家发展到了顶峰。世界上著名的"八大公害事件"就发生在这个时期。虽然已经有科学家对环境问题的发展表示担忧，但多数人认为环境与发展是对立的，不能为了环境而牺牲人类的发展。另外，科学家们也相信，随着科学技术的发展，环境问题也会迎刃而解。因此，在环境问题的对策方面，各国主要采取了"头痛医头、脚痛医脚"的方法，在法律对策上也主要采取的是对污染受害者进行事后救济的损害赔偿措施。

（2）国际环境问题时期（20 世纪 60 年代至 80 年代）。第二次世界大战以后，随着各国经济发展和世界贸易往来的增多，环境问题也呈现新的特点，即从地域化开始向国际化的方向演变。这主要是由于污染物在大气中的扩散以及国际水道的流动所致。例如，大量生产钢铁所排放的烟尘从一个国家吹向另一个国家，河流上游国排放的污水影响到下游国对河水的利用，不断增多的海上石油运输导致海上石油污染。针对环境问题不断扩大的现实，联合国在 1972 年组织召开了以处理环境问题国际化为议题的人类环境会议。这次会议对各国环境保护产生了重大的影响。

---

[1]　汪劲著：《环境法学》，北京大学出版社 2006 年版，第 14—18 页。

（3）全球环境问题时期（20世纪80年代至今）。这个时期，环境问题的演变呈现出两种景象：一是过去几个世纪发达国家在发展过程中对环境的破坏性影响仍然存在、尚未消除；二是发展中国家大量开发和利用自然资源导致污染物排放量的增大以及环境的破坏。其结果是，尽管各国都已经采取了相应的对策措施，局部环境问题得以缓解，但是由于污染物的长期积累和生态系统的逐渐破坏，导致环境问题正朝着全球化的方向演变。突出表现在全球气候变化、臭氧层破坏、生物多样性破坏、海洋污染、危险废物越境转移、人类共同遗产与国际公域破坏等方面。

三、环境保护

（一）环境保护的概念

人是环境的产物，人类要依赖自然环境才能生存和发展；同时人类又是环境的改造者，通过社会性生产活动来利用和改造环境，使其更适合人类的生存和发展。然而，由于认识能力和科学水平的限制，人类在利用环境中也带来了有害的副作用，即给环境造成了污染和破坏。在工业革命之前，由于生产力水平的低下和科学技术的落后，人类干预自然的能力有限，环境对人类的影响还不明显。工业革命之后，随着生产力的不断提高和科学技术的迅猛发展，人类开发利用自然的能力大为增强，环境对人类的影响也越来越明显，被污染和破坏的环境严重影响着人类的经济活动，并危害着人们的身体健康和生命安全。人类在遭受了自然环境的一连串打击和报复后，终于开始认真思考人与环境的关系。为了克服环境的有害影响，人类也逐步学会了运用技术、行政、经济和法律等手段来防治环境污染和破坏。但是，在20世纪中叶以前，人们并未提出环境保护的概念。环境保护这一科学概念被明确提出是1972年6月在瑞典斯德哥尔摩召开的联合国人类环境会议上。会议发表了联合国《人类环境宣言》，其宗旨是"取得共同的看法和制定共同的原则以鼓舞和指导世界各国人民保护和改善环境"，[1]并明确指出："保护和改善人类环境是关系到全世界各国人民的幸福和经济发展的重要问题；也是世界各国人民的迫切希

---

[1] 王曦主编：《国际环境法资料选编》之《人类环境宣言》，民主与建设出版社1999版，第666页。

望和各国政府的责任。""现在已达到历史上这样一个时刻：我们在决定世界各地的行动的时候，必须更加审慎地考虑它们对环境产生的后果。……为这一代和将来的世世代代保护和改善人类环境，已经成为人类一个紧迫的目标。"大会的共识标志着人类对于人与自然的关系的认识发生了一次飞跃，由此拉开了人类保护环境的序幕。

所谓环境保护，就是指采取行政、经济、科学技术、宣传教育和法律等多方面的措施，保护和改善生活环境和生态环境，合理开发利用自然资源，防治环境污染和其他公害，使之更适合于人类的生存和发展。环境保护的内容包括两方面：一是保护和改善生活环境和生态环境，包括保护城乡环境，保护乡土景观、减少或者消除有害物质进入环境，改善环境质量，维持环境的调节净化能力，确保物种多样性和基因库的持续发展，保持生态系统的良性循环。保护环境包括保护组成环境的各种因素，即保护自然资源，包括大气资源、水资源、海洋资源、土地资源、矿藏资源、森林资源、牧草资源、野生动植物资源等。二是防治环境污染和其他公害，即防治在生产建设或者其他活动中产生的废气、废水、废渣、医疗废物、粉尘、恶臭气体、放射性物质以及噪声、震动、光辐射、电磁波辐射等对环境的污染和危害。[1]环境保护的上述两项任务，是相辅相成密切联系的。但最初的环境保护并没有注重第一个内容，即保护和改善生活环境和生态环境。因为，环境保护往往是伴随着治理工业废水、废气、废渣对环境造成污染开始的。随着近代科学技术的发展，工业生产水平不断提高，规模越来越大，工业生产产生的废水、废气、废渣等对环境的影响也越来越严重，形成了各种污染危害，因此以治理污染为主要任务的环境保护成了人类社会发展的重要工作。当时人们对环境保护概念的理解比较狭隘，认为只是对"三废"的控制和处理，是局部地区的问题。随着工业"三废"治理工作的发展，人们发现单纯治理工业污染还不能完全解决环境保护的问题。农业及人类的其他生产活动对环境的影响也很大，如无限制地开垦土地、过度放牧、围湖造田、乱

---

[1] 原一直表述为："防治人类在生产、生活过程中产生的废气、废水、废渣、粉尘、恶臭气体、放射性物质以及噪声、震动、电磁波辐射等对环境的污染和危害。"新《环境保护法》第42条在原来罗列的环境污染和危害的类型中增加了医疗废物和光辐射。

砍森林等对自然资源的破坏，给人类带来了各种各样的灾难，于是保护自然资源的呼声越来越强烈。环境保护工作对象逐渐由原来单纯治理工业污染转向既要治理污染，又要保护自然资源；既要保护城市，也要保护农村等。

（二）我国环境保护的巨大成就

我国的环境保护是从 20 世纪 70 年代初起步的，经过多年的不懈努力，环保工作在众多方面都取得了明显的成效。

1. 保护环境已成为一项基本国策。

党中央、国务院高度重视和关注环境保护工作，做出了一系列重要决策，强化了环境保护国策地位。1973 年 8 月，第一次全国环境保护会议在北京召开，揭开了中国环境保护事业的序幕。会议通过了《关于保护和改善环境的若干规定》，确定了"全面规划，合理布局，综合利用，化害为利，依靠群众，大家动手，保护环境，造福人民"的环境保护工作方针。此次会议后，国务院成立了环境保护领导小组，负责领导全国各地的环保工作。

1983 年底，全国第二次环保会议召开，这次会议取得了重要的成果。主要是：明确了环境保护是现代化建设中的一项战略任务，是一项基本国策，因而明确了环境保护在经济和社会发展中的重要地位；制定出了我国环境保护事业的指导方针和三大政策，即：经济建设、城乡建设、环境建设同步规划、同步实施、同步发展，实现经济效益、社会效益和环境效益的统一的指导方针和实行"预防为主，防治结合"、"谁污染，谁治理"和"强化环境管理"三大政策；提出了中国在本世纪末环境保护的主要目标、步骤和基本措施；要求各级部门要把环境管理作为工作的中心环节。这次大会将环境保护作为我国的一项基本国策确定下来，标志着我国在环境保护方面进入了一个新的历史阶段。此后，这项基本国策不断得到强化。党的十三大报告明确提出：环境保护和生态平衡是关系经济和社会发展全局的重要问题。在推进经济建设的同时，要大力保护和合理利用各种自然资源，努力开展对环境污染的综合治理，加强生态环境的保护，把经济效益、社会效益和环境效益很好地结合起来。七届人大一次会议在重申环境保护是一项基本国策的基础上，又将其列为政府工作的十大任务之一。

1989 年，第三次全国环境保护工作会议召开，会议针对我国环境保护面临的一些新问题、新形势，提出要进一步加强环保工作的制度化管理，出台了五项新的管理制度，为环境保护这项基本国策的落实提供了制度上的保证。

1992 年，为响应联合国在里约环境与发展大会上通过的《21 世纪议程》，国务院批准了由国家计委和国家科委主持编写的《中国 21 世纪议程》，阐明了中国的可持续发展战略及基本对策。《中国 21 世纪议程》指出，中国的可持续发展方针的确定是基于自己的国情，中国的经济发展是在人口基数大、人均资源少、科技含量低、效益比较差的情况下快速推进的，在这样的情况下，可持续发展战略是唯一的选择。而中国实施可持续发展的主要对策是：在控制人口数量，提高质量的基础上加强人力资源的开发；强化国家对自然资源的管理，合理开发利用矿产资源；保护土地资源，特别是要注意切实保护耕地和基本农田；保护水资源，推广节水技术，克服水资源地理分布上不平衡所带来的诸多不利因素，重点解决南水北调；提高能源利用率，改善能源结构，遏制酸雨危害；综合治理，保护生态环境，抓好对森林资源的保护和管理，解决水土流失和土地沙化的问题；在依靠科技进步的基础上促进人口、经济、资源和环境的协调发展。

1996 年，国家将可持续发展和科教兴国作为两大基本战略，环境保护成为国家发展战略的重要组成部分。同年 7 月，国务院召开了第四次全国环境保护会议，提出保护环境是实施可持续发展战略的关键，保护环境就是保护生产力。

2001 年国务院批准的《国家环境保护"十五"计划》指出：我国处于社会主义初级阶段，综合国力还不强。面对严峻的环境形势必须坚持环境保护基本国策，以经济建设为中心，紧密结合经济结构战略性调整，贯彻污染防治和生态保护并重方针，统筹规划，因地制宜，突出重点，预防为主，保护优先，制定切实可行的分阶段目标，改善环境，治理污染，实现可持续发展。为贯彻落实国家环保"十五"计划，2002 年 1 月 8 日，国务院召开第五次全国环境保护会议，提出环境保护是政府的一项重要职能，要按照社会主义市场经济的要求，动员全社会的力量做好这项工作。

2006 年 4 月，第六次全国环境保护大会在北京召开。中共中央政治局常委、国务院总理温家宝出席会议并发表重要讲话。他强调，保护环境关系到我国现代化建设的全局和长远发展，是造福当代、惠及子孙的事业。我们一定要充分认识我国环境形势的严峻性和复杂性，充分认识加强环境保护工作的重要性和紧迫性，把环境保护摆在更加重要的战略位置，以对国家、对民族、对子孙后代高度负责的精神，切实做好环境保护工作，推动经济社会全面协调可持续发展。

党的十七大把建设资源节约型、环境友好型社会写入党章，把建设生态文明作为实现全国建设小康社会奋斗目标的新要求，表明环境保护已经成为全党意志，进入了国家经济政治社会生活的主干线、主战场和大舞台。"十一五"时期，国家做出一系列新的重大部署。在各方面的共同努力下，我国环保工作取得显著成绩。一是环境保护从认识到实践发生重要变化，二是环境保护投入和能力建设力度明显加大，三是环境保护优化经济发展的作用逐步显现，四是污染防治和主要污染物减排成效明显。[1]

2011 年 12 月，第七次全国环境保护大会在北京召开。第七次全国环境保护大会是在国家实施"十二五"规划的开局之年，在我国经济社会发展到了新阶段，面临着复杂的国际经济形势的情况下召开的一次十分重要的会议。中共中央政治局常委、国务院副总理李克强出席第七次全国环境保护大会并讲话。他强调，环境是重要的发展资源，良好环境本身就是稀缺资源，要全面贯彻落实中央经济工作会议精神，按照"十二五"发展主题主线的要求，坚持在发展中保护、在保护中发展，推动经济转型，提升生活质量，为经济长期平稳较快发展固本强基，为人民群众提供水清天蓝地干净的宜居安康环境。

2012 年 11 月，党的十八大召开，将生态文明建设提到了更高的高度，也给我们提出了更高的要求。指出：建设生态文明，是关系人民福祉、关乎民族未来的长远大计。面对资源约束趋紧、环境污染严重、生态系统退化的严峻形势，必须树立尊重自然、顺应自然、保护自然的生态文明理念，把生态文明建设放在突出地位，融入经济建设、政治建设、文化建设、社会建设各方面和全

---

[1] 李克强副总理在第七次全国环境保护大会上的讲话，《环保工作资料选》2012 年第 1 期。

过程，努力建设美丽中国，实现中华民族永续发展。坚持节约资源和保护环境的基本国策，坚持节约优先、保护优先、自然恢复为主的方针，着力推进绿色发展、循环发展、低碳发展，形成节约资源和保护环境的空间格局、产业结构、生产方式、生活方式，从源头上扭转生态环境恶化趋势，为人民创造良好的生产生活环境，为全球生态安全作出贡献。2014 年 10 月十八届四中全会报告为我国生态文明建设提出了制度化要求。指出：建设生态文明，必须建立系统完整的生态文明制度体系，实行最严格的源头保护制度、损害赔偿制度、责任追究制度，完善环境治理和生态修复制度，用制度保护生态环境。同时提出：健全自然资源资产产权制度和用途管制制度，划定生态保护红线，实行资源有偿使用制度和生态补偿制度，改革生态环境保护管理体制。

2015 年 10 月召开的十八届五中全会对生态文明建设给予了更高的关注。全会提出，坚持绿色发展，必须坚持节约资源和保护环境的基本国策，坚持可持续发展，坚定走生产发展、生活富裕、生态良好的文明发展道路，加快建设资源节约型、环境友好型社会，形成人与自然和谐发展现代化建设新格局，推进美丽中国建设，为全球生态安全作出新贡献。促进人与自然和谐共生，构建科学合理的城市化格局、农业发展格局、生态安全格局、自然岸线格局，推动建立绿色低碳循环发展产业体系。加快建设主体功能区，发挥主体功能区作为国土空间开发保护基础制度的作用。推动低碳循环发展，建设清洁低碳、安全高效的现代能源体系，实施近零碳排放区示范工程。全面节约和高效利用资源，树立节约集约循环利用的资源观，建立健全用能权、用水权、排污权、碳排放权初始分配制度，推动形成勤俭节约的社会风尚。加大环境治理力度，以提高环境质量为核心，实行最严格的环境保护制度，深入实施大气、水、土壤污染防治行动计划，实行省以下环保机构监测监察执法垂直管理制度。筑牢生态安全屏障，坚持保护优先、自然恢复为主，实施山水林田湖生态保护和修复工程，开展大规模国土绿化行动，完善天然林保护制度，开展蓝色海湾整治行动。

2015 年 11 月，《中共中央关于制定国民经济和社会发展第十三个五年规划的建议》中为"十三五"规划对环境保护提出了更高的要求："生态环境质量总体改善。生产方式和生活方式绿色、低碳水平上升。能源资源开发利用效率大幅提高，能源和水资源消耗、建设用地、碳排放总量得到有效控制，主要污染物排放总量大幅减少。主体功能区布局和生态安全屏障基本形成。"

三十多年来，虽然我国环境恶化的局面并没有得到根本遏止，不尽如人意的地方还很多，但总体看来，由于环境保护被当成了一项基本国策，转化成了一种政府行为，这就使得环境保护工作有了可靠的制度保障，使得我国在实现经济增长前提下并没有使环境污染和环境破坏成倍增长，这应当说也是一个很大的成就。

2. 环境保护法制建设取得重大成就。中国环境保护的重大进展还体现在环境保护法制建设方面取得了重大成就，使依法保护环境成为现实。

（1）环境保护立法取得重要进展。我国的环境立法，是与改革开放同步进行的，起始于 20 世纪 70 年代末，20 世纪 90 年代后得到了长足的进展。1997年以来，全国人大常委会修订、修改了《海洋环境保护法》《大气污染防治法》[1]《水污染防治法》《节约能源法》《固体废物污染环境防治法》等，新制定了《防沙治沙法》《清洁生产促进法》《环境影响评价法》和《循环经济促进法》等与环境保护密切相关的重要法律。当然，环境保护立法最重要的贡献是：2014年 4 月修订了《环境保护法》，将推进生态文明建设作为立法目的明确规定，将保护优先原则明确规定，并将其理念贯穿始终。同时规定或完善了许多环境保护制度，如许可证制度、环境公益诉讼制度、生态保护红线制度、生态保护补偿制度等。国务院也制定了《建设项目环境保护管理条例》《水污染防治法实施细则》《排污费征收使用管理条例》《化学危险品安全管理条例》和《规划环境影响评价条例》等行政法规。原国家环保总局或环境保护部先后发布了关于环境影响评价资格证书、建设项目环境保护分类管理名录、环境标准管理、危险废物转移、污染源监测、有机食品认证等一批重要环境保护部门规章和规范性文件；特别是发布了与新修订的《环境保护法》配套的系列规章：《环境保护主管部门实施查封、扣押办法》《环境保护主管部门实施限制生产、停产整治办法》《企业事业单位环境信息公开办法》《突发环境事件调查处理办法》

---

[1] 《中华人民共和国大气污染防治法》已由中华人民共和国第十二届全国人民代表大会常务委员会第十六次会议于 2015 年 8 月 29 日修订通过，自 2016 年 1 月 1 日起施行。

和《环境保护主管部门实施按日连续处罚办法》。此外，最高人民法院和最高人民检察院还出台了一系列的司法解释，如：《最高人民法院、最高人民检察院关于办理环境污染刑事案件适用法律若干问题的解释》《最高人民法院关于审理环境民事公益诉讼案件适用法律若干问题的解释》等。国际环境立法方面，中国先后参与制定并签署了《巴塞尔公约修正案》《京都协定书》《生物安全卡特赫拉议定书》等多边环境公约，同时还签署了若干新的双边环境协定。地方环境立法不仅数量多，而且质量在提高。

（2）环境执法力度加大，成绩显著。为了使环境保护落到实处，执法过程中的监督管理是必不可少的环节，否则就容易走入有法不依的歧途。多年来，特别是"十一五"以来我国在执法监督上取得了很大成绩，主要是：第一，通过专项集中整治，解决了一批影响可持续发展和危害群众健康的突出环境问题。2006年以来，全国环境监察机构重点检查了化工、冶炼、造纸、印染等行业的建设项目执行环保法律法规情况，查处了一批批违法建设项目，依法责令停业、关闭了一些项目，特别是对群众反映强烈的涉铅企业进行了集中整治。通过集中整治，解决了一批群众反映强烈、影响社会稳定和可持续发展的突出环境问题，得到社会普遍赞誉。第二，打击环境违法行为，淘汰落后生产能力，推进了污染减排。第三，通过区域流域限批、重点案件督办和工业园区整治，改善了区域环境质量。一是按照中央和国务院领导的批示精神，持续开展了重点区域污染整治。二是通过开展集中执法检查，对污染严重、违法问题突出的地区实施了区域流域限批。三是通过挂牌督办，解决了一批群众关心的热点、难点问题。四是通过工业园区专项整治，加强了园区环境监管，改变了一些工业园区是污染"保护区"的局面。五是开展联合执法，加大了执法力度，提高了执法效率。特别是新的《环境保护法》实施以后，环境执法力度进一步加大，执法成绩显著。

（3）在环境司法方面，跨出的步子大。许多地区成立了专门的环境法庭，并且受理了环境公益诉讼案件。江苏泰州泰兴的天价赔偿案是一个非常具有代表性且值得进一步研究的案件。同时，随着《刑法》修正案（八）的出台，对污染环境犯罪的打击力度大，对环境犯罪行为的威慑力加强。

3.积极参与保护环境的全球行动。环境危机是全球性危机，拯救危机就必然要求是一种全球性行为，它需要不同国家或民族的人们共同行动。我国的环境保护工作所取得的成绩不仅仅体现在政策、制度和法律的完善上，也表现在参与国际行动上。

从 20 世纪 70 年代开始，中国的环保工作就开始步入了国际化的轨道。1972 年，联合国在瑞典的斯德哥尔摩召开了第一次人类环境会议，在周恩来总理的亲自指示下，中国政府组团参加了该次会议，并积极参与了《人类环境宣言》的起草工作。1973 年，我国又参加了在伦敦召开的"环境污染控制国际会议"，并且在英国进行了长达一个月的实地考察。应当说这次考察对人们的触动是非常大的，对于科学地认识环境问题起到了很好的作用。

虽然说环境问题的产生成了不同国家之间展开对话、密切往来、发展合作的一个契机，但是由此而形成的分歧、争论、相互攻击也日益明朗、激烈，这主要是发展中国家和发达国家在围绕环境问题的成因以及在解决环境问题的责任划分方面的分歧难以弥合。这又印证了人与自然之间的和谐需要人与人之间的和谐、社会关系的和谐。中国作为一个发展中国家，多年来始终致力于争取广大发展中国家的生存权、发展权，并且在协调南北关系、共同致力于保护环境方面做出了不可磨灭的贡献。

1990 年，联合国环境署在伦敦召开了缔约国第二次会议，经过中国和其他发展中国家的充分协调，最终通过了对带有一定歧视发展中国家的环境权益的《蒙特利尔议定书》的修正案，体现了发展中国家的意见和利益。1991 年许多发展中国家代表又齐聚北京，召开了首次"发展中国家环境与发展部长级会议"，会议就环境和发展领域中的一系列重大问题深入交换意见，协调看法，最后通过了《北京宣言》。

1992 年，联合国在巴西里约热内卢召开了环境与发展大会，这次大会被许多学者称为是人类保护环境历程中的一座重要里程碑。在这次会议上，中国派出了庞大的代表团参加会议，并发挥了重要作用。国务院总理李鹏出席了首脑会议并发表重要讲话,提出关于加强环境与发展领导的国际合作的五点主张，受到了普遍赞扬。

1993 年，中国又参加了在日本千叶举行的"亚太地区环境与发展大会"，提出了建立亚太地区环境伙伴关系的几个基本原则：亚太地区的环境伙伴关系是向全球开放的，而绝不是排他性的关门主义的；亚太地区的环境伙伴关系是以尊重国家主权、环境权和发展权为基础的平行合作关系；亚太地区的环境伙伴关系是以已经存在的双边或多边合作关系为基础的。

2002 年 8 月 26 日至 9 月 4 日，联合国可持续发展世界首脑会议在南非约翰内斯堡召开，包括 104 个国家元首和政府首脑在内的 192 个国家的代表出席了大会。会议通过了《执行计划》和《政治宣言》两个基本文件。这是继 1992 年联合国环发大会后又一次具有广泛影响的会议，它表明人类在实现可持续发展的道路上又向前迈出了一步。中国政府十分重视这次大会，朱镕基总理率中国政府代表团出席了首脑会议，并于 9 月 2 日作了重要讲话和发言，向全世界阐明了中国政府坚持可持续发展的立场和促进可持续发展的主张。2012 年 6 月 20 日至 22 日，联合国可持续发展大会在巴西里约热内卢举行，温家宝总理出席会议并发表重要演讲，全面阐述中国对可持续发展国际合作的原则立场，并就推进可持续发展提出三点建议：一是应当坚持公平公正、开放包容的发展理念；二是应当积极探索发展绿色经济的有效模式；三是应当完善全球治理机制。[1] 近十余年来，我国在可持续发展方面做出了积极的努力并取得了明显进展。因为我国存在特殊的国情，具有强烈的可持续发展内生动力，注重经济社会发展的均衡性和公平性，加快经济发展绿色转型步伐。[2]

总之，中国参与环境保护的国际行动的过程，充分表达了中国作为一个人口大国、资源大国，同时作为一个发展中国家非常珍视自己国家和民族在生存和发展方面的权益，积极争取和保护自己所享有的正当利益。但同时又非常重视中国环境变化对整个世界或整个地球生态系统的影响，因而恪守自己的职责，努力为拯救环境危机承担义务。

---

[1] 温家宝出席里约峰会提出三点建议，http://www.gesep.com/News/Show_148_318257.html，2012-7-18。

[2] 夏光、王华、李丽平等：《可持续发展的重要推动力》，《中国环境报》2012 年 7 月 3 日第二版。

第二节 环境保护法概述

一、环境保护法的定义

在介绍环境保护法定义时,有必要对环境保护法的名称予以定位。因为"名不正则言不顺,言不顺则事不成"。一门科学的健康发展需要有一个统一的名称,这一名称要恰如其分地反映它在科学之林的地位。

（一）环境保护法称谓的由来

世界各国有关环境保护法的名称不尽相同。在 20 世纪 70 年代, 由于欧洲国家环境保护法主要是从控制污染的立法中发展起来的, 所以环境保护法一般被称为污染控制法。日本环境保护法是从控制公害的立法中发展起来的, 所以环境保护法在日本被称作"公害法"。在前苏联和一些东欧国家, 环境保护法是在对自然的法律保护的基础上建立起来的, 所以环境保护法被称为自然保护法; 后来, 有些学者还从生态学的角度提出了生态法的概念。在美国, 由于在环境管理和污染防治的相关领域中涉及许多公法和私法问题, 并且在 20 世纪初制定了一大批与环境问题相关联的行政法规, 因此, 一直使用环境法的称谓。

20 世纪 80 年代以后, 随着环境科学研究的深入和环境法调整范围及对象的扩大, 在国际交往中, 环境法一词的使用频率越来越高。由于有关污染控制法、公害法、自然保护法的称谓容易令人产生误解, 因此, 各国立法、行政和司法机关以及环境法学者纷纷放弃原有的称谓, 统一使用了环境法这一称谓。

在我国, 环境保护法是在治理工业"三废"（即废气、废水、废渣）的行政法规和规章的基础上发展起来的。20 世纪 70 年代借鉴国际社会提出的"环境保护"概念, 我国最初将与环境保护相关的法律称为环境保护法。到 20 世纪 80 年代, 由于我国学者纷纷赴国外学习, 我国政府也积极参与国际环境保护合作, 从而将环境法的表述方式从国外引入到国内。这时, 国内多数学者在其著作或编写的教科书中也将环境保护法改称为环境法。1984 年原国家教育委员会在法律院系教学计划有关课程设置的安排上也采用了环境法的称谓。20 世纪末叶以后，鉴于国务院学术委员会将"环境与资源保护法学"设立为法学二级学科，因此有关环境法学教材的称谓开始出现分歧。主要有环境保护法学、环境法学、环境与资源保护法学、环境资源法学、环境与资源法学、生态法学等表述方式。

从国务院学位委员会法学学科硕士点、博士点设置目录中的"环境与资源保护法学"这一名称来看，不管其设置者的用意是否为了突出对资源的保护，单从文字角度而言，"环境与资源"是不必要的重复。显然，这里所称"资源"，特指环境中的自然资源，而不包括人力资源等社会资源。而自然资源是一种环境要素，环境中如果抽掉自然资源就变成了一个空洞的概念，环境保护理所当然地包括自然资源保护，将两个包含关系的概念并列组成一个新的概念，逻辑上是不科学的。[1] 为了与 1989 年综合性环境保护基本法——《中华人民共和国环境保护法》的称谓相衔接，本书仍使用了环境保护法的称谓。

（二）环境保护法的定义

到目前为止，环境保护法在国内外还没有一个公认的定义。因为给环境保护法下定义涉及对"环境"概念的外延和内涵的认识，对环境法与传统部门法相互关系的看法以及对环境法自身所调整的社会关系范围的理解等。

在我国，根据社会主义法学基础理论的研究，法律所调整的不同社会关系即调整的对象，是划分法律部门的主要依据。为此，给环境保护法所下定义的方式可套用"法律是调整一定社会关系的法律规范的总称"的习惯模式，再参照《环境保护法》第 1 条关于环境保护立法目的和任务的规定。我们认为，环境保护法是指调整因保护和改善环境，合理开发利用自然资源，防治污染和其他公害而产生的社会关系的法律规范的总称。[2] 这个定义，包含以下几层含义：

1. 环境保护法只调整人与人的关系，而不调整人与自然的关系。环境问题

---

[1] 李爱年著：《环境法的伦理审视》，科学出版社 2006 年版，第 94—95 页。

[2] 韩德培主编：《环境保护法教程》（第七版），法律出版社 2015 年版，第 24 页。

是由于自然变化或者人类活动所造成的。由法律规范特性所决定，环境保护法只调整人为原因所引起的环境问题。众所周知，规范分为技术规范和社会规范两大类。前者是调整人与自然之间关系的行为规范，如技术规范和操作规范。后者是调整人与人之间关系的行为规范，包括法律规范、道德规范和社会团体规范等。其中，法律规范规定人们应当做什么，禁止做什么，违反者将受到法律的何种制裁。因而它与技术规范和其他社会规范的根本区别在于具有国家强制性，这种强制性特点决定了作为一个部门法的环境保护法，只调整因人类活动引起的环境问题中人们之间的关系。至于自然原因引起的环境问题，不是也不需要由环境保护法来调整。

2. 环境保护法所调整的社会关系具有特定的范围，包括两大类。环境保护法只调整人们在保护和改善环境，合理开发利用作为环境要素的各种自然资源，防治环境污染和其他公害中产生的社会关系，即环境保护关系，并不调整所有与环境有关的社会关系。如与土地有关的法律包括调整土地所有权、使用权、经营权、管理权、保护权等的民法、经济法、刑法和环境保护法等。显然，环境保护法只调整其中的土地资源保护关系，即调整因合理开发利用土地资源，防止浪费、破坏和受污染而产生的社会关系。可见，环境保护法所调整的社会关系具有特定的范围，具体说就是下面两大类：一是合理开发利用作为环境要素的各种自然资源而产生的社会关系；二是因防治环境污染和其他公害而产生的社会关系。认为我国环境保护法只防治污染、不保护自然资源的观点，是不正确的。我国近年来的环境保护立法工作发展十分迅速，已形成了包括自然资源保护和环境污染防治的法律规范所组成的有机联系的统一整体。这里的自然资源保护，是从保护自然资源给人类带来生态效益的角度而言的。

众所周知，我国是采取自然资源保护和自然资源管理法律规范合为一个法律文件的立法形式（这类法律文件，我们可称之为自然资源法律、法规或规章）。其中，自然资源保护规范的设立有两个目的：一是保护自然资源的经济价值（即保护国家对其持续开发利用所带来的经济利益）；二是保护自然资源作为环境要素给人类带来的生态效益。我们认为，只有当我们用自然资源作为环境要素是否对人类带来环境利益的眼光看待自然资源并加以保护时，这种意义上的自然资源保护法才真正属于环境保护法的一部分。而从经济利益角度保护自然资源的法律规范,应属于经济法中的资源管理法。[1] 所以,对于涉及自然资源保护、自然资源管理的法律文件,既属于环境保护法中的自然资源保护法律,也属于经济法中的资源管理法律。例如,我国的《水法》《土地管理法》《森林法》《矿产资源法》《渔业法》《野生动物保护法》《水土保持法》等法律,就属于这种情况。将这一层次法律中的自然资源保护规范划入环境保护法体系,既符合《宪法》《环境保护法》的立法目的,也符合上述各种自然资源法的立法目的。过去,有人认为自然资源保护法律不是环境保护法,只是其"相关法"或与环境保护法并列组成资源环境法,环境保护就是防治环境污染。这种认识是片面的,因为它不符合《宪法》和《环境保护法》的立法精神,并导致人们长期忽略对自然资源的保护。

3. 环境保护法是指一切调整环境保护关系的法律规范的总称,而不单指《环境保护法》。环境保护法是一切调整环境保护关系的法律规范的总称,即指一切保护和改善生活环境和生态环境、防治污染和其他公害的法律规范的总称。它包括由全国人民代表大会制定的《宪法》中有关环境保护的规范,由全国人民代表大会常务委员会制定的《环境保护法》以及各种自然资源保护和污染防治单行法,由国务院制定的环境保护行政法规和国务院各部、委(局)发布的环境保护规章,还包括各省级人民代表大会及其常务委员会、省级政府所在地的市和经国务院批准的较大的市人民代表大会及其常务委员会以及经全国人民代表大会授权的经济特区人民代表大会及其常务委员会制定的地方性环境保护法规,地方人民政府依法发布的地方性环境保护规章和具有普遍约束力的环境保护命令、决定等。我国已制定了一部综合性环境保护基础法——《环境保护法》,《中华人民共和国水污染防治法》《中华人民共和国大气污染防治法》《中华人民共和国固体废物污染环境防治法》《中华人民共和国环境噪声污染防治法》等多部环境污染防治单行法,《中华人民共和国土地管理法》《中华人民共和国森林法》《中华人民共和国草原法》等多部自然资源单行法,《中华人民共

---

[1] 李爱年:《生态保护立法体系存在的问题与完善的建议》,《中国人口·资源与环境》2002年第5期。

和国环境影响评价法》《中华人民共和国循环经济促进法》等多部将自然资源和污染防治集于一体的环境保护法律,制定颁布了《排污费征收使用管理条例》《土地复垦条例》等环境保护行政法规,《环境保护主管部门实施按日连续处罚办法》等许多部门规章。

（三）环境保护法的特点

环境保护法作为一个独立的法律部门，区别于其他法律部门的主要特征，有以下几点：

1. 可持续发展思想贯穿始终

当前，可持续发展理论已经演进为一个全方位的人类社会发展的概念、模式和战略，在全球范围内引起了思想、生产和生活方式的变革。由世界自然保护同盟、联合国环境规划署和世界野生生物基金会编写的《保护地球——持续生存战略》中指出："可持续的社会的原则应纳入宪法以及国家管理和政策的其他基本概念之中；应对现成的法律的行政的控制进行审查，改进其弱点；到20世纪末，所有地方都应完成对国家法律的审查，目的是重新制定法律以适应持续生存的需要。"《中国21世纪议程》也强调"中国现有的发展战略、政策、计划和管理机制难以满足可持续发展的要求"，而必须"开展对现行政策和法规的全面评价、制定可持续发展法律、政策体制，突出经济、社会与环境之间的联系与协调"，"建立可持续发展体系，并注意与国际法的衔接"。在所有立法中，环境保护立法理所当然地成为了贯彻可持续发展思想的典范。从环境立法的目的来看，《海洋环境保护法》《大气污染防治法》和《土地管理法》等单行法都明确规定了可持续发展思想。如《海洋环境保护法》第1条规定："为了保护和改善海洋环境，保护海洋资源，防治污染损害，维护生态平衡，保障人体健康，促进经济和社会可持续发展，制定本法。"从环境法的基本原则看，体现可持续发展思想的原则越来越多，如经济社会发展与环境保护相协调原则，预防为主原则等。从环境保护法的基本制度看，新增的一些制度如清洁生产制度、污染物排放总量控制制度等充分体现了从"末端控制"向"源头控制"的思想转变。还有诸如环境保护和防治的措施、环境法律责任等内容均体现了可持续发展的思想。

2. 浓厚的科学技术色彩

环境保护法中包含许多法定化的技术性规范和政策，如环境标准、环境监测规程、合理开发利用环境资源的操作规程、防治污染和环境破坏的生产工艺技术要求等。环境保护立法的趋势也逐渐摒弃单纯的强制或禁止行为，而改为根据现行的技术水准，为行为人制定具体标准。这是因为，环境问题尤其是环境污染问题的成因复杂，潜伏期长，危害一旦显现，影响面将非常广泛。所以，确定环境损害的发生原因及其发展过程，是一件相当困难的工作，涉及到自然科学的多个领域，需要运用专门的环境科学技术知识和环境法律政策知识。例如，研究环境中的物质特别是污染物的迁移、转化过程及其运动规律，就需要运用包括环境生物学、环境化学、环境医学、环境工程学、环境经济学、环境管理学和环境法学在内的多门学科知识。又如，环境噪声排放者排放的环境噪声是否超过环境噪声排放标准，也是一个技术性较强的问题。环境噪声，是指在工业生产、建筑施工、交通运输和社会生活中所产生的干扰周围生活环境的声音。环境噪声污染，是指所产生的环境噪声超过国家规定的环境噪声排放标准，并干扰他人正常生活、工作和学习的现象。环境噪声污染是一种能量污染，具有感觉性、暂时性、发生范围的局部性与种类的多样性等特点。环境是否受到噪声污染，必须科学、全面地分析。产生环境噪声污染，必须具备两个条件：一是所排放的环境噪声必须超过国家规定的排放标准，二是超过国家规定的排放标准所排放的环境噪声必须干扰了他人的正常生活、工作和学习。所以，确定环境噪声污染的前提是确定环境噪声的排放标准。我国已颁布了城市区域环境噪声标准，一般认为 40 分贝以下的环境噪声不足以对人体产生不良影响，40—50 分贝的环境噪声会影响人们的睡眠，60 分贝左右的环境噪声会给人们的学习、工作造成干扰，90 分贝以上的强声级噪声对人体的影响更大，甚至造成耳聋等身体伤害，175 分贝以上的噪声甚至可致人死亡。这些环境标准均是依据科学制定的，是环境保护法中大量存在的技术性法律规范。

3. 很强的综合性和广泛性

从形成的基础看，环境保护法是以环境科学和法学为基础，是邻近诸部门法和有关自然科学相互交叉、渗透的产物。从保护对象看，环境保护法保护的范围包括 15 种环境因素，可谓"上管天，下管地，中间管空气"。从调整的社会关系所涉及的方面看，包括政治、军事、经济、文化、交通、贸易以至国际交往等各个领域，范围之广，是其他任何法律部门都无法比拟的。这就决定了国家需要多种法律规范、多种方法从各个方面对环境保护法律关系进行综合调整。所以，不仅环境保护法体系中有大量的专门性环境法律法规，而且宪法、刑法、民法、行政法等法律部门中也存在有关环境保护的法律规范。环境保护法的调整方法涉及经济、技术、行政、教育等，具有很强的综合性和广泛性。

二、环境保护法的任务、目的和作用

（一）环境保护法的任务

环境保护法的任务是指环境保护法所要担负的责任；而目的则是指国家在制定和通过环境保护法时，希望达到的目标或希望实现的结果。二者相比，可以说，环境保护法的任务是环境保护法所追求的近期指标，或者说是基础的直接的目标，而环境保护法的目的则是指环境保护法所追求的最终的目标。因此，目的的实现有赖于任务的完成，任务是实现目的的基础。

除了《宪法》以外，其他法律，无论是《环境保护法》还是其他有关单行法规，往往把任务和目的规定在其第 1 条中。例如，《环境保护法》第 1 条规定："为保护和改善环境，防治污染和其他公害，保障公众健康，推进生态文明建设，促进经济社会可持续发展，制定本法。"《大气污染防治法》的第 1 条规定："为保护和改善环境，防治大气污染，保障公众健康，推进生态文明建设，促进经济社会可持续发展，制定本法。"此外，《海洋环境保护法》《土地管理法》等都作了类似的规定。从以上规定可以看出，环境保护法的任务可以概括为以下两项：

1. 保护和改善环境

《宪法》将环境分为生活环境和生态环境，[1]并突出了对生态环境的保护和

---

[1]《中华人民共和国宪法》第 26 条。1978 年《宪法》第 11 条第 3 款规定："国家保护环境和自然资源，防治污染和其他公害。"从环境保护法学看，将环境与自然资源并列，似有不妥。现行《宪法》改变了这种提法。

改善。"生活环境"是指与人类生活密切相关的各种天然的和经过人工改造过的自然因素。"生态环境"是指影响生态系统发展的各种生态因素,即环境条件。包括气候条件(如光、热、降水等)、土壤条件(如土壤的酸碱度、营养因素、水分等)、生物条件(如地面和土壤中的动植物和微生物等)、地理条件(如地势高低、地形起伏、地质历史条件等)和人为条件(如开垦、采伐、引种、栽培等)的综合体。

自然资源是环境因素。要保护和改善生活环境和生态环境,就必须合理开发利用自然资源,防止在开发利用过程中造成环境污染和生态破坏。我国是一个地大物博的国家,自然资源丰富,但又人口众多,人均占有的自然资源数量极少。因此,合理开发利用自然资源是最佳选择,是保护和改善环境的重要途径,是实现该任务的重要手段。

新修订的《环境保护法》并未对环境做"生活环境和生态环境"的划分,它把"保护和改善环境"作为一章内容予以规定,规定了具体的措施。仔细揣摩立法者的意图,应是生活环境和生态环境并无明确的界限,因而无法做出明确的划分。

2. 防治环境污染和其他公害

根据《环境保护法》第 42 条规定可知,防治环境污染是指防治在生产建设或者其他活动中产生的废气、废水、废渣、医疗废物、粉尘、恶臭气体、放射性物质以及噪声、振动、光辐射、电磁波辐射等对环境的污染和危害。显然,与 89《环境保护法》规定相比,新法将"医疗废物"和"光辐射"纳入其中。防治"其他公害"是指除上述环境污染和危害之外目前尚未出现而今后可能出现的,或者现在虽已出现但尚未规定在上述的污染和危害概念之内的环境污染危害。[1]

随着经济的发展,环境污染的问题已日益严重,各种公害事件不断发生,环境污染由原有的废气、废水、废渣、粉尘、恶臭气体等污染,发展为更多形式的污染,如光污染、热污染等,且污染的后果也日趋严重。面对严峻的环境状况,防治环境污染和其他公害,就成为了环境保护法的主要任务之一。

---

[1] 韩德培主编:《环境保护法教程》(第六版),法律出版社 2012 年版,第 36 页。

（二）环境保护法的目的

关于环境保护法的目的，在传统的学术理论中存在着"一元论"和"二元论"两种不同的主张。"一元论"认为，环境保护法的目的只有一个，就是保障人体健康。如 1993 年日本国会颁布的《日本环境基本法》第 1 条规定："本法的目的，是通过制定环境保护的基本理念，明确国家、地方公共团体、企（事）业者及国民的责任和义务，规定构成环境保护政策的根本事项，综合而有计划地推进环境保护政策，在确保现在和未来的国民享有健康的文化生活的同时，为造福人类做出贡献。"[1] "二元论"则认为，环境保护法的目的有两个，一是保障人体健康，二是促进社会和经济的可持续发展。世界许多国家的环境保护法均采用这一立法模式。如 1990 年韩国《环境政策基本法》在第 2 条对立法目的作了如下规定："鉴于环境质量及其保持，保护舒适的环境并且维持人类与环境之间的协调和平衡，是国民享有健康、文化的生活以及国土保持与国家持续发展所必不可少的要素，国家、地方、企业和国民应当努力维护和促使环境的良好状态……"[2]

我国 89《环境保护法》采用的是二元论的主张，即在第 1 条规定："为保护和改善生活环境和生态环境，防治污染和其他公害，保障人体健康，促进社会主义现代化建设的发展，制定本法。"其他环境保护单行法也有类似的规定。但新修订的《环境保护法》采用了"三元论"的立法模式，它规定："为保护和改善环境，防治污染和其他公害，保障公众健康，推进生态文明建设，促进经济社会可持续发展，制定本法。"显然，该条在原二元论的基础上，将"推进生态文明建设"作为其立法目的之一规定其中，这是党的十八大报告中所提出的"五位一体"的奋斗目标在环保基础法中的体现。

对于环境保护和经济发展的关系问题，国际上曾经存在两种截然对立的观点，一是主张应强调环境保护，抑制经济发展，即所谓经济"零增长"论。二是主张先发展经济，后治理污染。无论是主张先发展经济，后治理污染，还是主张实行经济零增长的观点，都是把环境保护和经济发展这两者之间的关系完

---

[1] 赵国青主编：《外国环境法选编》，中国政法大学出版社 2000 年版，第 978 页。

[2] 汪劲著：《环境法律的理念与价值追求》，法律出版社 2000 年版，第 284 页。

全对立起来，而忽视了它们相互协调的一面。事实上，环境保护和经济发展这两者之间既相互制约、相互矛盾，又相互协调、相互促进。一方面，它们相互制约、相互矛盾，因为我们在发展经济的同时，势必会带来对资源的耗费和对环境的污染，同时对环境的保护又必须耗费大量的物力、财力，在一国物质财富一定的情况下，投入环境保护的部分多了，则剩余的部分即留着发展经济的部分就会变少。另一方面，它们又相互协调、相互促进。环境保护法要求我们合理利用自然资源，节约了资源，这就为经济的发展提供了必要的物质条件，同时，保护好了环境，有利于保障公众健康，这就为经济的发展提供了良好的劳动力条件。此外，经济的发展又有助于环境保护工作的开展，因为它可以为环境保护工作提供充足的资金。因此，只有在发展中落实保护，在保护中促进发展，坚持节约发展、安全发展、清洁发展，实现可持续的科学发展，才符合我国环境保护法的目的，也是广大人民群众根本利益所在。

正因为如此，新修订的《环境保护法》把保障公众健康和促进社会经济的可持续发展作为其立法目的规定其中。

但新法在原有的二元论目的的基础上，增加了"推进生态文明建设"作为其重要的立法目的之一。关于生态文明的内涵，至今无一统一的定义，有人从纵向的人类文明发展史的角度进行解释，即它是与原始文明、农业文明、工业文明前后相继的社会文明形态。是人类对传统文明的反思和超越，或者说是一种全新的E文明；有人认为它是渔猎文明、农业文明、工业文明、信息文明后的第五次选择，它在内涵上包含了地球、环境、能源、效率等在内的综合性理念。也有的从横向的当代文明系统的角度出发进行解释，认为生态文明与物质文明、精神文明和政治文明相对应。或者从总体上看，生态文明是指科学向上的生态发展意识，健康有序的生态发展机制，和谐的生态发展环境，全面、协调可持续的发展态势，经济、社会、生态的良性循环与发展，以及由此保障的人和社会的全面发展。

在我国，建设生态文明首次是在党的十七大报告中提出的，此后在党的十八大报告中独立成篇予以确定，并提出了包括生态文明建设在内的"五位一体"的发展目标。在我国立法中作为立法目的之一首次进行规定的当然是新修订的《环境保护法》，它由此实现了从政策走向法律的质的飞跃。其后，2015年颁布、2016 年 1 月 1 日实施的《大气污染防治法》也秉承《环境保护法》的精神，将推进生态文明建设作为其立法目的之一规定其中。

（三）环境保护法的作用

随着经济的发展，环境保护法的作用日趋明显，并且也逐渐被人们所重视。总的说来，环境保护法的作用主要体现在以下几个方面：

1. 环境保护法是全面贯彻落实科学发展观、走和谐发展生态文明之路的必然要求

在传统的经济发展模式下，经济增长在很大程度上是靠牺牲环境换取的，这样的发展必然是难以持续的；贯彻落实科学发展观，必须坚持以保护环境优化经济增长，这是实现国民经济又好又快发展的重要保障。20 世纪 70 年代，美国和日本在实施限制汽车尾气排放的法规方面，采取了两种截然不同的态度。美国以尾气排放管制损失大于效益为借口，暂缓执行了 1970 年通过的"马斯基法"。日本果断实行了限制汽车尾气排放的政策，不仅促进了环境技术的重大突破，而且迅速提高了日本汽车在全球市场的竞争力。这是环境保护法优化经济增长的真实写照。国内外的实践反复证明，环境保护法能促进经济结构优化升级，推进产业布局合理有序，推动科学技术不断创新。

十七大提出了建设社会主义生态文明。生态文明，是人类文明的一种形态。它的核心价值观是"和谐"。这种和谐既包括人与生态的和谐，也包括人与人的和谐，而且人与人的和谐是人与自然和谐的前提。随着环境成为经济社会发展的"瓶颈"制约，人与自然的矛盾日益突出，直接危及人与人、人与社会的和谐。近年来，群众的环境投诉和因环境问题引发的群体性事件以每年 30% 左右的速度上升。[1]一些地方污染问题已经成为影响社会稳定的重要因素。面对新形势下环境纠纷日益增多的趋势，如果不能依法及时妥善处理，个别问题就可能演变为普遍问题，局部问题就可能演变为整体问题，环境问题就可能演变为政治问题。2006 年 9 月，科特迪瓦由于毒垃圾事件引发大批群众抗议和

---

[1] 周生贤在第一次全国环境政策法制工作会议上的讲话：《全面加强环境政策法制工作，努力推经环境保护历史性转变》，《环保工作资料选》2007 年第 2 期。

游行示威，过渡政府被迫集体辞职。[1] 这一事件再次说明正确处理环境问题的极端重要性。环境保护法规定人们环境保护的责任和义务以及违反责任和义务所应当承担的法律责任，因而既是解决环境问题的有力武器，又是妥善处理环境纠纷、促进社会和谐的重要保障。

2. 环境保护法是推进历史性转变的重要保障

历史性转变是对经济发展与环境保护关系的根本性调整[2]，是环境保护方式的根本性变化，是环保事业发展中实施的一项开创性的伟大工程。国外的经验表明，重大战略的调整、重要政策和法律的诞生，是历史性转变启动的重要标志，也是推动历史性转变的重要力量。20 世纪 60 年代末和 70 年代初，美国以《国家环境政策法》《清洁空气法》《清洁水法》《安全饮用水法》为标志，告别了唯经济发展的时代，开启了历史性转变的先河。日本 1970 年召开第 64 届国会，确立了环境优先的原则，并体现在《公害对策基本法》中，从此启动了日本环境保护的历史性变革。实践证明，从根本上调整经济发展与环境保护关系，必须以环境政策为先导、以环境法制为保障，充分利用法律手段，进一步加大环境管理的力度。环境保护法规定了人们环境保护的责任和义务，严禁各种污染和破坏环境的行为，从而起到防治污染、保护和改善环境的作用，使人们能拥有一个良好舒适的生活环境，这就有效地防止了因环境污染和破坏对人体造成的各种危害，保障了公众健康。环境保护法规定人们应合理利用各种自然资源，对破坏自然资源的行为规定了严格的法律责任，这就有效地防止了对自然资源的破坏，促进了自然资源的合理利用，有利于实现资源的合理配置，为市场经济的健康发展奠定了物质基础。

---

[1]《科特迪瓦毒垃圾污染引发骚乱 科政府宣布辞职》，http://news.sina.com.cn/w/2006-09-16/131910033802s.shtml，2015-12-12。

[2] 当前我国的环保工作，关键是要加快实现三个转变：一是从重经济增长轻环境保护转变为保护环境与经济增长并重；二是从环境保护滞后于经济发展转变为环境保护和经济发展同步；三是从主要用行政办法保护环境转变为综合运用法律、经济、技术和必要的行政办法解决环境问题。周生贤部长在环境保护部第一次部务会上的讲话：《从严治部 忠于职守 严于律己 兢兢业业 做好新一届政府环境保护工作》，《环保工作资料选》2008 年第 6 期。

3. 环境保护法是维护国家、社会公众环境权益的法律武器

首先，环境保护法是维护国家环境权益的法律保障。近年来，随着对外贸易、引进外资和旅游事业的发展，一些国家和地区向我国和内地转嫁污染，甚至我国一些地区还出现了外来物种入侵的现象。环境保护法起到了维护国家环境主权的作用。我国《环境保护法》第 3 条明确规定："本法适用于中华人民共和国领域和中华人民共和国管辖的其他海域。"《海洋环境保护法》第 2 条第 3 款规定："在中华人民共和国管辖海域以外，造成中华人民共和国管辖海域污染的，也适用本法。"《固体废物污染环境防治法》的第 24 条规定："禁止中华人民共和国境外的固体废物进境倾倒、堆放、处置。"上述法律规定，为维护我国环境主权提供了法律依据。1993 年 9 月 25 日发生在南京港上元门码头的韩国废物入境事件，是一个典型事例。在这个事件中，我国有关部门依据环境保护法的有关规定，将该批化工废物退运回韩国。[1]

其次，环境保护法有利于保护社会公众的环境权益。《环境保护法》第 6 条规定："一切单位和个人都有保护环境的义务。"同时其他环境保护的单行法规也有类似的规定。此外，新颁布的一些法律都对公众参与环境保护的权利作了明确规定。如 2003 年 9 月 1 日实施的《环境影响评价法》第 11 条规定："专项规划的编制机关对可能造成不良环境影响并直接涉及公众环境权益的规划，应当在该规划草案报送审批前，举行论证会、听证会，或者采取其他形式，征求有关单位、专家和公众对环境影响报告书草案的意见。但是，国家规定需要保密的情形除外。编制机关应当认真考虑有关单位、专家和公众对环境影响报告书草案的意见，并应当在报送审查的环境影响报告书中附具对意见采纳或者不采纳的说明。"同样，在该法的第 21 条对建设项目的环境影响评价中的公众参与权作了类似规定。从上述规定可以看出，对于社会公众的环境权益，我国环境保护法律予以了明确的规定。

4. 环境保护法是促进环境保护的国际交流与合作，保护全球环境的重要手段

随着经济的发展和人们环境保护意识的提高，越来越多的人已经认识到：

---

[1]　张梓太主编：《环境保护法》，中央广播电视大学出版社 1999 年版，第 35 页。

环境保护不仅仅是一个国家、一个地区的责任，它往往是全球的责任。为了担当起这一责任，我国签署和参加了许多国际条约，如《保护臭氧层维也纳公约》《联合国气候变化框架公约》《生物多样性公约》等。我国参加这些条约，表明了我国政府在国际环境保护上的态度和立场。

三、环境保护法的产生和发展

环境保护法的产生和发展是渐进的历史进程，是与环境问题的严重化和普遍化、人们对环境问题认识的深化和环境保护活动的强化的历史过程相联系的。中华人民共和国成立后的环境立法大致经历了孕育、产生、发展以及初步完善这四个阶段。

（一）孕育阶段

1949 年新中国成立到 1972 年是我国环境法的孕育阶段。从 20 世纪 50 年代开始，我国大力发展工农业，并推动国家的工业化进程。在此过程中，不可避免地发生了环境污染和生态破坏的问题，国家开始制定有关合理开发、利用自然资源和保护、改善生态环境的规范性文件和法规。1951 年颁布《中华人民共和国矿业暂行条例》，1956 年颁布《关于新工业区和新工业城市建设工作几个问题的决定》，1957 年颁布《水产资源繁殖保护暂行条例（草案）》，1960 年颁布《放射性工作卫生防护暂行规定》，1963 年颁布《森林保护条例》，1965 年颁布《矿产资源保护试行条例》等。

在这一阶段，我国的环境问题远没有西方发达国家严重，因此，保护自然资源的法律相对较多，立法指导思想偏重于合理开发利用自然资源；防治污染的法律主要从保护劳动安全的角度着眼，侧重于保护工作环境和生活环境。

（二）产生阶段

1972 年到 1978 年是我国现代环境法的产生阶段。1972 年 6 月 5 日，联合国人类环境会议在瑞典首都斯德哥尔摩召开，我国政府派代表团参加了这次国际环境保护盛会。在人类环境会议精神影响下，国务院在 1973 年召开了第一次全国环境保护会议。之后，国务院颁布了《关于保护和改善环境的若干规定》，规定了我国环境保护的"三十二字方针"，即"全面规划、合理布局、综合利用、化害为利、依靠群众、大家动手、保护环境、造福人民"，规定了"统筹兼顾，全面安排"原则、"三同时"制度和综合利用奖励制度，并就全面规划、工业的合理布局、改善老城市的环境、综合利用、土壤和植物的保护、水系和海域的管理、植树造林、环境的监测、环境科学研究和宣传教育、环境保护投资和设备十个方面的问题，进行了比较全面系统的规定。这一规范性文件成为 1979 年颁布实施的《中华人们共和国环境保护法（试行）》的雏形。

1974 年，国务院颁布了《中华人民共和国防治沿海水域污染暂行规定》。这是我国第一个关于沿海海域污染防治的法规。同一时期，我国还颁布了一批新的环境标准，包括《工业三废排放试行标准》《生活饮用水卫生标准》《食品卫生标准》等，使得国家的环境管理有了定量指标。

1977 年，当时的国家计委、国家建委、财政部、国家环境保护领导小组发布了《关于治理工业"三废"，开展综合利用的几项规定》，规定尽力把废水、废气、废渣等工业"三废"消灭在生产过程之中。

更值得一提的是，1978 年《宪法》第 11 条专门对环境保护作了规定："国家保护环境和自然资源，防治污染和其他公害。"这是环境保护首次被列入国家的根本大法，把环境保护确定为国家的一项基本职责，将自然保护和污染防治确定为环境保护和环境法的两大领域，从而奠定了中国环境法体系的基本构架和主要内容，并为中国环境保护进入法制轨道开辟了道路。同年，中共中央批转的国务院环境保护领导小组的《环境保护工作汇报要点》，将加强环境法制建设，制定环境保护法律作为环境保护工作重点之一，由此拉开了中国环境法迅速发展的序幕。

（三）发展阶段

1979 年到 1989 年是我国环境法的发展阶段。1979 年 9 月，五届全国人大第十一次会议通过了我国的第一部环境保护法《中华人民共和国环境保护法（试行）》。该法以 1978 年宪法关于环境保护的规定为根据，立足于我国国情和经验，并借鉴了国外先进的环境立法，规定了环境保护对象、任务、方针和适用范围，规定了谁污染谁治理原则，确定了环境影响评价、"三同时"、排污收费、限期治理、环境标准、环境监测等重要制度，规定了环境保护机构的设置及其职责。

从 20 世纪 80 年代开始，我国经济建设进入了飞速发展时期，环境法律、行政法规和规章不断制定和颁布实施。1982 年《宪法》第 26 条规定："国家保护和改善生活环境与生态环境，防治污染和其他公害。"该规定继承和发展了 1978 年《宪法》的合理部分，进一步明确了环境保护的目标、范围、对象，为我国全方位开展环境与资源保护立法提供了依据。

在环境污染防治立法方面，1982 年制定了《海洋环境保护法》，1984 年制定了《水污染防治法》，1987 年制定了《大气污染防治法》。在自然资源管理和保护方面，1984 年制定了《森林法》，1985 年制定了《草原法》，1986 年制定了《渔业法》和《土地法》，1988 年制定了《水法》，1989 年制定了《野生动物保护法》。此外，在国家一些重要的民商事、刑事、行政和诉讼等基本法律中也规定了环境保护的内容。

除了国内环境立法以外，我国政府还积极参加国际环境保护的合作，并加入了一系列重要的国际环境保护公约和协定，与周边国家签署了许多环境保护双边协定，如《濒危野生动植物国际贸易公约》（1980 年）、《保护世界文化和自然遗产公约》（1985 年）以及和日本签署的《保护候鸟及其栖息环境协议》等。

这一时期，《宪法》关于环境保护的规定有了新发展，环境法律文件大量增加，我国开始积极参与国际环境保护合作，自然资源保护、污染防治、环境标准方面的法律规范齐备，环境法体系已经初具规模，环境保护法成为了一个独立的法律部门。

（四）初步完善阶段

1989 年以后，随着我国市场化程度的提高和经济的快速增长，我国的局部性环境问题逐渐演化为全局性环境问题，环境保护工作也面临着更严峻的挑战，环境保护立法进入了初步完善阶段。

在 1989 年 12 月 26 日举行的第七届全国人大常委会第十一次会议上，《环境保护法》的修改草案获得了通过。随后，我国相继制定了《环境噪声污染防治条例》(1989年)、《水土保持法》(1991年)、《水污染防治法实施细则》(1989年)、《大气污染防治法实施细则》(1991年)、《国务院关于进一步加强环境保护工作的决定》(1990年)、《环境保护行政处罚办法》(1992年)、《淮河流域水污染防治暂行条例》(1995年)等法律法规。

1992年,联合国在巴西里约热内卢召开了环境与发展大会,会议通过了《21世纪议程》《里约宣言》等国际环境法律文件,正式提出推行可持续发展战略。我国政府随后签署了有关防治气候变化、生物多样性保护等国际环境保护公约,制定了《中国环境与发展十大对策》,发布了《中国21世纪议程——中国21世纪人口、环境与发展白皮书》。自此,环境保护立法进入了一个崭新的历史阶段。全国人民代表大会常务委员会先后对《海洋环境保护法》《大气污染防治法》《水污染防治法》《固体废物污染环境防治法》《节约能源法》《土地管理法》《森林法》《渔业法》《水法》和《环境保护法》等进行了修改,新颁布了《环境噪声污染防治法》《放射性污染防治法》《可再生能源法》《防沙治沙法》《清洁生产促进法》《循环经济促进法》等。此外,还制定了大量的行政法规、地方性法规和部门规章。

四、环境保护法的体系

(一)环境保护法体系的概念

一般认为,法律体系是指一国全部现行法律规范分类组合成不同的法律部门所形成的有机联系的统一整体。从这个意义出发,环境保护法体系,是指由一国现行的调整因保护和改善生活环境和生态环境,合理开发利用自然资源,防治污染和其他公害而产生的社会关系的法律规范所构成的有机联系的统一整体。它是国家法律体系的第二层次的部门法体系。环境保护法形成为独立的法律部门和建立起相对完备的体系,在时间上比别的部门法要晚得多。尽管如此,环境保护法体系与其他部门法的体系一样,也应当是一个内外和谐一致的有机的整体。易言之,对外它应当与其他法律部门相互协调,从而保证整个法律体系的和谐统一;对内则应当是环境保护法体系中的各种法律规范之间的协调互补,从而发挥环境保护法体系的整体效果。

（二）环境保护法体系的构成

目前我国环境保护法律规范体系主要由下面几个部分构成：

1. 宪法中关于环境保护的法律规范

《宪法》是我国法律体系中具有最高法律效力的法律文件，是我国的根本大法，《宪法》关于环境保护的规范是我国环境保护立法的根据和基础。我国宪法对环境保护作了一系列规定，既规定了国家环境保护职责、公民环境权利义务，也规定了环境保护的基本政策和原则。如《宪法》第 26 条第 1 款规定："国家保护和改善生活环境和生态环境，防治污染和其他公害。"这一规定为国家环境保护活动和环境立法奠定了宪法基础；第 51 条规定："中华人民共和国公民在行使自由和权利的时候，不得损害国家的、社会的、集体的利益和其他公民的合法的自由和权利。"这一规定既是公民主张环境权的基础，也是防止个人滥用权利造成环境污染和破坏的基本环境义务规范。《宪法》第 9 条第 2 款规定："国家保障自然资源的合理利用，保护珍贵的动物和植物。禁止任何组织或者个人用任何手段侵占或者破坏自然资源。"第 10 条第 5 款规定："一切使用土地的组织和个人必须合理地利用土地。"第 22 条第 2 款规定："国家保护名胜古迹、珍贵文物和其他重要历史遗产。"《宪法》的上述各项规定，具有较强的指导性、原则性和政策性，一切环境保护的法律规范都必须服从《宪法》的规定，不得以任何形式与《宪法》相违背。

2. 综合性环境保护基础法

这是以宪法有关环境保护的规定为立法依据，将环境作为一个有机的整体加以保护和改善的综合实体法，在环境保护法体系中处于中心地位，是国家环境保护方针、政策、原则、制度和措施的基本规定。环境保护法通常表现为一个国家的最高环境保护立法，如美国的《国家环境政策法》、前苏联的《苏俄自然保护法》、日本的《环境保护法》等等。我国于 2014 年修订、2015 年1 月 1 日实施的《环境保护法》是我国现行的在环境保护领域里起统领作用的综合性、基本性环境保护法律。之所以认为其具有综合性，是因为：从内容上看，它只规定环境保护的基本原则、基本制度、保护自然资源（即环境要素）和防治各种污染物的基本措施、法律责任等，而不规定某一类自然资源保护或某一类污染物防治的具体原则、具体制度和具体措施。换言之，它是环境保护方面的原则性、一般性规定，而不是具体详尽的法律规定。之所以称之为基础性法律，是因为它是各种环境保护单行法、行政法规和规章、地方性环境保护法规和规章立法的基本依据。但还不能称之为"基本法"，因为基本法是由全国人民代表大会制定的，效力高于全国人民代表大会常务委员会制定的法律。而《环境保护法》是由全国人民代表大会常务委员会制定的，其效力高于各种环境保护行政法规和规章、地方性环境保护法规和规章，但不高于各种自然资源保护、污染防治单行法。不过，《环境保护法》的效力层次确需得到提高。

3. 环境保护单行法律

所谓环境保护单行法，一般是指由国家立法机关制定的关于特定的环境要素的保护和环境污染防治的单项法律。这些单行法均由全国人大常委会制定，主要分为两类：第一类是以防治环境污染和其他公害为目的的法律，主要包括《水污染防治法》《大气污染防治法》《固体废物污染环境防治法》《环境噪声污染防治法》《海洋环境保护法》《清洁生产促进法》等；第二类是以自然资源管理和生态保护为主要目的的法律，主要包括《水法》《土地管理法》《渔业法》《矿产资源法》《森林法》《草原法》《水土保持法》《野生动物保护法》等。此外，还有一类环境保护法律兼有防治环境污染和生态保护的目的，如2002年10月28日由中华人民共和国第九届全国人民代表大会常务委员会第三十次会议通过的《环境影响评价法》，体现了污染防治与生态保护并重的立法精神。

4. 其他部门法中的环境保护法律规范

其他部门法中也有一些关于环境保护的规范，这些都是环境保护法体系的重要组成部分。具体而言，主要包括：

第一，《刑法》中有关环境保护的规范。《刑法》在第六章（妨害社会管理秩序罪）第六节设立了"破坏环境资源保护罪"，规定了污染环境罪、非法进口固体废物罪、非法捕捞水产品罪、非法狩猎罪、非法占用农用地罪、非法采矿罪、破坏性采矿罪、非法采伐、毁坏珍贵林木罪、盗伐林木罪、滥伐林木罪等。

第二，《民法通则》和《侵权责任法》中关于环境保护的规范。《侵权责任法》用一章即第八章的内容规定了环境污染责任。如第 65 条规定："因污染环境造成损害的，污染者应当承担侵权责任。"

第三,经济法、诉讼法等部门法中环境保护的规范。如《对外贸易法》规定：国家基于保护人的健康或者安全,保护动物、植物的生命或者健康,保护环境,需要限制或者禁止进口或出口等原因,可以限制或者禁止有关货物、技术的进口或者出口。《中华人民共和国民事诉讼法》第 55 条规定："对污染环境、侵害众多消费者合法权益等损害社会公共利益的行为,法律规定的机关和有关组织可以向人民法院提起诉讼。"这是我国规定环境污染公益诉讼的首部立法。又如《最高人民法院关于适用〈中华人民共和国民事诉讼法〉若干问题的意见》第 74 条规定："在诉讼中,当事人对自己提出的主张,有责任提供证据,但在下列侵权诉讼中,对原告提出的侵权事实,被告否认的,由被告负责举证……（3）因环境污染引起的损害赔偿诉讼……"这是关于举证责任倒置的有效司法解释。

5. 环境保护行政法规和部门规章

环境保护行政法规是由国务院制定并公布或者经国务院批准而由有关主管部门公布的环境保护的规范性文件，既包括为执行环境保护法律而制定的实施细则，也包括一些特定领域的环境保护工作的行政法规。这些行政法规一般都具有较强的针对性和操作性，也是环境保护法体系的有机组成部分。如《水污染防治法实施细则》《排污费征收使用管理条例》《建设项目环境保护管理条例》《海洋倾废管理条例》《渔业法实施细则》《土地管理法实施条例》《矿产资源法实施细则》《森林法实施细则》《陆生野生动物保护实施条例》《自然保护区条例》《水土保持法实施条例》等。环境保护的部门规章是由国务院环境保护行政主管部门或者国务院的其他依照法律行使环境保护监督管理权的部门制定的环境保护的规范性文件。与行政法规相比较，环境保护部门规章数量更多，操作性更强，所针对的问题更加具体。如原国家环境保护总局颁布的《环境保护行政处罚办法》《排放污染物申报登记管理规定》，环境保护部发布的《环境保护主管部门实施按日连续处罚办法》《环境保护主管部门实施查封、扣押办法》等。此外，铁道部颁布的《铁路环境保护规定》都属于此类规范性文件。

6. 环境保护的地方性法规和规章

环境保护的地方性法规和规章，是指由享有地方立法权的人民代表大会及其常务委员会或者地方人民政府制定的规范性文件。如《湖南省环境保护条例》《云南大理自治州洱海水污染防治实施办法》《滇池保护条例》《北京市实施〈中华人民共和国大气污染防治法〉办法》等等。由于我国幅员广阔，全国各地的自然地理条件和环境条件千差万别，各地的经济发展状况和技术水平也参差不齐。因此，针对各地的具体情况，适当地制定环境保护的地方性法规和规章是十分必要的。

7. 环境保护标准

环境保护标准是我国环境保护法体系中一个特殊的组成部分，是指为了防治环境污染、维护生态平衡、保护公众健康，国务院环境行政主管部门和省、自治区、直辖市人民政府，根据国家有关法律，对环境保护工作中需要统一的各项技术规范和技术要求所做的规定。环境标准是和环境保护法相结合同时发展起来的，它是具有法律性质的技术规范，是制定环境目标和环境规划的依据，也是判断环境是否受到污染的法定依据。按照环境标准的管理权限和适用范围，环境标准分为国家环境标准、行业环境标准和地方环境标准三级。按照其功能的不同，可分为五种：环境质量标准、污染物排放标准、环境监测方法标准、环境基础标准和环境标准样品标准。根据《标准化法》的规定，环境质量标准和污染物排放标准等属于强制性标准。

8. 我国加入的国际环境保护条约中的环境保护规范

我国加入的国际环境保护条约中的环境保护规范是我国环境保护法体系的重要组成部分，我国有义务履行这些加入的国家环境保护条约，这也是维护我国环境权益，加强国际环境保护合作以解决全球环境问题的责任所使然。目前中国已经加入了绝大部分的国际环境保护条约，对于推动国际环境保护事业的发展发挥了重要的作用，做出了巨大的贡献。这些国际环境保护条约主要包括：《保护臭氧层维也纳公约》及其议定书、《生物多样性公约》《气候变化框架公约》《控制危险废物越境转移及其处置巴塞尔公约》《防治荒漠化公约》等。

以上是关于我国环境保护法体系的基本框架，从中不难看出，我国环境保护法体系已日臻完善，为我国环境保护事业的保驾护航起到了积极的作用。然而，我国环境保护法体系无论从结构还是内容看还有一些不足之处[1]，在一定程度上制约着我国环境保护事业的开展。因此，如何进一步完善我国环境保护法体系，将是一项极为紧迫的课题。

第三节 环境保护监督管理体制

一、环境保护监督管理体制的概念

（一）环境保护监督管理体制的含义

环境保护监督管理体制，是指国家环境保护监督管理机构的设置、机构之间监督管理权限的划分。其中，机构的设置是环境保护监督管理的组织保障，权限的划分是环境保护监督管理的职能保障。

对于我国的环境保护监督管理体制，89《环境保护法》第7条作了如下原则性的规定："国务院环境保护行政主管部门，对全国环境保护工作实施统一监督管理。县级以上地方人民政府环境保护行政主管部门，对本辖区的环境保护工作实施统一监督管理。国家海洋行政主管部门、港务监督、渔政渔港监督、军队环境保护部门和各级公安、交通、铁道、民航管理部门，依照有关法律的规定对环境污染防治实施监督管理。县级以上地方人民政府的土地、矿产、林业、农业、水利行政主管部门，依照有关法律的规定对资源的保护实施监督管理。"这一规定如下表所示：

---

[1] 李爱年、周训芳主编：《环境法》，湖南人民出版社2004年版，第42—45页。

表 1 中国环境保护监督管理机构设置

部门设置 行政层级	统管部门	分管部门	
		资源管理部门	污染防治管理部门
国务院	环保行政主管部门	土地、矿产、林业、农业、水利行政主管部门	国家海洋行政主管部门、港务监督、渔政渔港监督、军队环境保护部门和各级公安、交通、铁道、民航管理部门
省级	环保行政主管部门		
地市级	环保行政主管部门		
县级	环保行政主管部门		

但新修订的《环境保护法》仅对统管部门做出明确规定，对分管部门则规定不明确。该法第 10 条规定：国务院环境保护主管部门，对全国环境保护工作实施统一监督管理；县级以上地方人民政府环境保护主管部门，对本行政区域环境保护工作实施统一监督管理。县级以上人民政府有关部门和军队环境保护部门，依照有关法律的规定对资源保护和污染防治等环境保护工作实施监督管理。

（二）环境保护监督管理体制的特点

1.统一监督管理与部门分工监督管理相结合。由于环境保护所涉及的行业、事项和部门较多，因此，我国环境保护行政实行环保部门统一监督管理与其他部门分工负责监督管理相结合。统一监督管理是指政府设立一个相对独立、专门的行政部门对本辖区内的环境保护工作行使统一的监督管理权。这个统管部门（统一监督管理部门的简称）包括国务院环境保护行政主管部门（即国家环境保护部）和县级以上地方人民政府环境保护行政主管部门（一般称某县、某市、某省环境保护局、厅），要负责对环境保护工作进行规划、部署和协调，依法提出环境保护法规草案和制定行政规章，依法监督管理环境保护法律、法规、规章、规划、标准和其他政策、规范性文件的实施。部门分工监督管理则是指由有关部门依照法定的职责对与其相关的环境保护工作进行具体的监督管理，这些分管部门包括上述国家海洋行政主管部门（为国土资源部下设的国家海洋局），港务监督机关（归口交通部）、渔政渔港监督机关（归口农业部）、军队环保部门（全军环境保护局）和各级土地（归口国土资源部）、矿产（归口国土资源部）、林业、农业、水利行政主管部门等。其中，海洋行政主管部门、港务监督等负责环境污染防治，土地、矿产、林业等部门负责自然资源保护的监督管理。这些统管部门与分管部门都是环境保护方面的行政执法机关。他们依法实施的环境保护监督管理行为，一般都属于具体行政行为[1]，即属于国家行政机关和行政机关工作人员行使行政职权，针对特定的公民、法人或者其他组织，就特定的具体事项，做出有关该公民、法人或者其他组织权利、义务的单方行为。

关于环境保护的分管部门，新《环境保护法》并未做出具体规定。甚至比89《环境保护法》的规定更为抽象。只是规定：县级以上人民政府有关部门和军队环境保护部门，依照有关法律的规定对资源保护和污染防治等环境保护工作实施监督管理。为了解决这一分工难题，各地往往通过地方立法或政府规章予以规定。如湖南省人民政府就在2015年2月发布了《湖南省环境保护工作责任规定》(试行)，对人民政府和32个政府职能部门的环境保护职责作出具体规定。

2.统管部门与分管部门的执法地位平等。无论是环境保护行政主管部门还是土地、矿产等资源管理部门都在中央一级和县级以上各级人民政府设立。这在一定程度上既有利于中央的宏观调控，也有利于充分发挥地方各级人民政府的积极性。这种模式也决定了各监督管理部门内部（如统管部门即国务院环境保护行政主管部门和县级以上地方人民政府环境保护行政主管部门）之间存在着在行政上隶属关系。包括领导与被领导、监督与被监督关系。但统管部门与分管部门之间没有行政上的隶属关系，因而不存在领导与被领导、监督与被监督，他们只有分工的不同，即监督管理的对象和范围有差异。其法律地位是平等的，都是代表国家行使环境保护行政执法权。

关于环境保护监督管理体制，我国在很多地方实行了一定程度的改革，如在设区的市一级，环境保护主管部门采取了垂直管理模式，各区设市环境保护分局，直接受市局垂直管理。可喜的是：十八届五中全会明确提出，国家将实行最严格的环境保护制度，实行省以下环保机构监测监察执法垂直管理。这为

---

[1] 环境保护监督管理机关制定环境保护规章的行为（如国家环境保护部）属于抽象行政行为。

我国探索垂直管理模式预留了研究的空间。

二、环境保护监督管理体制的形成和发展

我国环境管理的发展历程大致可以分为三个阶段，即创建阶段（1972年—1982年8月）、开拓阶段（1982年8月—1989年4月）和改革创新阶段（1989年5月—现在）。环境监督管理体制作为环境管理的重要组成部分，其形成和发展过程和环境管理的发展历程密不可分，因此，大体上也可分为以下三个阶段：

（一）初始阶段

在新中国成立以后到20世纪70年代初，我国仿效的是前苏联模式，即没有建立专门的环境保护机构，环境管理工作就由有关的部委兼管，如农业部、卫生部、林业部、水产总局以及有关的各工业部分别负责本部门的污染防治和资源保护工作，因而谈不上建立环境保护监督管理体制。随着1973年全国第一次环境保护会议的召开，国务院批转发布了原国家计划委员会《关于保护和改善环境的若干规定》（试行草案）。该草案指出："各地区、各部门要设立精干的环境保护机构，给他们以监督、检查的职权。"因而在1974年5月，国务院设立了一个由20多个有关部委领导组成的环境保护领导小组，主管和协调全国的环境工作，其日常工作由其下设的领导小组办公室负责。1979年，《环境保护法（试行）》颁布后，全国很多省、市级人民政府也设立了环境保护监督机构，国务院有关部门也设立了环境保护监督机构，这是我国环境监督管理体制的初创时期。

（二）形成阶段

1982年，全国人大常委会发布了《关于国务院部委机构改革实施方案的决议》，根据该决议，撤销了国务院环境保护领导小组，成立了城乡建设环境保护部，其下设的环保局为全国环境保护的主管机构，另在国家计划委员会内部增设国土局，负责国土规划与整治工作。很明显，此时的环保局和国土局仍然是国务院部委的下设机构。

1984年5月，国务院发出了《关于加强环境保护工作的决定》，决定成立国务院环境保护委员会，同年12月，城乡建设环境保护部内的环保局作为国

务院环境保护委员会的办公室，对外称国家环境保护局，享有相对的独立性。1988 年，国务院决定将原城乡建设环境保护部中的环境保护局独立出来，成为国务院直属机关，同时作为国务院环境保护委员会的办事机构，称"国家环境保护局"。

（三）发展阶段

1989 年 12 月 26 日，经修订后颁布施行的《中华人民共和国环境保护法》，第一次以综合性环境保护基本法的地位，在该法第 7 条中确立了我国现行的环境监督管理体制，即统一监督管理与分级分部门管理相结合的管理体制。

1998 年，在国务院机构改革中，国家环境保护局升格为部级国家环境保护总局（仍为国务院直属机构）。同时，国务院环境保护委员会被撤销，其职能由国家环境保护总局承担。

2008 年 3 月，以"大部制"为核心的新一轮国务院机构改革方案出台，国家环保总局如愿升格为环境保护部，成了国务院组成部门。虽然此次环保"升格"并未解决环保职能互相交叉、没有触动部门权责不一、也没有解决中央与地方管理权限的划分问题，但"大环保"的概念依然是未来改革的目标。

从上述我国环境保护监督管理体制的形成和发展的历史过程不难看出，随着环境问题的日益突出，党和国家对环境保护问题越来越重视，环境保护监督管理机构的地位也变得越来越重要。

三、环境保护监督管理机构的职责

（一）国务院环境保护行政主管部门的职责

根据《环境保护法》第 10 条的规定，国务院环境保护主管部门对全国环境保护实施统一监督管理。又根据国务院办公厅关于《环境保护部主要职责内设机构和人员编制规定》，国务院环境保护行政主管部门具体的监督管理职责如下：

1. 负责建立健全环境保护基本制度。拟订并组织实施国家环境保护政策、规划，起草法律法规草案，制定部门规章。组织编制环境功能区划，组织制定各类环境保护标准、基准和技术规范，组织拟订并监督实施重点区域、流域污染防治规划和饮用水水源地环境保护规划，按国家要求会同有关部门拟订重点海域污染防治规划，参与制订国家主体功能区划。

2.负责重大环境问题的统筹协调和监督管理。牵头协调重特大环境污染事故和生态破坏事件的调查处理，指导协调地方政府重特大突发环境事件的应急、预警工作，协调解决有关跨区域环境污染纠纷，统筹协调国家重点流域、区域、海域污染防治工作，指导、协调和监督海洋环境保护工作。

3.承担落实国家减排目标的责任。组织制定主要污染物排放总量控制和排污许可证制度并监督实施，提出实施总量控制的污染物名称和控制指标，督查、督办、核查各地污染物减排任务完成情况，实施环境保护目标责任制、总量减排考核并公布考核结果。

4.负责提出环境保护领域固定资产投资规模和方向、国家财政性资金安排的意见，按国务院规定权限，审批、核准国家规划内和年度计划规模内固定资产投资项目，并配合有关部门做好组织实施和监督工作。参与指导和推动循环经济和环保产业发展，参与应对气候变化工作。

5.承担从源头上预防、控制环境污染和环境破坏的责任。受国务院委托对重大经济和技术政策、发展规划以及重大经济开发计划进行环境影响评价，对涉及环境保护的法律法规草案提出有关环境影响方面的意见，按国家规定审批重大开发建设区域、项目环境影响评价文件。

6.负责环境污染防治的监督管理。制定水体、大气、土壤、噪声、光、恶臭、固体废物、化学品、机动车等的污染防治管理制度并组织实施，会同有关部门监督管理饮用水水源地环境保护工作，组织指导城镇和农村的环境综合整治工作。

7.指导、协调、监督生态保护工作。拟订生态保护规划，组织评估生态环境质量状况，监督对生态环境有影响的自然资源开发利用活动、重要生态环境建设和生态破坏恢复工作。指导、协调、监督各种类型的自然保护区、风景名胜区、森林公园的环境保护工作，协调和监督野生动植物保护、湿地环境保护、荒漠化防治工作。协调指导农村生态环境保护，监督生物技术环境安全，牵头生物物种（含遗传资源）工作，组织协调生物多样性保护。

8.负责核安全和辐射安全的监督管理。拟订有关政策、规划、标准，参与核事故应急处理，负责辐射环境事故应急处理工作。监督管理核设施安全、放射源安全，监督管理核设施、核技术应用、电磁波辐射、伴有放射性矿产资源开发利用中的污染防治。对核材料的管制和民用核安全设备的设计、制造、安装和无损检验活动实施监督管理。

9.负责环境监测和信息发布。制定环境监测制度和规范，组织实施环境质量监测和污染源监督性监测。组织对环境质量状况进行调查评估、预测预警，组织建设和管理国家环境监测网和全国环境信息网，建立和实行环境质量公告制度，统一发布国家环境综合性报告和重大环境信息。

10.开展环境保护科技工作，组织环境保护重大科学研究和技术工程示范，推动环境技术管理体系建设。

11.开展环境保护国际合作交流，研究提出国际环境合作中有关问题的建议，组织协调有关环境保护国际条约的履约工作，参与处理涉外环境保护事务。

12.组织、指导和协调环境保护宣传教育工作，制定并组织实施环境保护宣传教育纲要，开展生态文明建设和环境友好型社会建设的有关宣传教育工作，推动社会公众和社会组织参与环境保护。

13.承办国务院交办的其他事项。

（二）各级人民政府的职责

根据《环境保护法》的规定，地方各级人民政府在环境保护方面的主要职责如下：1.各级人民政府（包括乡、镇政府）对本辖区的环境质量负责，采取措施改善环境质量。2.各级人民政府必须把环境保护规划纳入到国家或者本地区国民经济和社会发展计划中，采取各种有利于环境保护的经济、技术政策和措施，使本地区的环境保护同经济建设和社会发展相协调。3.省一级政府可以根据本辖区环境特点，制定地方环境质量补充标准和污染物排放标准。4.地方人民政府负责协调解决跨行政区的环境污染和环境破坏的防治工作。5.各级人民政府对各种特殊的自然生态系统，采取措施加以保护，严禁破坏。6.国务院、国务院有关部门和地方省一级人民政府负责划定风景名胜区、自然保护区等特别保护区域。7.各级人民政府加强对农业环境的保护，防治农业生态破坏。8.国务院和沿海地方各级人民政府加强对海洋的环境保护，防止各种开发、建设活动对海洋环境的污染损害。9. 县级以上人民政府，在环境受到严重污染威胁居民生命财产安全时，发布紧急命令，并且采取有效措施解除或者减轻危害。10. 国务院和地方各级人民政府，采取措施鼓励本辖区环境科学教育事业的发展，加强环境保护科学技术的研究和开发，普及环境保护科学知识。11. 对保护和改善环境有显著成绩的单位和个人，由人民政府给予奖励。12. 对在特别区域内已建成的污染环境的工业生产设施，其污染物排放超过规定标准，和对造成其他环境严重污染的企业事业单位，由县级以上人民政府决定限期治理，并对经限期治理没有完成治理任务的企业事业单位作出责令停业、关闭的决定。除上述规定外，一些环境保护单行法还规定了人民政府环境保护的其他职责。

（三）县级以上地方人民政府环境保护行政主管部门的职责

根据《环境保护法》10 条及有关条款的规定，县级以上地方人民政府环境保护行政主管部门的职责是：1. 对本辖区的环境保护实施统一的监督管理。2. 审批环境影响报告书（表）。3. 验收防治污染设施的"三同时"制度，并监督其正常运行。4. 实施排污申报登记。依法发放排污许可证和临时排污许可证。5. 征收排污费和超标排污费。6. 实施现场检查。7. 做出行政复议决定。8. 实施行政处罚。9. 申请人民法院强制执行行政处罚决定。10. 将环境犯罪嫌疑人移送公安部门处理。11. 拟定辖区环境保护规划。12. 发布辖区环境状况公报。13. 调解处理环境污染民事赔偿纠纷。14. 组织开展本辖区环境保护科学研究和宣传教育工作。15. 承担国家环境保护行政主管部门及上级环境保护行政主管部门交办的其他事项。

（四）其他依照法律规定行使环境监督管理权的部门的职责

我国对环境保护实施监督管理的行政机关，除县级以上人民政府环境保护行政主管部门之外，还有依照有关法律规定行使环境污染防治或者自然资源保护监督管理权的 15 个部门。这些部门的职责如下：

1. 国家海洋行政主管部门

根据《环境保护法》《海洋环境保护法》《海洋石油勘探开发环境保护管理条例》及《海洋倾废管理条例》的规定，负责对全国海洋工程建设项目和海洋倾倒废物等海洋环境污染的防治实施监督管理。

2.国家海事行政主管部门

根据《海洋环境保护法》《防止船舶污染海域管理体条例》《防止拆船污染环境管理条例》的规定,对所辖区水域内非军事船舶和港区水域外非渔业、非军事船舶污染海洋环境防治实施监督管理,并负责污染事故的调查处理;对在我国管辖海洋航行、停泊和作业的外国籍船舶造成污染事故的实施登轮检查处理。

3.港务监督行政主管部门

根据《水污染防治法》《环境噪声污染防治法》和《防止拆船污染环境管理条例》的规定,对我国内河船舶、拆船污染港区水域和港区的机动船舶噪声污染防治实施监督管理。

4.渔政渔港监督行政主管部门

根据《渔业法》《海洋环境保护法》和《防止拆船污染环境管理条例》的规定,对内河渔业船舶排污、拆船作业污染内河渔业港区水域的污染防治实施监督管理;对在我国海域渔港水域内非军事船舶和渔港水域外渔业船舶污染海洋环境实施监督管理,并负责调查处理内河的渔业污染事故;参与船舶造成海洋污染事故的调查处理。

5.军队环境保护部门

根据《环境保护法》《中国人民解放军环境保护条例》和《海洋环境保护法》等的规定,对部队在演练、武器试验、军事科研、军事生产、运输等对环境的污染防治实施监督管理。

6.各级公安机关

根据《环境保护法》《环境噪声污染防治法》《大气污染防治法》《放射性污染防治法》《治安管理处罚法》等的规定,对环境噪声、放射性污染、机动车污染、破坏野生动物和破坏水土保持等环境污染防治与自然资源保护实施监督管理。

7.各级交通部门的航政机关

根据《环境保护法》《大气污染防治法》《水污染防治法》《环境噪声污染防治法》等的规定,对路段水体船舶的大气污染、水污染和环境噪声污染防治实施监督管理。

8.铁路行政主管部门

根据《环境保护法》《环境噪声污染防治法》《大气污染防治法》和《铁路技术管理规程》等的规定，对铁路机车环境污染防治实施监督管理。

9.民航管理部门

根据《环境保护法》《环境噪声污染防治法》《通用航空管理暂行规定》和《民用机场管理暂行规定》的规定，对经营民航空业务的企业和民用机场环境噪声污染防治实施监督管理。

10.土地行政主管部门

根据《环境保护法》《土地管理法》《草原法》《农业法》等的规定，对国土规划、土地使用、耕地与草地等土地的保护实施监督管理。

11.矿产资源行政主管部门

根据《环境保护法》和《矿产资源法》的规定，对矿产开发、矿区复垦等矿产资源保护实施监督管理。

12.林业行政主管部门

根据《环境保护法》《森林法》《野生动物保护法》《野生植物保护条例》和《防沙治沙法》的规定，对森林资源、陆生野生动物、野生植物资源保护和防沙治沙工作实施监督管理。

13.农业行政主管部门

根据《环境保护法》《草原法》《农业法》《野生植物保护条例》等的规定，对耕地、农田保护区、草原、野生植物保护和农药的暗渠使用实施监督管理。

14.水利行政主管部门

根据《环境保护法》《水法》和《水土保持法》的规定，对水资源的开发、利用和保护以及水土保持工作实施监督管理。

15.渔业行政主管部门

根据《渔业法》和《野生动物保护法》的规定，对渔业资源、水生野生动物资源保护实施监督管理。

此外，根据《固体废物污染环境防治法》《野生动物保护法》《清洁生产促进法》等法律、法规，建设、卫生、海关、工商和国务院经济贸易等行政主管部门，可以依法对某些环境污染防治或者自然资源保护实施监督管理。随着环境保护事业的发展，我国行使环境保护监督管理权中的分管部门有逐渐扩大的趋势，以适应加强环境保护监督管理的需要。

总之，我国现行的环境保护监督管理体制基本上是符合我国国情的。应当说，现行的环境保护监督管理体制对于加强我国的环境保护工作起了非常重要的作用，但这一体制随着我国环境问题的日趋严重，在实践中也暴露出一些问题。一方面，这种统分结合的管理方式，不仅从一定范围内削弱了环境保护部门本身的职能，而且也因为非专业的环境保护监督管理机构把环境保护当作副业，而怠于管理，致使环境保护工作出现真空。另一方面，统管部门与分管部门地位的平等性，导致相互扯皮的现象严重，致使环境保护部门的统管地位在实践中变成一纸空文。

本章讨论主题与问题安排

主题一：我国环境保护法体系的构建

问题：

　　1. 我国环境保护法的体系的构建可从哪些角度分析？

　　2. 我国环境保护法体系的构成如何？

　　3. 我国环境保护法体系有无不完善之处？

主题二：环境保护监督管理体制

问题：

　　1. 新、旧《环境保护法》在监督管理体制的规定方面有何不同？

　　2. 人民政府的环境保护职责有哪些？如何落实这些责任？

主题三：环保机构监测监察执法垂直管理模式探讨

问题：

　　1. 环保机构监测监察执法垂直管理的涵义是什么？

　　2. 如何构建环保机构监测监察执法垂直管理体制？

 讨论参考资料

1.李爱年、陈颖：我国环境保护监督管理体制的现状及完善对策,《环境保护》2013 年第 23 期。

2.彭本利、李爱年：新《环境保护法》的亮点、不足及展望,《环境污染与防治》2015 年第 4 期。

3.韩德培主编：《环境保护法教程》(第七版),法律出版社 2015 年版。

4.李爱年:《生态保护立法体系存在的问题与完善的建议》,《中国人口·资源与环境》2002 年第 5 期。

5.十八届五中全会报告。

 课后思考题

1.环境保护法的特点有哪些?

2.环境保护法的任务和目的是什么? 新、旧《环境保护法》对此规定有何不同?

3.自然资源法和环境保护法的关系如何?

| 第三章 |

环境保护法的调整对象与环境权理论

第一节 环境保护法的调整对象

一、关于环境保护法调整对象的学术之争

环境保护法的调整对象，是 20 世纪末 21 世纪初环境保护法学领域讨论最热烈的问题之一，其主要有两种针锋相对的观点：一种观点认为环境保护法只调整人与人的关系；另一种观点则认为环境保护法既调整人与人的关系，又调整人与自然或人与环境的关系。

其实，在 20 世纪 80 年代中期之前，几乎没人提出环境保护法调整对象是否调整人与自然的关系问题，关于其调整对象的讨论集中在包括那些与环境保护有关的社会关系的类型。1986 年，罗辉汉先生在其教材《环境法学》一书中就提出："环境法是调整人类与环境系统的矛盾关系的行为规范的总和。" [1] 这一环境法的定义，包含了环境法的调整对象是人类与环境系统的矛盾关系，这应是最早关于环境法调整人与环境的关系的主张。但这一提法似乎否定了环境保护法调整人与人的关系这一基本的、普遍的观点，不能理解为对环境保护法调整对象的讨论，而是一个对环境保护法的不成熟的定义。也正因为如此，

---

[1] 罗辉汉著：《环境法学》，中山大学出版社 1986 年版，第 32 页。

这一提法在当时并未得到进一步的讨论和研究。直到 1998 年，蔡守秋教授提出的"调整论"在环境保护法学领域掀起了对环境保护法调整对象讨论的热潮。蔡守秋教授"调整论"的核心内容包括：第一，"环境法调整的对象具有特殊性，既调整人与人的关系，也调整人与自然的关系"。[1] "人类既可以采用包括法律、政策、道德在内的各种手段和方法调整人与人的关系，也可以采用包括法律、政策、道德在内的各种手段和方法调整人与自然的关系。"第二，"所谓环境资源法所调整的人与自然关系，是指环境资源法所规定并通过其实施加以影响、作用和控制的人与自然的关系，法律没有规定或没有发生实际影响、作用和控制的人与自然的关系不是环境资源法所调整的人与自然的关系。"第三，当谈到环境资源法的调整对象时，环境资源法是主体，调整是一种特殊的行为，对象是因开发、利用、保护、改善环境资源所发生的人与自然的关系和人与人的关系。这时，并不存在人或物是主体或客体的问题；因为法律是主体，不宜将主体简单地理解为人，因为客体是人与人的关系和人与自然的关系，不能把人与人的关系理解为人、把人与自然的关系理解为物。环境资源法能否调整人与自然的关系，与自然（包括动植物）是否成为主体无关，因为人与自然的关系可以是主体和客体之间的关系。[2]

主张环境保护法只调整人与人的关系，其代表者主要有陈汉光先生、金瑞林教授、李爱年教授等。

陈汉光教授认为：环境保护法是指调整因保护和改善生活环境和生态环境，合理开发利用自然资源，防治环境污染和其他公害而产生的社会关系的法律规范的总称。环境保护法只调整因人类活动引起的环境问题中人们之间的关系，至于自然成因的环境问题不是也不需要由环境保护法来调整。因为，首先法律不是也不应以自然界为惩罚对象；其次，如果需要协调人与自然的关系，必须首先调整人与人之间的关系。[3] 其实，陈汉光先生的这一观点在其《环境保护

---

[1] 蔡守秋：《论当代环境法学的发展》，《法商研究》1998 年第 3 期。

[2] 蔡守秋：《〈调整论——对主流法理学的反思与补充〉前言》。http://www.legal-theory.org/?act=view&id=11502&mod=info，2015-04-26。

[3] 韩德培主编：《环境保护法教程》（第五版），法律出版社 2007 年版，第 27 页。

法教程》的第三版就有论及，此后，第四、五、六版中表达了同样的主张。笔者仔细研读其论述，归纳其核心观点是：环境保护法只调整人与人的关系，不调整人与自然的关系，但可达到协调人与自然关系之目的。

金瑞林教授认为：环境法调整的是社会关系的一个特定领域，即人们（包括组织）在生产、生活和其他活动中所产生的同保护和改善环境、合理开发、利用与保护自然资源有关的各种社会关系。[1]

李爱年教授早在其《环境保护法不直接调整人与自然的关系》一文中就提出：人与自然之间的关系不存在法律关系，人与自然的关系也不是环境保护法的调整对象。并且，该文在此基础上，分析了"调整论"的不足。认为环境保护法直接调整人与自然（环境）关系的观点，有三点不妥：第一，违背了法学的基本原理，混淆了法律规范与技术规范的界限。认为环境保护法可以直接调整人与自然的关系，其实质是说人和自然同是法律关系的主体，这是有悖于法学基本原理的。第二，否认了人的主观能动性。认为环境保护法可以直接调整人与自然的关系，意味着自然和人处于平等的主体地位，这是对人的主观能动性的否认，把人等同于自然和其他动物。第三，把人之子系统与生态大系统对立起来。认为环境保护法可以调整人与自然关系，实际上把人与自然这两个具有包容关系的系统看作并列关系的系统，甚至把自然中的生态系统与人对立起来。[2]

此外，周珂教授也认为：环境法所调整的是人与人之间基于环境而产生的环境社会关系，而不是人与物的关系。这种关系以环境为介质，虽然必须涉及环境，但其既不是人与物之间的关系，也有别于人与自然之间的关系，而是一种人类社会中所发生的人与人的社会关系。[3]

针对上述李爱年教授的观点，郭红欣撰文《环境保护法能够调整人与自然的关系》，主张：第一，环境保护法对人与自然的调整并不意味着自然是法律关系的主体；第二，环境保护法的调整对象具有特殊性；第三，环境保护法调整人与自然的关系是对传统法理学的突破。认为"所有法都是调整社会关系的"

---

[1] 金瑞林主编：《环境与资源保护法学》，北京大学出版社 2000 年版，第 27 页。

[2] 李爱年：《环境保护法不直接调整人与自然的关系》，《法学评论》2002 年第 3 期，第 75—78 页。

[3] 周珂主编：《环境与资源保护法》，中国人民大学出版社 2008 年版，第 98 页。

正命题并没有包含"所有法都不能调整人与自然关系"的负命题。[1]

二、本书的观点

综观上述关于环境保护法调整对象问题的讨论，不难看出，有些讨论的内容并非在同一层面，正如蔡守秋教授所述"当谈到环境资源法的调整对象时，环境资源法是主体，客体是人与人的关系和人与自然的关系"，此处的主体和客体就并非法律关系意义上的主体和客体，也难怪郭红欣会得出"环境保护法对人与自然的调整并不意味着自然是法律关系的主体"的结论，因为他根本就未从法律关系的角度去探讨这一问题。如果按照这一逻辑，蔡守秋教授提出的"自然体的权利理论"或者说自然体是环境权的主体的理论也就成为无源之水、无本之木。

法的调整对象中的"调整"一词的含义与"协调"一词的含义有本质的区别，调整有"规范行为"之意，"协调"则有"使之和谐"之意。法的调整对象是一定范围的社会关系，即一定范围的主体在从事某类行为的过程中所发生的社会关系。法律一定会对发生社会关系的主体双方的行为予以规范，而不能只规范一方的行为。如果认为环境保护法也调整人与自然的关系，则意味着环境保护法既规范人的行为，也规范自然的行为。显然，环境保护法无法去规范自然的行为，因为自然无论如何也无法明白法律的规定。同时，按照一般之法理，法律关系的主体，是法律关系的参加者或当事人，是权利的享有者，是义务的承担者。如果认为环境保护法也调整人与自然的关系，自然当然和人一样成为法律关系主体，它当然既是权利主体，也是义务主体。而事实是：自然它可以坐享其权利，却无法使其履行义务。

此外，如果认为环境保护法有其特殊性而调整人与自然的关系，其立论仍然存在问题，因为向环境违法排放污染物，滥伐或盗伐林木，轻则是环境违法行为，受环境保护法所规制，重则构成污染环境罪、盗伐或滥伐林木罪，则受刑法所调整；同样向环境排放污染物，导致损害后果之发生，将会产生民法上的侵权责任。因此，无论是环境保护法、还是民法、刑法都在一定程度上协调

---

[1]　郭红欣：《环境保护法能够调整人与自然的关系》，《法学评论》2002 年第 6 期，第 70—72 页。

了人和自然的关系，在此意义上，环境保护法并无特殊之处。

综上所述，将环境保护法的调整对象界定为：1. 环境保护法只调整人与人的关系，不调整人与自然的关系；2. 环境保护法通过调整人与人的关系而协调人与自然的关系；3. 环境保护法的调整对象具体包括两类：一是人们在保护和改善环境、合理开发利用自然资源过程中所发生的社会关系；二是人们在防治环境污染和其他公害过程中所发生的社会关系。

第二节 环境权理论

随着经济的发展，人们的物质生活水平有了一定程度的提高，与此同时，人们对精神生活、对环境质量的要求也日渐提高，环保意识也逐渐增强。在法学界，特别是环境保护法学、宪法学界，学者们情绪更为高涨，大家纷纷将在二十世纪六、七十年代在美、日等国盛行的环境权理论请进我国，在环境权的概念、环境权的分类、环境权的主体、环境权的内容、环境权的属性，特别是环境权是否应当宪法化、公民权化等方面浓墨重彩，大力提倡环境权应作为一项基本人权明确规定在宪法这一根本大法中，或称之为"环境权宪法化"。如有学者就提倡：在修宪时应将包括环境权在内的十项权利载入宪法。[1]

诚然，环境权理论的引进，对于提高全民的环保意识，保护我们的生活环境和生态环境不无好处，但环境权的理论仍然存在模糊性，其中，环境权属性的模糊性，是环境权宪法化的主要障碍。

一、环境权理论的提出

"环境权"这一词，是一个舶来品，它最早在 20 世纪 60 年代的美国出现。但许多学者认为，环境权思想的萌芽则可追溯到 20 世纪的初期。早在 1902 年，日本的学者宫崎民藏在其撰写的《人类的大权》一文中提出了"地球为人类所共有"的观点。他主张"土地公平享有"，认为"地球为全人类所共有"。人们

[1] 齐彬：《中国宪法有待增加十项人权——访中国政法大学校长徐显明》，http://www.china.com.cn/chinese/OP-c/243614.htm，2015-12-25。

认为，这一主张，对后来日本环境权理论的形成产生了深远的影响。[1]1960 年，原西德一位医生向欧洲人权委员会提出控告，认为向北海倾倒放射性废物的行为违反了《欧洲人权条约》中关于保障清洁卫生的环境的规定，从而引发了是否应把环境权追加到欧洲人权清单的大讨论。几乎与此同时，美国也掀起了一场举世瞩目的讨论，即公民要求保护环境、要求在良好环境中生活的宪法根据是什么。在这场争论中，密执安大学的教授萨克斯提出了"环境公共财产论"和"环境公共委托论"的主张。尔后，又针对美国政府行为中存在的环境管理行政决定过程公众参与程度低、环境行政诉讼中存在的当事人资格等问题，根据公共信托原理，从民主主义的立场提出了"环境权"的理论。萨克斯认为，用"在不侵害他人财产的前提下使用自己的财产"这句古老的法格言作为环境品质之公共权利的理念基础极其具有意义。[2]

受萨克斯"环境权"理论的影响，欧美及日本也展开了环境权问题的讨论。其讨论的中心议题是："环境权"究竟是什么性质的权利？它产生的宪法根据是什么？针对性质问题，1970 年，在日本东京召开的一次关于公害问题的国际座谈会上所发表的《东京宣言》倡导："我们请求，把每个人享有的健康和福利等不受侵害的环境权和当代人传给后代的遗产应是一种富有自然美的自然资源的权利，作为一种基本人权，在法律体系中确定下来。"[3]同年 9 月，日本律师联合会第 13 届人权拥护大会召开，在大会举办的公害问题研讨会上，仁藤一、池尾隆良作了题为《"环境权"的法理》的报告。该报告倡导将各种有关环境的权利称为"环境权"。[4]报告指出："为了保护环境不受破坏，我们有支配环境和享受良好环境的权利，基于此项权利，对于那些污染环境、妨害或将要妨害我们的舒适生活的行为，我们享有请求排除妨害以及请求预防此种妨害的权利。"

[1] 陈泉生：《环境时代与宪法环境权的创设》，《福州大学学报》（哲学社会科学版）2001 年第 4 期，第 18 页。

[2] 汪劲：《论现代西方环境权益理论中的若干新理念》，《中外法学》1999 年第 4 期，第 31 页。

[3] 金瑞林主编：《环境法学》，北京：北京大学出版社 1990 年版，第 112 页。

[4] 杜钢建：《日本的环境权理论和制度》，《中国法学》1994 年第 6 期，第 104 页。

二、环境权规范架构与演绎形态

关于环境权在立法上的演绎形态主要有以下几种模式：

（一）宪法化模式

即在联邦宪法或州的宪法中以基本人权的模式明确规定环境权。据爱蒂丝·布朗·魏伊斯 2000 年的统计，真正在第一层次的宪法中规定环境权的国家和地区有 41 个国家和地区，他们是：阿根廷、阿塞拜疆、白俄罗斯、比利时、韩国、马里等。[1] 如韩国在 1980 年宪法第 33 条规定："国民有生活于清洁环境之权利,国家及国民均负有环境保护的义务。"1993 年《俄罗斯联邦宪法》第 42 条明确规定："每个人都有享受良好的环境和获得关于环境状况的信息的权利，都有要求因生态破坏导致其健康或财产受到损失而要求赔偿的权利。"这里宪法确立公民的生态权利（环境权）有三项内容：1. 环境享受权即享受良好环境的权利；2. 知情权即获得环境状况信息的权利；3. 赔偿权即要求赔偿因生态破坏导致公民健康或财产损害的权利。《马里宪法》（1992 年）第 1 条规定："每个人都有拥有一个健康的环境的权利。国家和人民有保护、保卫环境及提高生活质量的义务。"美国有五个州的宪法明文规定了环境权。如宾夕法尼亚州宪法第 1 条第 7 款规定："人民拥有对于清洁的空气和水和保存环境的自然的、风景的、历史的和美学的价值的权利。"伊利诺斯州宪法第 11 条第 2 项规定："任何人均有健康环境之权。任何人均得循适当的法律程序……实行此权以对抗任何政府或私人。"

（二）宪法解释模式

宪法解释模式即从宪法中的某些条款推导出环境权。在一些国家的宪法中，并未明确规定环境权的内容，而学者们认为从宪法中的某些条款可以推导出环境权的内容。如日本学界希望从宪法的第 25 条关于生存权的规定或从第 13 条关于幸福追求权的规定找到环境权的宪法根据。1970 年召开的日本律师联合会拥护人权大会上，仁藤一、池尾隆良两位律师主张 "任何人都可以依照

---

[1] （美）爱蒂丝·布朗·魏伊丝著，汪劲、于方、王鑫海译，林峰、胡国辉审校：《公平地对待未来人类：国际法、共同遗产与世代间衡平》，法律出版社 2000 年版，第 294—298 页。

宪法第 25 条（生存权）规定的基本权利享受良好的环境和排除环境污染"。而按照日本环境权研究会的认识，环境权首先就是人权的一种。即在形式上，环境权的权能可以积极地要求国家或地方确保良好的环境这一点就是生存权的基本权利，而在对企业应保护社会弱者即公害被害者的权能上又具有社会权的基本权利性质。这些都可以从宪法规定中（第 13、25 条）找到依据。[1]

（三）法律确认模式

各国通过法律确认环境权主要有两种方式：一是通过综合性的环境保护基本法规定环境权，二是通过单行的环境保护法规规定环境权。前者如美国 1969 年颁布的《国家环境政策法》的第 1 篇第 3 条就规定："每个人都应当享受健康的环境。"而 1979 年的《清洁空气法》则规定了公民诉讼权，取消了传统的起诉权障碍。该法第 304 条款规定：任何人皆可以自己的名义对任何人（包括美国政府、政府机关、公司和个人等）就该法规定的事项提起诉讼。后者如日本在 1969 年制定的《东京都公害防止条例》序言中规定："所有市民都有过健康、安全以及舒适的生活的权利，这种权利不能因公害而滥受侵害。"

（四）国际文件中倡议模式

1972 年联合国人类环境会议上通过了《人类环境宣言》，该宣言庄严宣布："人类有权在一种能够过尊严和福利的生活的环境中，享有自由、平等和充足的生活条件的基本权利，并且负有保护和改善这一代和将来的世世代代的环境的庄严责任。"之后，在 1989 年《哥斯达黎加促进和平与可持续发展的人类责任宣言》的序言中称："认识到国际社会确认人类有在保障尊严和福利的环境中生活的基本权利……"1991 年《关于国际环境法的海牙建议》原则 1.b3 中规定："国家应该承认对于确保健康、安全和可持续生存与精神福利的个体与集体的基本环境人权。"

三、环境权的概念、分类及内容

关于环境权的定义，可谓众说纷纭。第一种表述为"权义复合型"。如有学者认为，环境权是环境法律关系主体就其赖以生存、发展的环境所享有的基

---

[1] 汪劲：《论现代西方环境权益理论中的若干新理念》，《中外法学》1999 年第 4 期，第 32 页。

本权利和承担的基本义务，即：环境法律关系主体有享有适宜环境的权利，也有保护环境的义务。[1]

第二种表述为"公民环境权型"。吕忠梅教授在她的《论民环境权》一文的注释中称：本文所称的公民环境权与环境权系同一概念，即环境权仅指公民环境权，不包括所谓的"法人环境权"与"国家环境权"。她将环境权定义为："公民享有的在不被污染和破坏的环境中生存及利用环境资源的权利。"[2]或表述为：公民环境权是指公民有获得环境资源提供的舒适性享受的权利。[3]

第三种表述为"实体权利型"。该种表述主张"环境权"是"环境法律关系的主体享有适宜健康和良好生活环境，以及合理利用环境资源的基本权利。其中健康和良好生活环境的标准可以通过环境质量标准或污染物排放标准来衡量，而合理利用环境资源的尺度则可以通过对申报许可证和环境影响评价的审查来把握，并由此界定环境权的法律保护范围为：所有环境法律关系的主体均享有在不受一定程度污染和破坏的环境里生存和在一定程度上利用环境资源的权利"。[4]

第四种表述为实体权利与程序权利相结合的"综合环境权型"。该说将环境权表述为："环境权是指公民对健康、干净环境的享有权，具体表现为在良好的环境中生活或生产的权利，包括安宁权、采光权、通风权、清洁空气权、优美环境享受权、参与环境管理权、请求环境保护权、享受索赔权等。"[5]

第五种表述为"请求权说"。该说认为，环境权实质上是一种请求权，是指公民有权要求国家保护环境公共利益，有权制止公司、企业或其他环境义务主体侵犯环境公共利益的行为。[6]

第六种表述为"环境优势说"。持这一主张的是我国台湾学者叶俊荣。叶

---

[1] 蔡守秋主编：《环境资源法学》，人民法院出版社、中国人民公安大学出版社 2003 年版，第 142 页。常纪文：《浅议环境权与环境法的关系》，《荆门职业技术学院学报》1999 年第 5 期，第 72 页。

[2] 吕忠梅：《论公民环境权》，《法学研究》1995 年第 6 期，第 60 页。

[3] 胡静：《论环境权的要素》，《2002 年中国环境资源法年会论文集》，第 192—195 页；胡腾：《公民环境权之法理分析》，《西南民族学院学报》（哲学社会科学版）2001 年第 5 期，第 49 页。

[4] 陈泉生：《环境权之辨析》，《中国法学》1997 年第 2 期，第 66 页。

[5] 张庆椿：《环境权初探》，《环境导报》1999 年第 4 期，第 13 页。

[6] 白平则：《论公民环境权与公司、企业环境资源使用权》，《山西师大学报》（社会科学版）2005 年第 4 期。

俊荣先生在其《"出卖环境权":从五轻设厂的十五亿"回馈基金"谈起》一文中给"环境权"所下的定义是:"所谓环境权应指法律上(非宪法上)对资源使用冲突关系所判定的环境优势。"[1]

综上所述,对环境权概念的理解,可谓仁者见仁、智者见智。事实上,学者们眼中的"环境权"应是各种有关环境的权利的统称,而不是指一种权利。这一点,可以从一些国际文件的表述中看出,因为国际文件中往往使用的是"Environmental Rights"。即使在 1970 年 9 月召开的日本律师联合会第 13 届人权拥护大会上,仁藤一、池尾隆良所作的题为《"环境权"的法理》的报告中所指的"环境权",也是指有关环境的权利的统称。

环境权的分类,应与概念紧密相连,也与划分标准紧密相连。如按主体划分,有分为个人(自然人)环境权、单位(法人)环境权、国家环境权、人类环境权、自然体环境权五类;[2] 也有的认为:"公民环境权与环境权系同一概念,即环境权仅指公民环境权,不包括所谓的法人环境权与国家环境权。"[3] 还有的认为:"根据环境保护具有广泛性的特征,拥有环境权的不仅只有公民,还有法人及其他组织、国家、乃至全人类,而且也包括后代人。"[4] 因此,环境权包括:国家环境权、单位环境权、公民环境权和人类环境权。

按环境权的内容划分,有学者主张分为:环境权主体有享用适宜环境的权利和保护环境的义务。具体体现在公民环境权中,包括清洁空气权、清洁水权(亲水权、入滨权)、风景权(景观权)、环境美学权、宁静权(静稳权)、眺望权、通风权、日照权、公园利用权、享有自然权等权利和保护环境的义务。单位环境权包括:单位有依法合理开发利用环境资源的权利(开发利用权)、依法向环境排放其生产生活废物的权利(排污权),依法享有适宜的生产、劳动、经营环境的权利(劳动环境权),同时有防治环境污染和环境破坏的义务,有

---

[1]　叶俊荣:《环境政策与法律》,中国政法大学出版社 2003 年版,第 34 页。

[2]　蔡守秋主编:《环境资源法学》,人民法院出版社、中国人民公安大学出版社 2003 年版,第 133—142 页。

[3]　吕忠梅:《论公民环境权》,《法学研究》1995 年第 6 期,第 60 页。

[4]　陈泉生:《环境时代与宪法环境权的创设》,《福州大学学报》(哲学社会科学版)2001 年第 4 期,第 23 页。

保护和保养环境的义务，有节约和综合利用环境资源的义务。国家环境权的内容包括：对国家管辖权内的环境和资源有开发、利用的主权权利；对影响和决定该国生存、发展的各种环境条件，各国有享用的权利；对国家管辖以外的人类共有的环境和资源，各国有依照国际法享受、开发、利用的权利。除此之外，还有保护环境的义务。人类环境权的内容包括人类有享用适宜环境的权利和保护环境的义务。[1] 与公民环境权相对应，主张公民环境权的内容包括实体权利和程序权利两大部分。该观点认为，公民环境权至少应包括如下内容：1. 环境使用权，包括日照权、眺望权、景观权、静稳权、嫌烟权、亲水权、达滨权、清洁水权、清洁空气权、公园利用权、历史性环境权、享有自然权等；2. 知情权，又称信息权，是国民对本国乃至世界的环境状况、国家的环境管理状况以及自身的环境状况等有关信息获得的权利。3. 参与权，包括参与国家环境管理的预测和决策过程，参与开发利用的环境管理过程以及环境保护制度实施过程，参与环境科学技术的研究、示范和推广等，组成环境保护的团体，参与环境保护的宣传教育和实施公益性环境保护行为，参与环境纠纷的调解等。4. 请求权，即公民的环境权益受到侵害以后向有关部门请求保护的权利。[2]

除上述观点外，有的学者认为，环境权益的基本权能应包括三项内容：环境的资源权、环境的人格权和环境的精神美感权。[3] 还有学者认为，环境权包括两大方面的权利，即生态性权利（如清洁水权、清洁空气权等）和经济性权利（如环境使用权、环境处理权、环境资源权等）。[4] 而另一些学者则认为环境权包括生态性权利、经济性权利和精神性权利三方面内容，[5] 有的学者还在公民环境权中提出了绿地权 [6] 和环境自卫权。[7]

笔者认为，环境权主要应指公民和单位环境权，它包括：环境使用权、环

---

[1] 叶俊荣著：《环境政策与法律》，中国政法大学出版社 2003 年版。

[2] 吕忠梅：《再论公民环境权》，《法学研究》2000 年第 6 期，第 135—139 页。

[3] 杜群：《论环境权益及其基本权能》，《环境保护》2002 年第 5 期，第 10 页。

[4] 张梓太主编：《环境保护法》，中央广播电视大学出版社 1999 年版，第 44 页。

[5] 吕忠梅著：《环境法新视野》，中国政法大学出版社 2000 年版，第 133—134 页。

[6] 程杰：《论环境权的宪法保障》，《河南省政法管理干部学院学报》2000 年第 4 期，第 76 页。

[7] 钱水苗：《论环境自卫权》，《中国法学》2001 年第 3 期，第 73 页。

境知情权、环境参与权和环境监督权。在我国，上述几种权利都已得到法律的确认，如2015年1月1日实施的《中华人民共和国环境保护法》对许可证制度的规定便是对排污权的确认，排污权就是环境使用权。环境知情权、环境参与权和环境监督权均在《中华人民共和国环境保护法中》明确予以规定。该法第53条规定："公民、法人和其他组织依法享有获取环境信息、参与和监督环境保护的权利。"同时，第58条规定：对污染环境、破坏生态，损害社会公共利益的行为，符合下列条件的社会组织可以向人民法院提起诉讼：（一）依法在设区的市级以上人民政府民政部门登记；（二）专门从事环境保护公益活动连续五年以上且无违法记录。符合前款规定的社会组织向人民法院提起诉讼，人民法院应当依法受理。此条规定是对环境监督权的进一步升华，也是对环境公益诉讼在《民事诉讼法》第55条的基础上的进一步细化。

四、环境权的属性

关于环境权的属性，法学界有不同的主张，大体上，有以下几种学说：

1.人权说。该说认为环境权是公民的一项基本人权或是人权的组成部分。在国外，这以日本学者松本昌悦为代表，他认为，《人类环境宣言》把环境权作为基本人权规定下来，环境权是一项新的人权，是继法国《人权宣言》、苏联宪法、《世界人权宣言》之后人权历史发展的第四个里程碑。在我国，有不少学者持这一观点。如，吕忠梅教授认为："环境权应该是公民的一项基本权利，是现代法治国家公民的人权。"[1]陈泉生教授也认为，环境权是一项新型的人权，是每个人与生俱来的基本权利，它既是一项法律权利，同时也是一项自然权利，是不能剥夺的。[2]中国政法大学李艳芳教授认为，人权具有三种形态，即应有权利、法定权利和实有权利，而环境权作为应有权利得到各国的普遍认同，环境权正处在向法定权利、实有权利的转化过程中。[3]也有学者认为，环

---

[1] 吕忠梅：《论公民环境权》，《法学研究》1995年第6期，第63页。

[2] 陈泉生：《环境时代与宪法环境权的创设》，《福州大学学报》（哲学社会科学版）2001年第4期，第23页。

[3] 李艳芳：《论环境权及其与生存权和发展权的关系》，《中国人民大学学报》2000年第5期，第95—98页。

境权作为现代社会的一项基本人权，是对传统生存权的拓展和升华。[1] 还有人认为，环境权是一种人之所以为人的自然权利、道义权利、应有权利、习惯权利，它是一种新型人权。[2]

2. 人格权说。这一学说也主要是针对公民环境权而言的。该学说认为，由于环境权的主体是公民，而公民的环境权益包括了人身权益，又由于侵犯环境权的后果往往表现为对公民身体健康的损害，因此认为环境权属人格权。[3] 其实，在日本的有些判例中就将环境侵权诉讼案定性为侵犯人格权。如 1970 年的大阪国际机场公害案和 1980 年的伊达火力发电厂案，都是以侵犯人格权作为理由而做出判决的。在我国，现在只有极少数学者持这一观点，反对这一观点的学者主张，环境权是对身心健康权利的保障，它是工具性权利，并且对环境权的侵害并不必然地导致对人格权的侵害。况且，民法学理论和立法实践已经将环境侵权作为特殊侵权，在归责原则、举证责任分配、因果关系的证明等方面有了显著进展。[4]

3. 财产权说。此说认为环境权是一种财产权，美国密执安大学萨克斯教授的"环境公共财产论"是其理论基础。[5] 现在，主张环境使用权（或者自然资源开发利用权、排污权）也是环境权的内容的学者，明显受到了这种观点影响。环境物权理论的坚持者无疑也是把环境权视为一种财产权的。

4. 非人权说。该学说认为，公民环境权不是一项人权，人权是每个人基于其人的属性且人人都享有的权利，它以人类自然属性的要求为基础。但是，人权涉及那些现在就必须实现的权利，而不是那种可能十分可爱但将来才能提供的东西。也有人认为，我们对于生存的那类要求应被视为期望而不是权利。[6]

5. 非独立人权说。该学说认为，公民环境权是其他人权的基础，不是一项

---

[1] 张梓太主编：《环境保护法》，中央广播电视大学出版社 1999 年版，第 44 页。

[2] 段永清：《论环境权的法律性质》，《四川行政学院学报》2002 年第 5 期，第 32 页。

[3] （日）野村好弘著，康树华译：《日本公害法概论》，中国环境管理、经济与法学学会 1982 年版，第 239 页。

[4] 曹明德：《环境侵权法》，法律出版社 2000 年版，第 138—186 页。

[5] 程正康：《环境法概要》，光明日报出版社 1984 年版，第 43 页。

[6] （英）R.J. 文森特著，凌迪等译：《人权与国际关系》，知识出版社 1998 年版，第 13 页。

独立的人权。一切人权的享有与环境问题紧密相连。不仅生命权和健康权，而且政治权利和公民权利以及其他社会、经济和文化权利都只能在健康的环境中充分地享有。[1]

6.反射性利益说。即认为公民环境权是由于国家环境行政而产生的一种"反射性利益"，它不具有法律上权利的属性，不能成为一项法律权利。[2]

在理论界，对环境权性质的讨论，除了上述几种观点外，还有一些其他学说。如有的学者认为，环境权是一种公益性质的权利，是环境法确认和保护的社会权，而非由民法确认和保护的私权。[3]但有的则认为环境权具有私权属性即私益性。[4]还有的学者认为："环境权具有法定权利属性，法定权利不限于法律明文规定的权利，也包括根据社会经济、政治和文化发展水平，依照法律的精神和逻辑推定出来的权利。"[5]相反，有的学者则认为环境权具有非法律权利属性，因为大多被确认的与环境有关的权利只是彰显了国家义务，并且，环境权的内容尚未被法律完全确认。同时，他还认为，关于环境权属性的诸多学说都或多或少地揭示了环境权某些方面的特性，但这多种可能性并不能准确地概括环境权所有内容的性质，似乎诉诸于习惯权利这一概念可以很好地说明环境权的属性。[6]关于环境权的性质的讨论，还有生态性、非转让性之说等。

从上述关于环境权性质的讨论，不难看出，环境权究竟是什么性质的权利，无一定论，且每一种性质的学说都具有不周延性。

要解决环境权能否宪法化，其关键在于环境权是否属于基本人权，或者说属于自然权利、应然权利或道德权利的范畴。因为学者们主张环境权宪法化的理由就是环境权属于基本人权。

首先，在国际社会，环境权是否属于基本人权并未形成统一定论。与环境有关的权利要求属于人权的范畴，发达国家与发展中国家的看法就截然不同，

[1] 吕忠梅：《再论公民环境权》，《法学研究》2000年第6期，第130页。

[3] 同上。

[3] 朱谦：《论环境权的法律属性》，《中国法学》2001年第3期，第64—67页。

[4] 吴国贵：《环境权的概念、属性》，《法律科学》2003年第4期，第71页。

[6] 同上。

[6] 古德近：《论环境权的属性》，http://riel.whu.edu.cn/show.asp?。

发达国家认为食品污染是对人权的侵犯，而发展中国家则认为依赖自然环境谋求生存才是基本人权。[1] 即使在同一国家，不同阶层的人对环境权的认识也各不相同，为环境权大声疾呼的往往是知识分子群体，而一般公众的思想观念中，环境权还远未获得与人权平等的地位。

在与环境权有关的国际文件或其他国际法立法文件中，对环境权的属性的表述也显得十分不统一。如 1972 年联合国人类环境会议通过的《人类环境宣言》中称：人类有在一种能够过尊严和福利的生活的环境中，享有自由、平等和充足的生活条件的权利……[2] 该原则在原文中采用了 "Both aspects of man's environment, the natural and the man-made, are essential to his well-being and to the enjoyment of basic human rights, the right to life itself" 的措辞。[3] 中国学界普遍认为这一规定确认了环境权的人权性质，或者说是人权的必不可少的条件——人的应然权利。此外，在 1989 年《哥斯达黎加促进和平与可持续发展的人类责任宣言》、1991 年《关于国际环境法的海牙建议》中也确认了环境权的基本人权地位。但 1992 年的《里约环境与发展宣言》中的措辞就发生了微妙的变化：人类处于普遍关注的可持续发展问题的中心。他们享有以与自然相和谐的方式过健康而富有生产成果的生活的权利。这一原则没有提及 "对环境的权利"，同时，对权利的表达采用了 "they are entitled to" [4] 的措辞。显然，这里对权利的表述由原来的主动语态变为被动语态，且未使用 "basic human rights" 和 "are

---

[1] 古德近：《论环境权的属性》，《南京社会科学》2003 年第 3 期，第 67 页。

[2] 陈泉生：《环境时代与宪法环境权的创设》，《福州大学学报》（哲学社会科学版）2001 年第 4 期，第 21 页。

[3] 《Declarations of the United Nations on the Human Environment》principle 1：Man is both creature and moulders of his environment, which gives him physical sustenance and affords him the opportunity for intellectual, moral, social and spiritual growth. In the long and tortuous evolution of the human race on this planet, a stage has been reached when, through the rapid acceleration of science and technology, man has acquired the power to transform his environment in countless ways and on an unprecedented scale. Both aspects of man's environment, the natural and the man-made, are essential to his well-being and to the enjoyment of basic human rights, the right to life itself.

[4] 《Rio Declarations on Environment and Development》principle 1:Human beings are at the centre of concerns for sustainable development. They are entitled to a healthy and productive life in harmony with nature.

essential to"等措辞，因此，在《里约环境与发展宣言》中看不出环境权有人权或自然权利、应然权利的意味。应当说，这不是表达或用词的随意，而反映了国际社会经过 20 年的实践，对环境权的属性有了较为冷静、客观的认识，即环境权不是传统意义上对抗国家的防御权，而对环境权的保障恰恰需要国家的积极干预，这强调了国家的责任。[1] 德国反对环境权宪法化的人们就列举了这一理由，他们认为：环境权若不具备对国家的防御权的性质，即使叫做基本权，其概念也会被相对化。[2]

其次，在我国虽然有些学者主张环境权属于基本人权，但不乏有许多反对人权说的学者们，并且他们的论述还颇有几分道理。

有人主张环境权不是自然权利。[3] 自然权利是自然法学理论的重要概念。考察"自然法"和"自然权利"理论的发展过程，可以看出，自然权利有其共同特征：首先，自然权利被认为是天赋的，它与生俱来、不证自明，又不可分割、不可剥夺；其次，自然权利具有普遍性，不同社会环境和文化背景不能构成否定这种权利的理由；第三，它是先于社会存在的，不是政治制度和社会结构设计的结果；第四，自然权利是绝对的，在与其他权利发生冲突时，处于优先考虑的位置。

如果把环境权理解为人类享有适宜健康和良好生活环境以及合理利用自然资源的权利，甚至包括义务，那么，环境权是否符合自然权利的上述特征呢？诚然，人类确实需要依赖环境而生活，但环境权在不同国家受到的待遇不同，即使在同一个国家，在不同的时期，它的内涵也不相同，它显然不具有普遍性；其次，环境权并非与生俱来、上天赐予的，从环境权的产生来看，环境权是基于特定的目的而产生的，正如前文所述，环境权的出现是为期待法院弥补普通法与环境行政管制的缺陷和期待法院弥补政治运作的缺陷，因而它是社会的产物，是一定时代的产物。这些正与自然权利的特征相悖。再次，当环境权与其他价值产生冲突时，环境权非但没有获得优先考虑的地位，反而经常被置于经

---

[1]　古德近：《论环境权的属性》，《南京社会科学》2003 年第 3 期，第 67 页。

[2]　（日）原田尚彦著，于敏译，马骧聪审校：《环境法》，法律出版社 1999 年版，第 67 页。

[3]　古德近：《论环境权的属性》，《南京社会科学》2003 年第 3 期，第 70 页。

济价值之后。我国现在还存在大量的火电厂和钢铁厂，它们没有不产生污染的，而我们现在仍然保留它们而未予取缔，其原因就在于它们关系到国计民生，当环境权与关系国计民生的经济价值发生冲突时，环境权只好让位于经济发展了。由此可见，环境权并不具有自然权利的特征。它并非理所当然被确认为法定权利，更不用说宪法权利了。

环境权也不是道德权利。道德权利是与法律权利相对应的一个概念，有时它与自然权利或应然权利互换使用，它是基于一定的道德原则、道德理想而享有的，并且得到社会一般的道德准则所承认和道德舆论支持的，能够使其利益得到维护的地位、自由和要求。[1]道德权利往往属于人权的范畴。张文显教授说：人权通常是在三种意义上说的，第一种意义的人权是法定的人权，第二种意义的人权是道德权利或应有权利，第三种意义的人权实际是人权存在的理由或人权证成。[2]从道德权利的一般概念来看，要证明环境权的道德权利的属性，就必须说明环境权的内容要得到特定社会一般道德观念和舆论的支持。而现阶段尽管环境权在一定范围内、在一定程度上得到了推崇，但并未得到社会普遍的认同，因此，认为它是一种道德权利进而认定为基本人权，恐怕还缺乏其理由。

环境权性质的论述在逻辑上缺乏周延。前文所列举的关于环境权属性的诸多观点中，虽不能说它们挂一漏万，但也有些以偏概全。因为其中任何一种观点都不能涵盖在学者们笔下的环境权的所有的内容。

从"人权说"来看，环境权的内容，包括学者们笔下的公民环境权、国家环境权、单位环境权、人类环境权等是否都属于人权的范畴？即使是公民环境权，是否所有的实体权利和程序权利也都属于人权的范畴？此外，其他的几种学说都无一例外地存在这一通病。如"财产权说"，也许对资源合理利用的权利和排污权属于财产权的范畴，而其他的权利无论如何都不具有财产性质了。

马克思主义认为："法律是肯定的、明确的、普遍的规范。"[3]作为法律权利，甚至应为宪法权利的环境权更应是明确的、普遍的。在环境权理论尚不成熟、

---

[1] 余涌著：《道德权利研究》，中央编译出版社 2001 年版，第 30 页。

[2] 张文显著：《20 世纪西方法哲学思潮研究》，法律出版社 1996 年版，第 508 页。

[3]《马克思恩格斯全集》（第 1 卷）：人民出版社 1980 年版，第 71 页。

司法实践中法官对环境权的判归无所适从的今天，环境权实体权利以宪法的形式、作为公民的基本权利的形式确定下来，似乎太具理想化色彩。相反，今天，将环境权中某些成熟的权利，如环境使用权、环境信息知悉权、环境参与权和环境监督权等权利通过环境保护法基础法和单行法的形式明确规定下来，不失为一种恰当的选择。

本章讨论主题与问题安排

主题一：环境保护法的调整对象是什么？

问题：

　　1.蔡守秋老师的调整论的核心内容是什么？

　　2.环保法是否调整人与自然的关系？为什么？（可采用辩论式）

主题二：环境权理论

问题：

　　1.环境权的含义是什么？

　　2.环境权的主体有哪些？其内容有哪些？

　　3.自然体是否拥有环境权？

　　4.2014《环境保护法》是否规定了环境权？

　　5.我国宪法能否写入环境权？（可采用辩论式）

 讨论参考资料

1.韩德培主编：《环境保护法教程》（第七版），法律出版社2015年版。

2.李爱年、周训芳、李慧玲主编：《环境保护法学》，湖南人民出版社2012年版。

3.周训芳著：《环境权论》，法律出版社2003年版。

4.叶俊荣著：《国家环境政策与法律》，中国政法大学出版社2003年版。

5.蔡守秋主编：《环境与资源保护法学》，湖南大学出版社2011年版。

6.李爱年：《环境保护法不能直接调整人与自然的关系》，《法学评论》

2002 年第 3 期。

7. 郭红欣：《环境保护法能够调整人与自然的关系——兼与李爱年教授商榷》，《法学评论》2002 年第 6 期。

8. 吕忠梅：《再论公民环境权》，《法学研究》2000 年第 3 期。

9. 蔡守秋：《调整论——对主流法理学的反思与补充》（前言），http://www.bloglegal.com/blog/cgi/shownews.jsp?id=1750014574，2014-12-5。

10. 蔡守秋：《建设和谐社会、环境友好社会的法学理论——调整论》，《河北法学》2006 年第 10 期。

11. 蔡守秋：《论追求人与自然和谐相处的法学理论》，《现代法学》2005 年第 6 期。

12. 蔡守秋：《人与自然关系中的环境资源法》，《现代法学》2002 年第 3 期。

13. 蔡守秋：《主体人批判论纲》，《河北法学》2011 年第 3 期。

14. 2014《中华人民共和国环境保护法》。

 课后思考题

1. 环境保护法的调整对象是什么？

2. 试述公民环境权的内容。

| 第四章 |

环境保护法基本原则

第一节 环境保护法基本原则概述

一、环境保护法基本原则的含义

环境保护法基本原则是指规定或体现在环境保护法律规范中，对环境保护立法、执法、司法和守法活动具有普遍指导意义的行为准则。它是对环境保护法规范的概括和提升，有助于更好地理解环境保护法规范的实质精神。

环境保护法基本原则具有以下特征：1.它是由环境保护法律规范规定或确认的。也就是说，基本原则可以是在环境保护基本法中明确规定的，也可以是由其确认的。长期以来，我国环境保护法的基本原则并未在环境保护法律中予以全面规定，大多数基本原则都是学者们根据现行的环境保护立法归纳出来的，这是原则和制度的本质区别。2.它具有普适性。即它应该在环境保护的各个领域适用，而不是仅在环境保护的某个领域适用。因此，环境保护法的某个单行法的原则不是环境保护法的基本原则。3.它具有特殊性。即环境保护法的基本原则应是在环境保护领域里特有的原则，而不包括各个部门法共有的原则，或者是法的一般原则。4.它具有抽象性和高度概括性。

二、关于环境保护法基本原则的不同概括

环境保护法的基本原则有哪些？不同的教材概括不同。如周珂教授将其概括为：1.环境保护与经济社会持续发展相协调的原则；2.预防为主、防治结合、综合治理原则；3.合理开发利用自然资源原则；4.环境责任原则；5.公众参与原则。[1]也有的概括为：1.环境保护与经济、社会发展相协调的原则；2.预防为主、保护优先、防治结合、综合治理原则；3.环境有偿使用原则。[2]上述观点均在新《环境保护法》颁布之前的概括。在新法颁布后，有教材将环境保护法的基本原则归纳为以下几项：1.经济社会发展与环境保护相协调的原则；2.保护优先、预防为主、防治结合、综合治理原则；3.公众参与原则；4.损害担责原则。[3]

2015 年 1 月 1 日实施的新的《环境保护法》第 5 条明确规定："环境保护坚持保护优先、预防为主、综合治理、公众参与、损害担责的原则。"同时在其第 4 条规定："保护环境是国家的基本国策。国家采取有利于节约和循环利用资源、保护和改善环境、促进人与自然和谐的经济、技术政策和措施，使经济社会发展与环境保护相协调。"

尽管《环境保护法》第 4 条的规定并没有将"经济社会发展与环境保护相协调"明确规定为环境保护法的基本原则，但笔者认为应将其作为环境保护法的基本原则。

第二节 经济社会发展与环境保护相协调原则

一、经济社会发展与环境保护相协调原则的涵义

经济社会发展与环境保护相协调原则又称为协调发展原则，它是指经济社

---

[1] 周珂主编：《环境与资源保护法》（第二版），中国人民大学出版社 2010 年版，第 35—44 页。

[2] 李爱年、周训芳、李慧玲主编：《环境保护法学》，湖南人民出版社 2012 年版，第 44—65 页。

[3] 韩德培主编：《环境保护法学教程》（第七版），法律出版社 2015 年版，第 63—75 页。

会发展与环境保护要统筹规划、同步实施、协调发展，实现经济效益、社会效益和环境效益的统一。[1] 环境是人类生产和生活的基础，人们在对环境的利用中，是否可以只顾发展经济，不保护环境？如果不是，当环境保护与经济发展之间存在"矛盾"时，又该如何解决？协调发展原则对该问题作出了明确的回答。

二、协调发展原则的形成和发展

针对经济社会发展与环境保护的关系问题，国际社会曾出现两种截然相反的观点：一种观点是"经济零增长论"，或"停止发展论"。主张为了保护环境，而应停止发展经济。其著名代表作是罗马俱乐部于 1972 年发表的长篇报告《增长的极限》。而另一种观点是"经济优先论"。即主张先发展经济，后治理污染。经济增长被视为人类社会发展的至高目标，国家都以追求经济增长作为至高的目标。这反映在经济学上是将国民生产总值作为一国经济的判断标准，把国民经济的增长作为社会进步的唯一标志。结果，增长等同于发展。在这种观念的支配下，凡是有利于国民生产总值增长的措施，都得到采纳，包括不顾自然资源的恢复能力而最大限度加以开采和利用，不顾环境的自净能力将大量废弃物排入自然环境，以至形成"资源无价、原料低价、产品高价"的自然资源观和"环境是免费的垃圾倾倒场"的观点。

上述两种观点显然都有不妥之处。他们完全将经济发展与环境保护割裂开来，片面强调其对立的一面，而忽视其相互促进的一面。前者无限地夸大发展经济对环境的危害，而事实上，由于环境有一定的自净能力，因而有一定的承载力，当适度的经济发展未超过环境的承载力时，环境不会遭受污染或破坏。同时，经济的发展又能在一定程度上促进环境的改善，因为经济的发展可为环境保护提供资金后盾。而后者却完全忽视了环境的承载力，主张对环境进行掠夺式的利用。这样势必会导致环境的恶化，环境的恶化一则导致决定经济发展的重要因素的生产资料的减少，而直接影响经济的发展，二则导致作为经济发展另一要素——生产者的健康状况下降而引起生产率的降低，因而间接影响经济的发展。

---

[1] 韩德培主编：《环境保护法学教程》（第七版），法律出版社 2015 年版，第 63 页。

协调发展原则正是基于环境保护与经济社会发展具有矛盾和统一关系的基础上提出的。1972 年在斯德哥尔摩召开的联合国人类环境会议上通过的《人类环境宣言》指出："为这一代和将来的世世代代保护和改善人类环境，已成为人类一个紧迫的目标，这个目标将同争取和平和全世界的经济与社会发展这两个既定的目标共同和协调地实现。"这一国际文件清晰地将环境保护与经济社会发展置于同一个文件中，并提出要协调实现。1980 年 3 月 5 日，联合国向全世界发出呼吁：必须研究自然的、社会的、生活的、经济的以及利用自然资源过程中的基本关系，确保全球持续发展。同年，国际自然保护同盟和世界野生生物基金会共同审定通过了《世界自然保护大纲》，其副标题是"为了可持续发展的生物资源保护"，这是可持续发展概念首次出现在国际文件中。1987 年，联合国世界环境与发展委员会在其长篇报告《我们共同的未来》中正式提出可持续发展的模式。从此，可持续发展的理念开始渗透到各个国家，国际社会开始普遍地关注环境保护与经济社会发展的关系问题。1992 年联合国环境与发展大会通过了《里约环境与发展宣言》和《21 世纪议程》两个纲领性文件。《宣言》是关于环境、经济社会可持续发展的宣言，它提出了实现可持续发展的 27 条基本原则。

受国际社会对环境与社会经济发展关系认识的影响，我国也开始注重两者之间的关系。1973 年国务院批转国家计委《关于全国环境保护会议情况的报告》的批文中，就强调"经济发展和环境保护同时并进，协调发展"。1979 年《环境保护法》（试行）第 5 条规定：国务院和所属各部门、地方各级人民政府必须切实做好环境保护工作，在制定发展国民经济计划的时候，必须对环境的保护和改善统筹安排，并认真组织实施。1981 年，在国民经济调整时期，国务院公布了《关于在国民经济调整时期加强环境保护的决定》，要求在制定计划的同时，把环境保护和自然资源作为综合平衡的主要内容，把环境保护的目标、要求和措施纳入计划。1983 年，全国第二次环境保护会议召开，该会议制定了"经济建设、城乡建设、环境建设要同步规划、同步实施、同步发展，实现经济效益、社会效益、环境效益的统一"的战略方针。1989 年，《中华人民共和国环境保护法》第 4 条规定："国家制定的环境保护规划必须纳入国民经济和社会发展计划，国家采取有利于环境保护的经济、技术政策和措施，使环境保护工作同经济建设和社会发展相协调。"从此，协调发展原则明确出现在我国环境保护立法中。

最值得一提的是：由于新修订的《环境保护法》的颁布，协调发展原则注入了新的内容。该法第四条规定："保护环境是国家的基本国策。国家采取有利于节约和循环利用资源、保护和改善环境、促进人与自然和谐的经济、技术政策和措施，使经济社会发展与环境保护相协调。"对比新旧《环境保护法》的这两个条文，不难发现：旧法将协调发展原则表述为环境保护同经济建设和社会发展相协调；而新法则是经济社会发展与环境保护相协调。这一顺序的颠倒，说明当今社会环境保护的重要性，环境保护与经济社会发展相比，环境保护是第一位的。但在二十世纪八九十年代，由于我国的经济发展还比较落后，因此，人们首先关注的是经济发展问题，而环境保护的地位摆在经济社会发展之后。

三、协调发展原则的贯彻

协调发展原则是环境保护法的首要原则，抽象的原则需要在实践中贯彻落实，才会产生其应有的意义。我们认为按照从宏观到微观、从抽象到具体的逻辑思路，贯彻协调发展的原则应从以下几方面着手：

（一）建立并完善环境保护与经济、社会发展综合决策机制

"经济和生态能够相互起破坏作用，进而导致灾难。"[1] 经济、社会发展与环境保护相协调原则要求保护环境措施的制定和执行纳入到经济和社会的决策之中，实现环境与发展的综合决策。这是因为[2]：

第一，在传统的发展模式中，环境保护的决策通常游离于经济和社会的决策之外，经济和社会发展决策与环境保护决策是两套决策，环境污染甚至被当成是经济发展的必要代价，以致大部分经济部门不愿意或者不能考虑经济发展

---

[1] 世界环境与发展委员会著，王之佳、柯金良等译：《我们共同的未来》，吉林人民出版社1997年版，第7页。

[2] 李爱年、周训芳、李慧玲主编：《环境保护法学》，湖南人民出版社2012年版，第49—50页。

过程可能导致的环境污染或破坏，加大经济发展过程中生态成本的支出。这一点成为我国环境问题没有得到有效控制的主要原因之一。[1]因此，必须实行环境与经济、社会综合决策的机制，把环境保护的要求纳入各级政策、规划和管理进程之中。

第二，环境的整体性决定了环境保护是一项跨地区、跨部门的系统工程，需要从全局的高度采取措施，并将其纳入到国民经济和社会发展等综合性规划之中，实现综合决策。多年来，由于在经济和社会决策之外采取保护环境的措施，没做到统一规划、统筹安排，往往导致缺乏统筹规划、综合平衡的保障，不能从源头上预防生态成本的产生，出现"头痛医头、脚痛医脚"的局面。

第三，建立环境保护与经济、社会发展的综合决策，这也是可持续发展的要求。前面指出过，良好的环境不仅是人类生存的条件，更是人类发展的基础，环境保护应成为发展的一部分。如1992年在巴西里约热内卢召开的人类环境与发展大会通过的《里约宣言》原则4提出："为了实现可持续的发展，环境保护工作应是发展进程的一个整体组成部分，不能脱离这一进程来考虑。"

这种综合决策的机制要求：在制定各种社会、经济发展规划时应充分考虑环境保护，将环境保护规划纳入国民经济和社会发展计划当中，避免宏观决策失误导致战略环境问题的发生。

（二）编制全国主体功能区规划，合理利用环境

编制全国主体功能区规划，就是要根据不同区域的资源环境承载能力、现有开发密度和发展潜力，统筹谋划未来人口分布、经济布局、国土利用和城镇化格局，将国土空间划分为优化开发、重点开发、限制开发和禁止开发四类，确定主体功能定位，明确开发方向，控制开发强度，规范开发秩序，完善开发政策，逐步形成人口、经济、资源环境相协调的空间开发格局。

编制全国主体功能区规划，推进形成主体功能区，是全面落实科学发展观、构建社会主义和谐社会的重大举措，有利于坚持以人为本，缩小地区间公共服务的差距，促进区域协调发展；有利于引导经济布局、人口分布与资源环境承

---

[1] 张坤民：《可持续发展与中国的实践》，《上海环境科学》1997年第7期；钱俊生主编：《可持续发展的理论与实践》，中国环境科学出版社1999年版，第5页。

载能力相适应，促进人口、经济、资源环境的空间均衡；有利于从源头上扭转生态环境恶化趋势，适应和减缓气候变化，实现资源节约和环境保护；有利于打破行政区划，制定实施有针对性的政策措施和绩效考评体系，加强和改善区域调控。

全国主体功能区规划是战略性、基础性、约束性的规划，是国民经济和社会发展总体规划、人口规划、区域规划、城市规划、土地利用规划、环境保护规划、生态建设规划、流域综合规划、水资源综合规划、海洋功能区划、海域使用规划、粮食生产规划、交通规划、防灾减灾规划等在空间开发和布局的基本依据。同时，编制全国主体功能区规划要以上述规划和其他相关规划为支撑，并在政策、法规和实施管理等方面做好衔接工作。

在编制主体功能区划时，要处理好以下几大关系：一是处理好开发与发展的关系；二是处理好政府与市场的关系；三是处理好局部与全局的关系；四是处理好主体功能与其他功能的关系；五是处理好行政区与主体功能区的关系；六是处理好各类主体功能区之间的关系；七是处理好保持稳定与动态调整的关系。

禁止开发区域要严格依法保护；限制开发区域要坚持保护优先，逐步扩大范围；重点开发区域可根据经济社会发展和资源环境承载能力的变化，适时调整为优化开发区域。按照 2010 年国务院发布的《全国主体功能区规划》，重点生态功能区主要分布在限制开发区域和禁止开发区域。其中，限制开发区域国家重点生态功能区有 25 个，总面积 386 万平方公里，分为水源涵养型、水土保持型、防风固沙型、生物多样性维护型 4 个类型；禁止开发区域的国家重点生态功能区有 1443 处，总面积 120 万平方公里，其中规划生效后新设立的国家级自然保护区、世界文化自然遗产、国家级风景名胜区、国家森林公园、国家地质公园自动进入禁止开发的区域。陆地和海洋生态环境敏感区和脆弱区是指依法设立的各级各类自然、文化保护地，以及对建设项目的某类污染因子或者生态影响因子特别敏感和脆弱的区域。包括自然保护区、风景名胜区、世界文化和自然遗产地、饮用水水源保护区、基本农田保护区、基本草原、森林公园、地质公园、重要湿地、天然林、珍稀濒危野生动植物天然集中分布区、资源性缺水地区等区域。[1] 为落实主体功能区划，现行《环境保护法》规定了环境保护红线机制。2014 年 1 月，环境保护部印发了《国家生态保护红线——生态功能基线划定技术指南》（试行），这是我国首个生态保护红线划定的纲领性技术指导文件。《指南》定位就是为国家生态功能红线的划定提供技术支撑，其适用范围是国家层面的生态功能红线划定，核心目标是保障国家生态安全。

（三）采取有利于环境保护的经济、技术措施和实施相关环境保护制度

抽象原则的贯彻落实离不开具体的经济、技术措施和相关制度的实施。如要使经济发展能与环境保护相协调，有必要实施排污收费，或征收相应的环境保护税，有必要制定环境保护标准和实行总量控制制度，有必要实行排污许可，有必要进行环境影响评价等。

第三节 保护优先、预防为主、综合治理原则

环境污染或破坏会导致人身和财产损害，甚至社会公共利益的损害。但如果在项目的设计、施工和运行过程中履行了应有的环境保护义务，从根本上消除产生环境污染和生态破坏的根源，就可以避免其损害。我国环境保护法规定了许多预防性的措施，如环境影响评价制度、许可制度、"三同时"制度等。这是保护优先、预防为主、综合治理原则的具体体现。

一、保护优先、预防为主、综合治理原则的涵义

（一）该原则的不同表述

长期以来，我国环境保护法教材都将该原则表述为预防为主、防治结合、综合治理原则，但新修订的《环境保护法》在其第 5 条中规定了保护优先、预防为主、综合治理原则。

虽然预防措施可以同时适用于环境污染和环境破坏，但在强调生态保护

---

[1] 信春鹰主编：《环境保护法学习读本》，中国民主法制出版社 2014 年版，第 144—145 页。

的今天，环境污染和环境破坏的预防性措施有不同的表达方式，环境污染的预防表述为"预防为主"，环境破坏的预防表述为"保护优先、预防为主"，从而生态保护领域中的预防为主原则在政策上被表述为"保护优先、预防为主"。如2002《全国生态环境保护纲要》指出，生态环境保护的基本原则为"坚持生态环境保护与生态环境建设并举。在加大生态环境建设力度的同时，必须坚持保护优先、预防为主、防治结合……"2007年，原国家环保总局《关于进一步加强生态保护工作的意见》指出，生态保护的基本原则之一为"保护优先、预防为主"。

（二）保护优先、预防为主、综合治理原则的含义

保护优先、预防为主、综合治理原则是指在环境保护工作中应将保护置于优先地位，采取各种预防措施，防止环境问题的产生和恶化，或者把环境污染和生态破坏控制在能够维持生态平衡、保障公众健康和社会物质财富以及保障经济社会持续发展的限度内，并对已经造成的环境污染和生态破坏积极进行治理。

对此原则的理解，我们应首先厘清以下两个问题：

第一，该原则中的"保护优先"与《环境保护法》第4条规定的"经济社会发展与环境保护相协调"是否是同义重复？新法颁布后，有很多人认为协调发展原则是指在处理环境保护与经济社会发展的关系问题上，环境保护应优先于经济社会发展，而第5条中规定的保护优先也是对两者关系的处理上的环境保护优先。我们认为作为一部在环境保护领域里起统领作用的综合性的环境保护基础法律，不应当在两个相邻的法条里出现同义重复，而应当表达两种不同的意思。考虑到立法资源不能因某些内容于同一部立法的同一部分（总则）集中重复规定，以提高立法资源使用效率为解释法律的出发点，则第5条中的"保护优先"原则所承载的功能只能是遇到环境（生态）风险科学性不确定的情形，应以保护环境（生态）为优先原则。也只有这样解释，才能与同条中"预防为主"这一实质学理上的预防原则处于同一技术层面，且能形成功能互补，即以"预防为主"原则针对可在科学上确定的环境损害，以"保护优先"原则针对暂时无法在科学上确定的环境风险。因此，实际上这里的"保护优先"原则的学理表述应为风险防范原则。

环境保护法要求在依赖科学的基础上又应当超越科学，强调在采取预防行动之前不必等待科学上的确定性，克服因为科学不确定性而导致环境不利的局面。这种精神就是风险防范原则。

风险防范原则最先是 1976 年联邦德国以 Vorsoergeprizip 为标题宣布的："环境政策并非是与避免危机的灾难、消除已经发生的损害相伴随的，风险防范的环境政策要求保护自然资源，对自然资源的需求是认真作出的。"20 世纪 80 年代，第二届国际北海会议在会后发表的《伦敦宣言》中第一次明晰、系统地论述了风险防范原则。

风险防范原则一经提出，得到了国际社会的青睐，其适用范围从区域海洋环境扩大到全球海洋环境，并被推广到一般的环境保护领域。1985 年《保护臭氧层维也纳公约》在前言中提到了风险防范措施。1992 年里约环境与发展大会通过的《里约宣言》《气候变化框架公约》等文件全面吸收了风险防范原则，使风险防范原则获得了广泛的国际基础。2000 年的《卡塔赫纳生物安全议定书》要求以风险防范原则为基础，规范生物安全。

不仅如此，风险防范原则也成为许多国家如澳大利亚、英国、德国、美国等环境保护法的指导原则之一。如在澳大利亚，风险防范原则成为可持续发展原则下与代际公平等原则并列的一个原则。风险防范原则体现着这些国家环境保护法的发展趋势。

第二，保护优先、预防为主、综合治理是否将其理解为一个整体，即一个原则，还是三个原则？正如上文所言，"预防为主"原则针对可在科学上确定的环境损害，"保护优先"原则针对暂时无法在科学上确定的环境风险，而"综合治理"原则针对已经发生的环境污染和生态破坏，这三者紧密相连，不可分割，因此，它应归纳为一条原则。

基于以上分析，该原则包括以下几层含义：

第一，在对自然资源进行开发利用之前，我们应遵循风险防范原则，遇到环境（生态）风险科学性不确定的情形，应以保护环境（生态）为优先原则。

第二，在处理预防和治理的关系方面，应坚持预防为主，要采取各种预防措施防止环境问题的产生或者恶化，做到防患于未然，尽量避免环境损害的产生。预防为主并不意味预防可以取代治理，或者治理并不重要，而只是强调在环境问题上，应优先考虑预防。预防是防止今后可能发生的环境损害的重要手段。对于那些已经发生的环境污染或者危害，则强调治理的重要作用，实行治理为主。因此，预防和治理分别有其适用领域，两者是相结合的关系。

第三，在环境污染问题产生后，要采取综合的措施加以治理；在环境被破坏后，要采取综合的措施进行恢复和建设，不能"头疼医头、脚痛医脚"。环境污染没有地域界限，一种环境介质被污染、破坏后会加剧其他环境介质的污染或破坏。如森林资源遭到破坏后会加剧水的恶化和水土流失的严重化；固体废物不得到处理会污染大气和水。以前那种单打一的措施显然只是转移了污染，并没有真正消除和减少污染。

二、保护优先、预防为主、综合治理原则提出的原因

该原则的提出主要基于以下三方面的原因：

（一）该原则的提出是国内外经验和教训的总结

在环境保护史上，由于人们对经济和发展关系认识的不足，即认为环境污染或破坏是经济发展的必要代价，因此，西方发达国家走了一条先污染后治理之路。这种对待环境问题的态度，不仅使事后的治理代价巨大，而且成效很差。随着人类认识的丰富，先污染后治理的事后环境保护策略的局限性已被世界各国所承认，环境保护策略已从原来的事后治理向事前控制转变，预防为主的原则成为各国环境法共同的原则。如美国于1990年通过了《污染预防法》，并认为实行预防是美国20世纪90年代的一大成功。

在我国的环境保护史上，也有过许多惨痛的教训。由于人们受人定胜天观念的影响，进行了大量的违背自然规律的开发利用活动，遭受到了自然的惩罚。该原则对于我国这样一个发展中国家而言更具有重大的意义。因为我国是发展中国家，综合国力不强，难以筹集到巨大的资金去治理污染，采取预防为主、防治结合的原则可以尽量避免环境损害的发生，取得投资小、收效大的效果，实现经济效益、社会效益和生态效益的统一。

（二）该原则的提出是由环境问题本身的特点所决定的

环境问题具有潜伏期长、影响面广、影响程度深、治理难、治理不经济等特点。

第一，环境问题潜伏期长，难以发现，如土壤污染、水污染等。一些污染因子由于日积月累，导致人们健康状况下降，乃至智力下降，甚至癌变。有资料表明：许多化学品致癌的潜伏期达 20 至 30 年，化学品的致病后果可能在几代之内也不会显现出来，承受环境风险后果的人可能不是享受使用该化学品的受益人。

第二，环境问题一旦发生，其影响面广，影响程度深。如 2005 年发生的松花江污染事件，其影响面包括吉林省、黑龙江省直至俄罗斯。而影响的程度更毋庸置疑，如 1930 年的马斯河谷烟雾事件，一周内 60 多人死亡，以心脏病、肺病患者死亡率最高，几千人患呼吸道疾病，许多家畜死亡。而 1952 年的伦敦的烟雾事件，5 天内有 4000 多人死亡，两个月内又有 8000 多人死去。

第三，环境危害一旦发生，往往难以消除和恢复，甚至具有不可逆转性。如生物多样性一旦消失后，就永远消失了，没有办法补救。

第四，治理环境问题所花费的费用非常巨大，如果等到环境问题产生后再采取措施，往往得不偿失。如据计算，预防污染费用和事后治理的费用的比例为 1：20；欧共体曾经作过估算，治理环境问题支付的总费用占国民生产总值的 3%。[1]

（三）该原则的提出是环境的整体性特点所决定的

环境是一个整体，这种观点得到了环境科学和环境法的共同认可，通常所说的"污染无国界"反映了这点。生态学也认为，环境具有整体效应律，即环境的整体功能大于环境诸要素的个体之和。因此，对污染和破坏的预防应从整体的角度入手，避免对单个环境介质的规制可能导致的低效甚至无效的状态。

以前的环境保护法将环境分割成不同的介质，针对每一个介质单独立法，于是构成了《大气污染防治法》《水污染防治法》《噪音污染防治法》等针对

[1] 李爱年、周训芳、李慧玲主编：《环境保护法学》，湖南人民出版社 2012 年版，第 54 页。

某一个环境介质制定一部法律的做法，并没有将环境作为一个整体来对待。而事实上环境是一个整体，在环境科学中称之为环境系统，生态学中称之为生态系统。因此，对环境污染和破坏的治理，也只能从整体上加以把握，不能孤立地进行。对环境的治理应该是综合性的，使之更符合环境的特点。正因为这样，流域立法、区域立法等根据环境的整体性特点立法已成为环境保护立法的趋势之一。

三、保护优先、预防为主、综合治理原则的贯彻

贯彻保护优先、预防为主、综合治理的原则，对于保护而言，应有风险防范意识；对于预防而言，最重要的是从源头上预防环境危害的发生；对于治理而言，采取的治理措施要直接针对环境危害产生的原因，通过由点带面的途径达到综合治理的效果。具体而言，可以采取下列措施贯彻该原则。

（一）树立、提高风险防范意识

贯彻保护优先、预防为主、综合治理的原则，首先要树立、提高风险防范意识。风险防范以科学不确定性为前提，即在科学知识无法确定某一特定事件是否发生或者能否导致环境损害等不确定性的情况下，仍有必要采取行动预防损害发生。在环境保护领域里，如果没有风险防范意识，保护优先就无从谈起。而这一点，正是我国环境保护领域的薄弱环节，因此有必要强调、强化。

（二）全面规划，合理布局

控制环境污染与破坏，在坚持风险防范原则的前提下，必须从全局和整体上规划、布局，即治本的首要办法是"全面规划，合理布局"。很多环境污染问题，是由于缺乏整体规划、布局不合理造成的，布局一旦错了，铸成了事实，要想纠正就难上加难。《人类环境宣言》曾指出，"为了实现更合理的资源管理从而改善环境，各国应该对他们的发展计划采取统一和协议的做法，以保证为了人民的利益，使发展同保护和改善人类环境的需要相一致"；"合理的计划是协调发展的需要和保护与改善环境的需要相一致的"。

全面规划要求以全国主体功能区规划为基础，在制定经济和社会发展规划、

国土整治规划、区域规划、流域规划的环境规划时，在工农、城乡、生产生活等方面进行综合规划，做到统筹安排，在考虑经济效益的同时考虑环境效益。合理布局要求在安排工业生产、农业生产和资源开发时，除了方便生产和生活外，还要考虑对环境的影响。如严禁在人口稠密区、城市上风向、水源保护区建立污染型工业。在对一个区域进行全面规划和合理布局时，必须按照该地区的环境功能进行。

（三）制定、完善相关法律制度

原则的落实，离不开法律制度的完善。在我国，预防性的环境法律制度包括许可制度、环境影响评价制度、"三同时"制度、突发环境事件应急预案制度、环境资源承载能力监测预警和环境污染公共监测预警制度、生态保护红线制度、总量控制与区域限批制度、清洁生产制度和淘汰制度等。它们是防止产生新的环境污染和破坏的重要保障。而在环境治理方面，排污收费制度、生态保护补偿制度等能有效地为治理污染、生态修复提供资金。上述制度中，突发环境事件应急预案制度、环境资源承载能力监测预警和环境污染公共监测预警制度、生态保护红线制度、生态保护补偿制度等是新修订的《环境保护法》确认的法律制度。同时，该法为环境保护税的开征预留了空间。

第四节 公众参与原则

一、公众参与原则的涵义

公众参与原则，是指生态环境的保护和自然资源的合理开发利用必须依赖社会公众的广泛参与，公众有权参与解决生态问题的决策过程，参与环境管理并对环境管理部门以及单位、个人与生态环境有关的行为进行监督。一些学者也称其为"环境民主原则"、"依靠群众保护环境的原则"和"环境保护的民主原则"。

二、公众参与原则的形成和发展

从 20 世纪 70 年代开始，公众参与环境保护已经成为西方许多国家环境保护法中的一项重要原则。公众参与作为促进决策民主化的手段渗透到政府环境决策主要是在环境影响评价制度中确立的。[1] 在美国《国家环境政策法》、澳大利亚《联邦环境保护法》、法国《自然保护法》等法律中规定的环境影响评价，都将公众参与作为确保环境影响评价的民主性和公正性的必不可少的重要程序。在国际环境法文献中，也倡导各国公众参与环境保护活动。早在 1972 年联合国召开的第一次人类环境会议所形成的《人类环境宣言》就强调公众参与环境保护的重要性。1982 年的《内罗毕宣言》指出："应当通过宣传教育和训练，提高公众和政府对环境重要性的认识，在促进环境保护工作中必须每个人都负起责任，并且参与具体的环境保护工作。"其后，1992 年《里约宣言》和《21 世纪议程》、1998 年欧洲委员会通过的《奥胡斯公约》和 2002 年的约翰内斯堡《可持续发展宣言》都对公众参与环境保护作出了明确规定。《里约宣言》第 10 条原则为：当地环境问题只有在所有有关公众的参与下才能得到最好解决。每个人应有适当途径接触政府掌握的环境资料，包括关于他们的社区的危险物质和活动的资料，并有机会参与决策过程。各国应广泛传播信息，促进和鼓励公众知情和参与。应使公众能够有效地利用司法和行政程序，包括补偿和补救程序。《奥胡斯公约》对公众参与权规定了三个层次：一是对具体决策活动的参与；二是对与环境有关的计划和政策决策的参与；三是对环境行政法规和法律决策及执行过程的参与。[2]《可持续发展宣言》第 26 条承诺：我们认识到可持续发展需要有长远的观点，在各级政策制定、决策和实施过程中都需要广泛参与。作为社会伙伴，我们将继续努力与各主要群体形成稳定的伙伴关系，尊重每一个群体的独立性和重要作用。

公众参与原则也是我国环境保护法的基本原则。国务院 1996 年 8 月公布的《国务院关于环境保护若干问题的决定》强调：建立公众参与机制，发

---

[1]　李爱年、周训芳主编：《环境法》，湖南人民出版社 2004 年版，第 131 页。

[2]　那力：《论环境事务中的公众权利》，《法制与社会发展》2002 年第 2 期。

挥民间社团的作用，鼓励公众参与环境保护工作，检举和揭发各种违反环境保护法律法规的行为。此规定表明了中国政府对公众参与环境保护的态度和政策。公众参与作为一种具体的法律要求，首次出现在 1998 年的国务院颁布的《建设项目环境保护管理办法》，在 2002 年 10 月 28 日通过的《中华人民共和国环境影响评价法》中得到进一步的明确。2006 年 2 月 14 日，原国家环保总局发布了《环境影响评价公众参与暂行办法》，使得公众参与原则的实施更有法律保障。

公众参与作为环境保护法的一项基本原则在我国环境保护法中作出明确规定的是 2015 年 1 月 1 日实施的《环境保护法》。该法在第 5 条中规定："环境保护坚持保护优先、预防为主、综合治理、公众参与、损害担责的原则。"同时，该法用专章规定了"信息公开和公众参与"。因此，公众参与不仅是我国环境保护法的一项基本原则，同时，我国立法已经将其具体化、制度化。

公众参与原则的提出，有其理论基础：一是公共信托理论。在 19 世纪 60 年代以前，人们基本上只把环境要素当作是可以带来经济利益的资源看待，而对其生态属性却知之甚少。加之由于大多数环境要素具有不可为人力所控制和支配的特性，法律没有将其纳入调整范围而予以保护。事实上，政府对环境资源的利用基本上是持放任的态度。这直接导致人们出于追求经济利益最大化的驱动而对环境进行掠夺式开发和利用，从而使环境质量不可逆转地恶化。美国密执安大学萨克斯教授提出了"环境公共财产论"和"环境公共委托论"的理论。他认为，鉴于空气、水、阳光等环境要素之于人类生活不可或缺，我们应该摒弃将环境要素当作"自由财产"的传统做法，使其成为所有权的客体，将其视为全体国民的"公共财产"；国民为了合理利用和保护这些"公共财产"，将其委托给国家，由国家加以管理，国民与国家之间是委托方与受托方的关系；国家作为全体共有人的委托代理人，为了全体国民的利益，必须对全体国民负责，不得滥用委托权，应当对环境资源予以保护和维持。该理论将环境要素界定为全体国民的"公共财产"，确立了财产上的法律关系，打破了过去环境资源无主的局面，既有利于法律对环境要素的开发和利用行为进行调整，遏制环境污染和生态破坏加剧的趋势，也为国民参与环境管理提供了理论上的正当性和合理性，结束了环境要素无人管理的历史。二是环境权理论。环境权作为一种新型的人权，是人的一项应有权利。环境权的提出反映了新的社会价值观和生态理念。目前，虽然世界上有许多国家在其宪法或相关环境立法中都规定了环境权，但是，由于环境权概念的内涵模糊，对其概念的确定性国际社会及法学界并未达成共识。

三、公众参与原则的制度化体现

在我国，公众参与已由一项原则具体化为一项制度规定在我国的现行立法中。该制度建立的最主要的法律依据是《中华人民共和国宪法》的第 2 条。该条规定："中华人民共和国的一切权力属于人民。……人民依照法律规定，通过各种途径和形式，管理国家事务，管理经济和文化事业，管理社会事务。"此外，1996 年《国务院关于环境保护若干问题的决定》强调：建立公众参与机制，发挥社会团体的作用，鼓励公众参与环境保护工作，检举和揭发各种违反环境保护法律法规的行为。此外，在环境保护的单行法中也有一些原则性的规定。但上述这些立法并未在我国真正建立公众参与制度。公众参与制度的建立应始于 2002 年出台的《环境影响评价法》。该法在第 5、11、21 条等有关条文中对公众参与的具体内容作了规定。当然，对该制度作出全面规定的应是 2006 年 2 月由原国家环保总局发布的《环境影响评价公众参与暂行办法》，该《暂行办法》对公众参与环境影响评价的范围、程序、组织、形式等问题作了详细具体的规定。在我国，公众参与原则在环境影响评价制度中的体现主要包括：

1. 公众参与环境影响评价的范围

（1）《环境影响评价法》第 11 条规定的工业、农业、畜牧业、林业、能源、水利、交通、城市建设、旅游、自然资源开发的有关专项规划的编制。

（2）对环境可能造成重大影响、应当编制环境影响报告书的建设项目。

（3）环境影响报告书经批准后，项目的性质、规模、地点、采用的生产工艺或者防治污染、防止生态破坏的措施发生重大变动，建设单位应当重新报批环境影响报告书的建设项目。

（4）环境影响报告书自批准之日起超过五年方决定开工建设，其环境影响报告书应当报原审批机关重新审核的建设项目。

（5）土地利用的有关规划、区域、流域、海域的建设、开发利用规划等综合性规划的编制机关，在组织进行规划环境影响评价的过程中，可以参照《环境影响评价公众参与暂行办法》征求公众意见，实行公众参与。

2. 公众参与环境影响评价的原则

公众参与环境影响评价应遵循四项原则：公开、平等、广泛、便利。

3. 公众参与环境影响评价的要求

（1）公开环境信息。建设单位或者其委托的环境影响评价机构、环境保护行政主管部门应当按照本办法的规定，采用便于公众知悉的方式，向公众公开有关环境影响评价的信息。公开信息包括三个具体阶段：①在环境影响评价开始阶段，建设单位或者其委托的环境影响评价机构应当通过有利于公众知情的方式公告项目名称及概要等信息；②在环境影响评价进行阶段，建设单位应公告可能在造成环境影响的范围、程度及主要预防措施，且征求意见的期限不能少于 10 日；③在环境影响评价审批阶段，环保部门应公告已受理的环评文件简要信息与审批结果。

（2）征求公众意见。建设单位或者其委托的环境影响评价机构应当在发布信息公告、公开环境影响报告书的简本后，采取调查公众意见、咨询专家意见、座谈会、论证会、听证会等形式，公开征求公众意见。建设单位或者其委托的环境影响评价机构征求公众意见的期限不得少于 10 日，并确保其公开的有关信息在整个征求公众意见的期限之内均处于公开状态。环境影响报告书报送环境保护行政主管部门审批或者重新审核前，建设单位或者其委托的环境影响评价机构可以通过适当方式，向提出意见的公众反馈意见处理情况。

4. 公众参与的组织形式

（1）调查公众意见和咨询专家意见。建设单位或者其委托的环境影响评价机构调查公众意见可以采取问卷调查等方式，并应当在环境影响报告书的编制过程中完成。咨询专家意见可以采用书面或者其他形式。咨询专家意见包括向有关专家进行个人咨询或者向有关单位的专家进行集体咨询。

（2）座谈会和论证会。建设单位或者其委托的环境影响评价机构决定以座谈会或者论证会的方式征求公众意见的，应当根据环境影响的范围和程度、环境因素和评价因子等相关情况，合理确定座谈会或者论证会的主要议题。

（3）听证会。建设单位或者其委托的环境影响评价机构决定举行听证会征求公众意见的，应当在举行听证会的 10 日前，在该建设项目可能影响范围内的公共媒体或者采用其他公众可知悉的方式，公告听证会的时间、地点、听证事项和报名办法。听证会必须公开举行。

另外，环境保护部门可以组织专家咨询委员会，由其对环境影响报告书中有关公众意见采纳情况的说明进行审议，判断其合理性并提出处理建议。当公众认为建设单位或者其委托的环境影响评价机构对公众意见未采纳且未附注说明的，或者对公众意见未采纳的理由说明不成立的，可以向负责审批或者重新审核的环保部门反映，并附注明确具体的书面意见。负责审批或者重新审核的环保部门认为必要时，可以对公众意见进行核实。

第五节 损害担责原则

一、损害担责原则的含义

损害担责原则是新《环境保护法》规定的一项基本原则，对此含义，不能仅理解为污染者负担原则，它应是污染者负担原则的进一步深化，也是对其外延的扩张。其中"担责"是指要承担责任，承担恢复环境、修复生态或支付费用的责任；而"损害"是指对环境造成任何不利影响的一切行为，包括一切向环境排放污染物或开发利用自然资源而致使环境质量下降、环境自身恢复能力退化的行为。因此，"损害担责原则"指一切向环境排放污染物或开发利用自然资源而致使环境质量下降、环境自身恢复能力退化的行为人，应承担恢复环境、修复生态或支付相关费用的法定义务或法律责任。

二、损害担责原则的形成和发展

损害担责原则是在"污染者付费原则（Polluter Pays Principle）"的基础上发展起来的。污染者付费原则由经济合作与发展组织（OECD）在 1972 年 5 月的《关于环境政策的国际经济方面的控制原则》一文中提出，并向成员国推荐了这一原则。经济合作与发展组织将污染者付费原则界定为："污染者应该承担由政府决定的控制污染措施的费用，以保证环境处于可接受的状态。换言之，在生产过程或消费过程中产生污染的产品和服务的成本中，应当包括这些控制污染措施的费用。"这项原则以实现社会公平为目标，得到了国际社会的认同，许多国家将其确定为环境保护法的基本原则。1992 年《里约宣言》原则16 规定："考虑到污染者原则上应承担污染费用的观点，国家当局应该努力促使内部负担环境费用，并且适当地照顾到公众利益，而不歪曲国际贸易和投资。"不过，污染者付费原则已经得到了发展，包括了自然资源利用的付费在内，成为内涵更丰富的原则。

在我国，对于该原则的表述各异，如"谁污染谁治理原则"，[1] 这在 1979 年《中华人民共和国环境保护法》（试行）中明确规定；"污染者付费原则"或"污染者负担原则"在 89《环境保护法》中未明确规定，但具体制度体现着这一精神；"污染者付费、利用者补偿、开发者保护、破坏者恢复原则"[2] 是 1996 年国务院发布的《关于环境保护若干问题的决定》中提出的，后来学者们也称其为"环境责任原则"[3]，或简称为"损害者付费、受益者补偿原则"[4]。

比较上述提法，"谁污染谁治理原则"有以下局限性：1. 谁污染谁治理意味着污染的人一定得负责治理，如果所有污染的人都必须自己治理，这一不现实，二不经济。事实上，一些污染，污染者只需缴纳费用，相关部门就能集中

---

[1] 1979 年《中华人民共和国环境保护法》（试行）第 6 条第二款规定："已经对环境造成污染和其他公害的单位，应当按照谁污染谁治理的原则，制定规划，积极治理，或者报请主管部门批准转产、搬迁。"

[2] 韩德培主编：《环境保护法学教程》（第六版），法律出版社 2012 年版，第 79 页。

[3] 周珂主编：《环境与资源保护法》（第二版），中国人民大学出版社 2010 年版，第 40 页。

[4] 韩德培主编：《环境保护法学教程》（第六版），法律出版社 2012 年版，第 79 页。

治理；2.这一提法容易导致一种错觉：只有污染者负责治理。而恰恰相反，除污染者有义务治理外，国家相关机构也有治理义务；3.谁污染谁治理表明污染者有治理的责任，但未包括对已造成的损失有损害赔偿的责任；4.谁污染谁治理只针对污染这种情形规定其治理责任，而对于破坏生态环境或利用自然资源造成环境质量下降的情形未规定其责任，显然不能概括环境保护法这一基本原则的全部。

而"污染者付费原则"或"污染者负担原则"相对于"谁污染谁治理原则"有一定进步，但仍然局限于对污染者责任的概括，同样忽视了破坏生态环境或利用自然资源造成环境质量下降的责任。

"环境责任原则"，按照周珂教授的解释，亦称为"污染者付费、利用者补偿、开发者保护、破坏者恢复原则"，按此理解，有其合理性。但"环境责任"就其字面理解，容易造成误解，即环境法律责任，包括环境民事责任、环境行政责任和环境刑事责任，这显然与该原则的本义不符。

"污染者付费、利用者补偿、开发者保护、破坏者恢复原则"是对该原则较为全面的表述。而新《环境保护法》规定的"损害担责原则"是对该原则的高度概括，它既包括了法学理论意义上的积极责任，又包括了消极责任，即法律责任，如《侵权责任法》中的侵权责任。

三、损害担责原则的贯彻

（一）运用经济手段，促使损害者担责

损害担责原则的贯彻，首先应依靠经济手段，如针对排污者排放污染物，我们征收排污费或污染物排放税[1]；针对开发利用自然资源，征收资源税和资源补偿费等；此外，实施生态保护补偿制度也不失为贯彻该原则的一项重要经济手段。

（二）依法追究侵权责任

因污染环境、破坏生态造成损害的，应当依照《侵权责任法》的有关规定承担侵权责任。构成犯罪的，应依照《刑法》的规定承担刑事责任。

---

[1]《中华人民共和国环境保护税法》（征求意见稿）称为"环境保护税"。

本章讨论主题与问题安排

主题一：协调发展原则与保护优先原则

问题：

1. 协调发展原则的含义是什么？

2. 保护优先原则的含义是什么？

3. 两原则的关系如何？

主题二：损害担责原则

问题：

1. 该原则中的"损害"一词如何理解？

2. 该原则中的"责"字如何理解？

3. 损害担责原则的内涵是什么？

4. 该原则在我国《环境保护法》中有何体现？

讨论参考资料

1. 韩德培主编：《环境保护法学教程》（第六版），法律出版社 2012 年版。

2. 韩德培主编：《环境保护法学教程》（第七版），法律出版社 2015 年版。

3. 周珂主编：《环境与资源保护法》（第二版），中国人民大学出版社 2010 年版。

4. 信春鹰主编：《〈环境保护法〉学习读本》，中国民主法制出版社 2014 年版。

5. 李爱年、周训芳、李慧玲主编：《环境保护法学》湖南人民出版社 2012 年版。

6. 《中华人民共和国环境保护法》。

7. 《中华人民共和国环境影响评价法》。

8. 《环境影响评价公众参与暂行办法》。

课后思考题

1. 公众参与原则的含义是什么？

2. 新《环境保护法》中公众参与的规定有哪些？

| 第五章 |

环境影响评价制度的理论与实践

第一节 环境影响评价制度的概念及产生和发展

一、环境影响评价制度的概念

《中华人民共和国环境影响评价法》第 2 条规定："本法所称环境影响评价，是指对规划和建设项目实施后可能造成的环境影响进行分析、预测和评估，提出预防或者减轻不良环境影响的对策和措施，进行跟踪监测的方法与制度。"

环境影响评价制度，是指有关环境影响评价的适用范围、评价内容、审批程序、法律后果等一系列规定的总称。[1]

二、环境影响评价制度的产生和发展

环境影响评价制度首创于美国。1969 年的美国《国家环境政策法》把环境影响评价作为联邦政府在环境管理中必须遵守的一项制度规定其中。此后，瑞典、澳大利亚、法国、日本等国都规定了这一制度。据统计，到 1996 年底，全球共有 85 个国家和地区制定了专门法律予以规定，有 100 多个国家和地区在开发建设活动中推行了环境影响评价制度。

---

[1] 韩德培主编：《环境保护法教程》(第六版)，法律出版社 2012 年版，第 90 页。

在我国，环境影响评价制度在立法中予以规定是从 1979 年开始的。1979 年的《环境保护法（试行）》中规定了实行环境影响评价报告书制度。该法第 6 条规定："一切企业、事业单位的选址、设计、建设和生产，都必须充分注意防止对环境的污染和破坏。在进行新建、改建和扩建工程时，必须提出对环境影响的报告书，经环境保护部门和其他有关部门审查批准后才能进行设计。"此后，1986 年《建设项目环境保护管理办法》、1998 年《建设项目环境保护管理条例》对环境影响评价的范围、内容、程序和法律责任等做了细致的规定。1989 的《中华人民共和国环境保护法》和其后的污染防治的单行法都规定了这一制度。2002 年 10 月 28 日，九届全国人大常委会第三十次会议通过了《中华人民共和国环境影响评价法》，该法于 2003 年 9 月 1 日起施行。2006 年 2 月，原国家环境保护总局发布《环境影响评价公众参与暂行办法》，该办法于同年 3 月 18 日实施。2009 年 8 月 12 日，国务院第 76 次常务会议通过并颁布了《规划环境影响评价条例》，该条例自 2009 年 10 月 1 日起施行。2014 年 4 月 24 日，第十二届全国人民代表大会常务委员会第八次会议修订通过的《中华人民共和国环境保护法》再次对该制度进行强化规定，并强化了法律责任，同时，为我国经济、技术政策的环境影响评价预留了开拓的空间。

第二节 环境影响评价制度的主要内容

一、环境影响评价的范围

环境影响评价的范围，各国的立法规定不尽相同。在美国，根据 1969 年的《国家环境政策法》，环境影响评价的范围是联邦政府的立法建议和其他的对人类环境有重大影响的重大联邦行动。具体包括：1. 联邦政府机关向国会提出的议案或立法建议，其中包括申请批准条约；2. 全部或部分由联邦政府资助的、协助的、从事的、管理的或批准的工程或项目以及新的或修改了的行政决定、条例、计划、政策或程序。

在我国，不同的时期其适用的范围也有差异。如《建设项目环境保护管理条例》中的环境影响评价仅适用于建设项目，而《环境影响评价法》则扩大了其适用范围。根据《环境影响评价法》第2条、第3条的规定，我国现行的环境影响评价的范围从总体上包括规划和建设项目。

（一）规划

1. 综合性规划

国务院有关部门、设区的市级以上地方人民政府及其有关部门，对其组织编制的土地利用的有关规划，区域、流域、海域的建设、开发利用规划，应当在规划编制过程中组织进行环境影响评价，编写该规划有关环境影响的篇章或者说明。

2. 专项规划

国务院有关部门、设区的市级以上地方人民政府及其有关部门，对其组织编制的工业、农业、畜牧业、林业、能源、水利、交通、城市建设、旅游、自然资源开发的有关专项规划（以下简称专项规划），应当在该专项规划草案上报审批前，组织进行环境影响评价，并向审批该专项规划的机关提出环境影响报告书。

从上述规划强制实行环境影响评价的范围来看，仅对国务院有关部门、设区的市级以上地方人民政府及其有关部门的综合性和专项规划强制实行环境影响评价，对县级人民政府编制的规划并未纳入其中。《环境影响评价法》的第36条规定："省、自治区、直辖市人民政府可以根据本地的实际情况，要求对本辖区的县级人民政府编制的规划进行环境影响评价。具体办法由省、自治区、直辖市参照本法第二章的规定制定。"

（二）建设项目

《环境影响评价法》第3条规定："编制本法第九条所规定的范围内的规划，在中华人民共和国领域和中华人民共和国管辖的其他海域内建设对环境有影响的项目，应当依照本法进行环境影响评价。"根据该条规定，在我国境内从事一切对环境有影响的建设项目，都应纳入环境影响评价的范围。只是应如何评价，应根据该项目对环境影响程度的大小实行分类管理。

1. 可能造成重大环境影响的，应当编制环境影响报告书，对产生的环境影响进行全面评价。

2. 可能造成轻度环境影响的，应当编制环境影响报告表，对产生的环境影响进行分析或者专项评价。

3. 对环境影响很小、不需要进行环境影响评价的，应当填报环境影响登记表。

在我国，政策是否纳入环境影响评价的范围，有学者主张新修订的《环境保护法》将其纳入其中。笔者认为：该法第 14 条规定并未规定政策环境影响评价：一是从文义解释的角度看，它并未有"环境影响评价"之表述，只是用了"应当充分考虑对环境的影响，听取有关方面和专家的意见"的表述；二是从该法的体系安排看，环境影响评价制度规定在该法第 19 条，两条文的安排相距甚远。[1]

二、环境影响评价文件的内容

（一）专项规划环境影响报告书的内容

根据《环境影响评价法》第 7 条的规定，对综合性规划的环境影响评价，只需在规划中含有环境影响评价的篇章或说明，因而无需单独编制环境影响评价文件。而对专项规划的环境影响评价，则需编制环境影响报告书。专项规划的环境影响报告书应当包括下列内容：

1. 实施该规划对环境可能造成影响的分析、预测和评估；

2. 预防或者减轻不良环境影响的对策和措施；

3. 环境影响评价的结论。

（二）建设项目的环境影响报告书的内容

由于我国对建设项目的环境影响评价实行分类管理，其中对环境可能造成轻度影响或影响很小的建设项目无需编制环境影响报告书，而对环境有重大影响的建设项目要求其编制环境影响报告书。因此，建设项目的环境影响报告书的内容实质上是指对环境有重大影响的建设项目的环境影响报告书的内容。其

---

[1]《中华人民共和国环境保护法》第 14 条：国务院有关部门和省、自治区、直辖市人民政府组织制定经济、技术政策，应当充分考虑对环境的影响，听取有关方面和专家的意见。

内容包括以下七个方面：

1. 建设项目概况；

2. 建设项目周围环境现状；

3. 建设项目对环境可能造成影响的分析、预测和评估；

4. 建设项目环境保护措施及其技术、经济论证；

5. 建设项目对环境影响的经济损益分析；

6. 对建设项目实施环境监测的建议；

7. 环境影响评价的结论。

三、环境影响评价程序

（一）专项规划的环境影响评价程序

根据《环境影响评价法》的第11—15条的规定，专项规划的环境影响评价程序如下：

1. 编写环境影响报告书草案。草案的内容应包括前述三个方面。

2. 征求社会公众意见。专项规划的编制机关对可能造成不良环境影响并直接涉及公众环境权益的规划，应当在该规划草案报送审批前，举行论证会、听证会，或者采取其他形式，征求有关单位、专家和公众对环境影响报告书草案的意见。但是，国家规定需要保密的情形除外。编制机关应当认真考虑有关单位、专家和公众对环境影响报告书草案的意见，并应当在报送审查的环境影响报告书中附具对意见采纳或者不采纳的说明。

3. 初步审查并提出书面审查意见。由人民政府指定的环境保护行政主管部门或者其他部门召集有关部门代表和专家组成审查小组，对环境影响报告书进行审查。审查小组应当提出书面审查意见。

4. 规划审批机关审查。专项规划的编制机关在报批规划草案时，应当将环境影响报告书一并附送审批机关审查；未附送环境影响报告书的，审批机关不予审批。

5. 跟踪评价。对环境有重大影响的规划实施后，编制机关应当及时组织环境影响的跟踪评价，并将评价结果报告审批机关；发现有明显不良环境影响的，应当及时提出改进措施。

（二）建设项目的环境影响评价程序

根据《环境影响评价法》的规定，建设项目的环境影响评价程序如下：

1. 编写环境影响报告书或报告表的草案。环境影响报告书草案应当具备前述七个方面的内容。

2. 征求社会公众意见（环境影响报告表无需这一程序）。除国家规定需要保密的情形外，对环境可能造成重大影响、应当编制环境影响报告书的建设项目，建设单位应当在报批建设项目环境影响报告书前，举行论证会、听证会，或者采取其他形式，征求有关单位、专家和公众的意见。建设单位报批的环境影响报告书应当附具对有关单位、专家和公众的意见采纳或者不采纳的说明。

3. 行业主管部门预审。建设项目有行业主管部门的，其环境影响报告书或者环境影响报告表应当经行业主管部门预审。

4. 环境保护行政主管部门审批。建设项目有行业主管部门的，其环境影响报告书或者环境影响报告表经行业主管部门预审后，报有审批权的环境保护行政主管部门审批。审批部门应当自收到环境影响报告书之日起六十日内，收到环境影响报告表之日起三十日内，收到环境影响登记表之日起十五日内，分别作出审批决定并书面通知建设单位。

5. 建设过程中的后评价。在项目建设、运行过程中产生不符合经审批的环境影响评价文件的情形的，建设单位应当组织环境影响的后评价，采取改进措施，并报原环境影响评价文件审批部门和建设项目审批部门备案；原环境影响评价文件审批部门也可以责成建设单位进行环境影响的后评价，采取改进措施。

6. 投产后的跟踪检查。环境保护行政主管部门应当对建设项目投入生产或者使用后所产生的环境影响进行跟踪检查，对造成严重环境污染或者生态破坏的，应当查清原因、查明责任。

四、环境影响评价中的公众参与

在环境保护领域里，公众有权通过一定的程序或途径参与一切与环境利益有关的决策活动，使得该项决策符合公众的切身利益。公众参与作为环境保护法的一项制度，在《环境影响评价法》的第 5、11、21 条和 2006 年 2 月 22 日原国家环保总局颁布、同年 3 月 18 日施行的《环境影响评价公众参与暂行办法》和《中华人民共和国环境保护法》的第 56 条[1] 中作了明确的规定。

五、法律责任

我国《环境影响评价法》从第 29 到 35 条对规划编制机关直接负责的主管人员和其他责任人员的责任、规划审批机关直接负责的主管人员和其他责任人员的责任、建设单位及其直接负责的主管人员和其他责任人员的责任、接受委托为建设项目环境影响评价提供服务的机构的责任、负责预审、审核、审批环境影响评价文件的部门及其直接负责的主管人员和其他责任人员的责任以及环境保护行政主管部门的责任做了较为具体的规定。

此外，新修订的《环境保护法》加强了对违反环境影响评价制度法律责任的规定，在以下几方面规定了其法律责任：1. 建设单位未依法提交建设项目环境影响评价文件或者环境影响评价文件未经批准，擅自开工建设的，由负有环境保护监督管理职责的部门责令停止建设，处以罚款，并可以责令恢复原状。2. 企业事业单位和其他生产经营者，建设项目未依法进行环境影响评价，被责令停止建设，拒不执行尚未构成犯罪的，除依照有关法律法规规定予以处罚外，由县级以上人民政府环境保护主管部门或者其他有关部门 将案件移送公安机关，对其直接负责的主管人员和其他直接责任人员，处十日以上十五日以下拘留；情节较轻的，处五日以上十日以下拘留。3. 地方各级人民政府、县级以上人民政府环境保护主管部门和其他负有环境保护监督管理职责的部门对环境影响评价中的违法行为进行包庇的，对直接负责的主管人员和其他直接责任人员给予记过、记大过或者降级处分；造成严重后果的，

---

[1]《中华人民共和国环境保护法》第 56 条：对依法应当编制环境影响报告书的建设项目，建设单位应当在编制时向可能受影响的公众说明情况，充分征求意见。负责审批建设项目环境影响评价文件的部门在收到建设项目环境影响报告书后，除涉及国家秘密和商业秘密的事项外，应当全文公开；发现建设项目未充分征求公众意见的，应当责成建设单位征求公众意见。

给予撤职或者开除处分，其主要负责人应当引咎辞职。4.环境影响评价机构在有关环境服务活动中弄虚作假，对造成的环境污染和生态破坏负有责任的，除依照有关法律法规规定予以处罚外，还应当与造成环境污染和生态破坏的其他责任者承担连带责任。

第三节 环境影响评价的立法进步与预留

一、立法进步

（一）扩大了环境影响评价制度适用的范围

《环境影响评价法》《环境影响评价公众参与暂行办法》与原有的《建设项目环境保护管理条例》相比，显然扩大了制度的适用范围，由原来的仅适用于建设项目扩大到适用于规划和建设项目，但与美国的《国家环境政策法》规定的环境影响评价适用的范围相比，则又窄得多。同时，新《环境保护法》的第14条的规定，又为该制度的适用范围拓宽预留了空间。

（二）明确规定了公众参与的具体内容

上文中提到，《环境影响评价法》特别是《环境影响评价公众参与暂行办法》对公众参与环境影响评价的具体内容做了明确规定。其内容包括：公众参与的范围、公众参与的具体要求、公众参与的形式、未实施公众参与的救济等。只是对违反公众参与的有关规定的法律责任的规定还极不明确。

（三）实现了环境影响评价的全过程评价

原《环境保护法》《建设项目环境保护管理条例》及各污染防治的单行法中所规定的环境影响评价仅仅是一种事先评价、预断评价；而现行的环境影响评价是一种全过程的评价。它包括了专项规划中的预先评价和跟踪评价以及对环境有重大影响的建设项目的预先评价、项目建设中的后评价和项目投产后的跟踪检查，真正实现了环境影响评价的全过程评价。

（四）强化了环境影响评价的法律责任

与原《环境保护法》《建设项目环境保护管理条例》及各污染防治的单行法中所规定的环境影响评价的法律责任相比，《环境影响评价法》和新《环境保护法》逐步强化了法律责任，其主要体现在：1.责任主体范围扩大。《建设项目环境保护管理条例》等只规定了违反环境影响评价制度的建设单位的法律责任，而对其他有关单位及人员的责任并未规定，而《环境影响评价法》明确规定了与环境影响评价有关的单位责任人员的法律责任，包括上文提及的规划编制机关直接负责的主管人员和其他责任人员的责任、规划审批机关直接负责的主管人员和其他责任人员的责任、建设单位及其直接负责的主管人员和其他责任人员的责任、接受委托为建设项目环境影响评价提供服务的机构的责任、负责预审、审核、审批环境影响评价文件的部门及其直接负责的主管人员和其他责任人员的责任以及环境保护行政主管部门的责任等。2.增加了责任类型。一是在民事责任领域，新《环境保护法》对环境影响评价机构在有关环境服务活动中弄虚作假，造成的环境污染和生态破坏负有责任的情形引入连带责任制度；二是在环境行政责任领域中规定行政拘留这种人身罚的行政处罚类型；三是将引咎辞职这一特殊的责任形式规定其中。3.加大了法律责任的力度，如《建设项目环境保护管理条例》对建设单位违反规定未报批环境影响评价文件的最高罚款额为 10 万元，而《环境影响评价法》则规定为 5 万元以上 20 万元以下的罚款。

综上，环境影响评价制度在我国，经历多次的立法演进，其制度有了显著进步，但仍然存在明显不足，如：政策环境影响评价尚未明确规定；公众参与环境影响评价尚无法律责任规定等。

二、预留空间

在我国，环境影响评价制度预留了一定空间，还需我们进一步研究。这主要体现在以下两个方面：

（一）政策环境影响评价

正如前文提及的，美国是实施环境影响评价制度最早的国家，它已将联邦政府机关向国会提出的议案或立法建议（其中包括申请批准条约），全部或部分由联邦政府资助的、协助的、从事的、管理的或批准的工程或项目以及新的或修改了的行政决定、条例、计划、政策或程序等均纳入环境影响评价的范围。而我国，环境影响评价仅适用于规划和建设项目。事实上，一个国家和地方制定的政策的科学与否，与环境保护息息相关。因此，政策的环境影响评价是我们应重点关注的主题。

（二）公众参与环境影响评价的范围及其相关法律责任

首先，公众参与环境影响评价的范围是否可进一步拓宽？根据《环境影响评价法》和《公众参与环境影响评价暂行条例》等的规定，环境影响评价文件应征求公众意见的主要限于两种情形：一是对环境有重大影响应当编制《环境影响报告书》的建设项目；二是专项规划。而对于综合性规划，由于无需编制专门的《环境影响报告书》，就没有强制性地纳入征求公众意见的范畴。我们认为，综合性规划与环境保护的关系十分密切，它是制定专项规划的基础，如流域的开发利用规划与流域的水的保护紧密相连，如不征求相关专家意见，会在一定程度上违反生态规律而进行盲目决策。因此，综合性规划的编制也应纳入征求公众意见的范围。

其次，违反公众参与法律规定应否承担法律责任？从我国现有的法律规定看，往往立法中规定应征求社会公众意见，但在法律责任部分却没有设置相对应的法律责任条款，这无异于纸上谈兵，因而无约束力。

本章讨论主题与问题安排

主题一：环境影响评价制度的进步与不足

问题：

1.我国环境影响评价制度是如何演进的？它有何进步？

2.如何解读 2014《中华人民共和国环境保护法》中环境影响评价的相关规定？

主题二：环境影响评价制度的实践

问题：

阅读下面的短文，从环境影响评价法的角度，结合科学发展观和科学政绩观，谈谈三门峡水库所反映的问题对今后编制类似规划和新建类似项目的启示。

2003 年 10 月，水利部召集陕、晋、豫三省相关部门及部分专家学者在郑州举行会议，研讨三门峡水库的去留问题。三门峡水库是黄河上游修建的第一座以防洪、防凌、供水、灌溉、发电为目标的综合大型水利枢纽。然而，投入运用后，小浪底水库成为直接控制下游洪水的重要枢纽。在此背景下，专家学者提出了三门峡水库的去留问题，废除、炸坝、敞泄、停运等不一而足的观点再一次叫响。

据悉，三门峡水库在规划阶段就一波三折，"三起三落"。反对三门峡工程的主要理由在于：沿黄流域水土保持好就能解决黄河水患问题，无须修建三门峡工程。但三门峡工程并没有因此停止。

由于三门峡水库规划和设计的先天不足，迫使工程在投入运用不久就不得不进行两次改建，三次改变运用方式，主要改造是针对泄流排沙。1960 年，大坝基本竣工，并开始蓄水。1961 年下半年，反对者的担忧变成现实：15 亿吨泥沙全部铺在了从潼关到三门峡的河道里，潼关的河道抬高，渭河成为悬河。关中平原的地下水无法排泄，田地出现盐碱化甚至沼泽化，粮食因此年年减产。1962 年以来陕西省曾多次呼吁国务院从速制订黄河三门峡水库近期运用原则和管理的具体方案，以减少水库带来的严重问题。

 讨论参考资料

1. 李爱年、周训芳、李慧玲主编：《环境保护法学》，湖南人民出版社2012 年版。

2.李艳芳著:《公众参与环境影响评价制度研究》,中国人民大学出版社2005年版。

3.王灿发等:《圆明园铺膜事件对环境影响评价制度的拷问》,《中州学刊》2005年第5期。

4.王戈:《圆明园牵头组织环评不妥》,《上海青年报》2005年5月1日。

5.《中华人民共和国环境保护法》。

6.《中华人民共和国环境影响评价法》。

7.《规划环境影响评价条例》。

8.《环境影响评价公众参与暂行办法》。

 课后思考题

1.环境影响评价制度适用的范围如何?政策的制定是否应纳入环评的范围?

2.简述我国公众参与环境影响评价的主要内容。

3.分析以下案例

2005年3月底国家环保总局针对圆明园湖底防渗工程建设单位未依法报批建设项目环境影响文件、擅自开工建设之事实,要求其立即停止建设活动,充分征询社会各界意见并补办环境影响评价审批手续。

为什么诸多具有环评资质的单位不敢接手圆明园环评委托而受到国家环境保护总局的点名批评?

4.根据《中华人民共和国环境保护法》的规定,环境影响报告书应在建设项目的哪一阶段报批?( )

A.设计阶段

B.可行性研究阶段

C.竣工验收阶段

D.投入使用阶段

5.我国对建设项目的环境影响评价实行分类管理制度。根据《环境影响评价法》的规定，下列哪些说法是正确的？（　　）

A.可能造成重大环境影响的建设项目，应当编制环境影响报告书，对产生的环境影响进行全面评价

B.可能造成轻度环境影响的建设项目，应当编制环境影响报告表，对产生的环境影响进行分析或者专项评价

C.环境影响很小的建设项目，不需要进行环境影响评价，无需填报环境影响评价文件

D.环境影响报告书和环境影响报告表，应当由具有相应资质的机构编制

6.某河流拟建的水电站涉及水土保持，并可能造成重大环境影响。根据《环境影响评价法》，下列哪些选项是合法的？（　　）

A.建设单位应编制环境影响报告表，对环境影响进行分析或专项评价

B.其环境影响评价文件还须有经水行政主管部门审查同意的水土保持方案

C.由于该河流的流域开发利用规划已进行了环境影响评价，水电站属于该规划所包含的具体建设项目，可不再进行环境影响评价

D.建设单位可委托负责审批部门下属的环境技术研究所为水电站的环境影响评价提供技术服务

| 第六章 |

排污收费与生态保护补偿制度

第一节 排污收费制度

一、排污收费制度的概念及意义

排污收费是指国家环境保护机关根据环境保护法律、法规的规定，对向环境排放污染物的企业事业单位和其他生产经营者按照排放污染物的种类和数量征收一定数额的费用。

排污费具有下列特征：1. 强制性；2. 征收的排污费纳入国家财政预算，按区域实行分级管理；3. 专项性，即排污费只能用于污染的防治。

排污收费制度则是指有关排污费征收的对象、范围、标准以及排污费的征收、使用、管理和罚则等规定的总称。[1] 这项制度是国家运用经济手段促进污染治理和筹措污染治理费用的一项重要的环境保护基本法律制度。该制度的实施，有利于利用经济杠杆调节经济发展与环境保护之间的关系，增强排污者治理污染的能力，促使排污者进行技术改造，改变落后的生产工艺和技术，淘汰更新陈旧的设备，开展综合利用，推广清洁生产，以达到预防环境污染之目的，同时，通过征收排污费，又能为治理环境污染提供资金保障。

---

[1] 韩德培主编：《环境保护法教程》（第六版），法律出版社 2012 年版，第 98 页。

二、排污收费制度的产生、发展及我国立法概况

排污收费制度最早是在 1976 年的联邦德国的《污水收费法》中规定的。随后，法国、日本、澳大利亚等国也实行了这一制度。

我国在 1978 年的《环境保护工作汇报要点》中首次提出"排放污染物收费制度"。1979 年《环境保护法（试行）》规定："超过国家规定的标准排放污染物，要按照排放污染物的数量和浓度，根据规定收取排污费。"1982 年，国务院颁布了《征收排污费暂行办法》，对征收排污费的目的、范围、标准、加收和减免条件、费用的管理与使用作了具体规定。1989 年的《环境保护法》的第 28 条规定："排放污染物超过国家或者地方规定的污染物排放标准的企业事业单位，依照国家规定缴纳超标准排污费，并负责治理。《水污染防治法》另有规定的，依照《水污染防治法》的规定执行。征收的超标准排污费必须用于污染的防治，不得挪作他用，具体使用办法由国务院规定。"

2003 年 1 月 2 日国务院颁布的《排污费征收使用管理条例》进一步规范了排污费的征收、使用管理。同年 2 月 28 日，国家发展计划委员会、财政部、国家环境保护总局、国家经济贸易委员会联合发布了《排污费征收标准管理办法》。同年 3 月，财政部、国家环境保护总局又联合发布《排污费资金收缴使用管理办法》。上述《条例》和《管理办法》均于 2003 年 7 月 1 日起施行。

此外，《水污染防治法》《大气污染防治法》《海洋环境保护法》《固体废物污染环境防治法》和《环境噪声污染环境防治法》等污染防治的单行法都对排污收费制度作出了原则性规定。

2014 年通过、2015 年 1 月 1 日实施的《环境保护法》再次对排污收费制度作了原则规定。

三、排污收费制度的主要内容

（一）排污费的征收

1. 征收标准

《排污费征收使用管理条例》第 11 条规定：国务院价格主管部门、财政部

门、环境保护行政主管部门和经济贸易主管部门根据污染治理产业化发展的需要、污染防治的要求和经济、技术条件以及排污者的承受能力，制定国家排污费征收标准。国家排污费征收标准中未作规定的，省级人民政府可以制定地方排污费征收标准，并报上述部门备案。

2. 排污费的征收对象

根据《环境保护法》和《条例》的规定，向环境排放污染物的企业事业单位和其他经营者，应当依法缴纳排污费。因此，在我国，一般的个人并未纳入征收排污费的范围。此外，排污者向城市污水集中处理设施排放污水、缴纳污水处理费用的，不再缴纳排污费。排污者建成工业固体废物贮存或者处置设施、场所并符合环境保护标准，或者其原有工业固体废物贮存或者处置设施、场所经改造符合环境保护标准的，自建成或者改造完成之日起，不再缴纳排污费。

3. 排污收费项目

按照《排污费征收标准管理办法》的第 3 条及各污染防治的单行法的规定，排污收费项目包括四种 :（1）污水排污费 ;（2）废气排污费，但对机动车、飞机、船舶等流动污染源暂不征收废气排污费;（3）危险废物排污费;（4）噪声超标排污费，但对机动车、飞机、船舶等流动污染源暂不征收噪声超标排污费。

污水排污费在《水污染防治法》第 25 条作了明确规定 :"直接向水体排放污染物的企业事业单位和个体工商户，应当按照排放水污染物的种类、数量和排污费征收标准缴纳排污费。排污费应当用于污染的防治，不得挪作他用。"同时，第 74 条规定 :"违反本法规定，排放水污染物超过国家或者地方规定的水污染物排放标准，或者超过重点水污染物排放总量控制指标的，由县级以上人民政府环境保护主管部门按照权限责令限期治理，处应缴纳排污费数额二倍以上五倍以下的罚款。限期治理期间，由环境保护主管部门责令限制生产、限制排放或者停产整治。限期治理的期限最长不超过一年 ; 逾期未完成治理任务的，报经有批准权的人民政府批准，责令关闭。"显然，该两条规定使我国在水污染防治领域的排污收费由原来的"一排污就收费，超标实行双倍收费"[1]的做法改为"一排污就收费，超标就处罚"。这一修改有其合理性，因为超标排放污染物的行为本身是一种违法行为，对于违法行为理应承担相应的行政责任，即给予行政处罚。

《大气污染防治法》的第14条规定了废气排污费："国家实行按照向大气排放污染物的种类和数量征收排污费的制度，根据加强大气污染防治的要求和国家的经济、技术条件合理制定排污费的征收标准。"同时，该法第48条规定：向大气排放污染物超过国家和地方规定排放标准的，应当限期治理，并由所在地县级以上地方人民政府环境保护行政主管部门处1万元以上10万元以下罚款。因此，向大气排放污染物亦为"一排污就收费，超标就处罚"。

关于危险废物排污费的征收主要体现在2004年修订、2005年实施的《固体废物污染环境防治法》中。该法规定：以填埋方式处置危险废物不符合国务院环境保护行政主管部门规定的应缴纳危险废物排污费，但工业固体废物和生活垃圾不在缴纳排污费的范围之列。很明显，在排污费的征收范围上，与《排污费征收使用管理条例》相比，两者有不一致之处。《条例》第12条规定："排污者应当按照下列规定缴纳排污费：……依照固体废物污染环境防治法的规定，没有建设工业固体废物贮存或者处置的设施、场所，或者工业固体废物贮存或者处置的设施、场所不符合环境保护标准的，按照排放污染物的种类、数量缴纳排污费；以填埋方式处置危险废物不符合国家有关规定的，按照排放污染物的种类、数量缴纳危险废物排污费。"值得注意的是，该条使用了"应当缴纳排污费"的字样，且缴纳的情形有三种：一是没有建设工业固体废物贮存或者处置的设施、场所的；二是工业固体废物贮存或者处置的设施、场所不符合环境保护标准的；三是以填埋方式处置危险废物不符合国家有关规定的。而现行的《固体废物污染环境防治法》只在危险废物污染防治部分规定了排污收费的

---

[1] 1996年修订的《中华人民共和国水污染防治法》的第15条规定："企业事业单位向水体排放污染物的，按照国家规定缴纳排污费；超过国家或者地方规定的污染物排放标准的，按照国家规定缴纳超标准排污费。排污费和超标准排污费必须用于污染的防治，不得挪作他用。超标准排污的企业事业单位必须制定规划，进行治理，并将治理规划报所在地的县级以上地方人民政府环境保护部门备案。"

内容。事实上，在《固体废物污染环境防治法》中，按照环境标准建成工业固体废物贮存或者处置的设施、场所是一项强制性的义务，相反，没有建设工业固体废物贮存或者处置的设施、场所或工业固体废物贮存或者处置的设施、场所不符合环境保护标准的，则是属于违法行为，应承担相应的法律责任，而不是缴纳排污费的问题。而这一点，是我国《固体废物污染环境防治法》的一大进步。[1]

对环境噪声实行的排污收费是"超标才收费"。《环境噪声污染防治法》第16条规定："产生环境噪声污染的单位，应当采取措施进行治理，并按照国家规定缴纳超标准排污费。征收的超标准排污费必须用于污染的防治，不得挪作他用。"

事实上，按照立法规定，应当是在既超标、又扰民的前提下，才征收排污费。因为《环境噪声污染防治法》的第2条规定："环境噪声污染，是指所产生的环境噪声超过国家规定的环境噪声排放标准，并干扰他人正常生活、工作和学习的现象。"因此，只有既超标又扰民的声音才构成环境噪声污染，也只有产生环境噪声污染的单位才要缴纳超标准排污费。

4. 排污费的征收程序

根据《条例》和原国家环保总局于2003年4月15日发布的《国家环境保护总局关于排污费征收核定有关工作的通知》的要求，排污费的征收应按下列程序进行：

（1）申报登记。排污者应于每年12月15日前，填报《全国排放污染物申报登记报表（试行）》（或《第三产业排污申报登记简表（试行）》《畜禽养殖场排污申报登记简表（试行）》《建筑施工场所排污申报登记简表（试行）》），申报下一年度正常作业条件下排放污染物种类、数量、浓度等情况，并提供与污染物排放有关的资料。新建、扩建、改建项目，应当在项目试生产前3个月内办理排污申报手续。在城市市区范围内，建筑施工过程中使用机械设备，可能产生环境噪声污染的，施工单位必须在工程开工15日前办理排污申报手续。

---

[1] 李慧玲：《我国排污收费制度及其立法评析》，《中南林业科技大学学报》（社会科学版）2007年第2期。

排放污染物需作重大改变或者发生紧急重大改变的，排污者必须分别在变更前15日内或改变后3日内履行变更申报手续，填报《排污变更申报登记表(试行)》。

（2）审核。环境监察机构应当在每年1月15日前依据排污者申报的《全国排放污染物申报登记报表（试行）》进行排污收费年度审核；对排污者申报的新建、扩建、改建项目《全国排放污染物申报登记报表（试行）》和排放污染物需作重大改变或者发生紧急重大改变的《排污变更申报登记表（试行）》应当及时进行审核。对符合要求的，环境监察机构向排污者发回经审核同意的《全国排放污染物申报登记报表（试行）》；对符合减免规定的，按规定予以减免并公告；对不符合要求的，责令限期补报；逾期未报的，视为拒报。

（3）核定污染物的种类、数量并送达《排污核定通知书》。环境监察机构应当依据《排污费征收使用管理条例》，对排污者排放污染物的种类、数量进行核定，并向排污者送达《排污核定通知书》。

排污者对核定结果有异议的，自接到《排污核定通知书》之日起7日内，可以向发出通知的环境监察机构申请复核；环境监察机构应当自接到复核申请之日起10日内，做出复核决定。

（4）核定排污费的数额并予以公告。各级环境监察机构应当按月或按季根据排污费征收标准和经核定的排污者排放污染物种类、数量，确定排污者应当缴纳的排污费数额，并予以公告。

（5）送达《排污费缴纳通知单》。排污费数额确定后，由环境监察机构向排污者送达《排污费缴纳通知单》。

（6）缴纳排污费并解缴入库。排污者应当自接到《排污费缴纳通知单》之日起7日内，到指定的商业银行缴纳排污费。逾期未缴纳的，负责征收排污费的环境监察机构从逾期未缴纳之日起7日内向排污者下达《排污费限期缴纳通知书》。商业银行应当按照规定的比例将收到的排污费分别解缴中央国库和地方国库。

5.排污费的减免与缓缴

排污者因不可抗力遭受重大经济损失的，可以申请减半缴纳或免缴排污费。但即使发生不可抗力，却未及时采取有效措施，造成环境污染的，不得申请减免。排污者因特殊困难不能按期缴纳的，可在接到通知单之日起 7 日内申请缓缴，环境保护行政主管部门应在 7 日内作出书面答复，期满未答复的，视为同意。缓缴期限最长不能超过 3 个月。

（二）排污费的使用

根据《条例》第 18 条和《排污费资金收缴使用管理办法》第 13 条的规定，排污费必须纳入财政预算，列入环境保护专项资金进行管理，主要用于下列项目的拨款补助或者贷款贴息：

（1）重点污染源防治项目。包括技术和工艺符合环境保护及其他清洁生产要求的重点行业、重点污染源防治项目。

（2）区域性污染防治项目。主要用于跨流域、跨地区的污染治理及清洁生产项目。

（3）污染防治新技术、新工艺的推广应用项目。主要用于污染防治新技术、新工艺的研究开发以及资源综合利用率高、污染物产生量少的清洁生产技术、工艺的推广应用。

（4）国务院规定的其他污染防治项目。环境保护专项资金不得用于环境卫生、绿化、新建企业的污染治理项目以及与污染防治无关的其他项目。

（三）排污费征收、使用的监督管理

县级以上人民政府环境保护行政主管部门、财政部门、价格主管部门应当按照各自的职责，加强对排污费征收、使用工作的指导、管理和监督。排污费的征收、使用必须严格实行"收支两条线"，征收的排污费一律上缴财政，环境保护执法所需经费列入本部门预算，由本级财政予以保障。排污费应当全部专项用于环境污染防治，任何单位和个人不得截留、挤占或者挪作他用。任何单位和个人对截留、挤占或者挪用排污费的行为，都有权检举、控告和投诉。

县级以上人民政府财政部门、环境保护行政主管部门应当加强对环境保护专项资金使用的管理和监督。县级以上地方人民政府财政部门和环境保护行政主管部门每季度应向本级人民政府、上级财政部门和环境保护行政主管部门报告本行政区域内环境保护专项资金的使用和管理情况。审计机关应予以审计监督。

四、排污费改税

排污费改税已成为学术界普遍的呼声，也得到了我国在环境保护领域里起统领作用的基础性综合性法律——《环境保护法》的确认。该法规定："依照法律规定征收环境保护税的，不再征收排污费。"这实质上是对将来环境税开征的认可。但是，按照税收法定主义原则，一项税种的开征，需要一部立法，严格意义上说应是一部法律确定。

我国现行的排污收费制度已不能适应可持续发展的需要，发达国家成功的环境税收经验及我国排污收费制度的实践表明：在我国排污费改税既有必要，又切实可行。我国应借鉴其他国家环境税收立法经验，将排污费逐步改为排污税，以完善我国环境税收体系，实现可持续发展目标。但至目前为止，排污税如何设计，在学术界及实务界还存在很大分歧，这也是我国环境税其中主要是排污税立法迟迟未予出台的一个主要原因。但排污费改税应是必然。

从排污费改税的必要性来看，可从以下方面分析：首先，从税和费的含义和各自涉足的领域来看，对排污者收税比收费更具合理性。其次，税收本身的特点——强制性、固定性与优先性等决定了收税比收费更有成效。同时，排污费改税符合我国税制改革的总趋势。

从排污费改税的可行性来看：第一，排污税征收有其理论基础，排污税征收的理论基础来源于公共物品理论和外部效应理论。第二，我国征收排污费制度的立法和实践为排污税的开征提供了依据和参考。我国排污收费制度已实行了20多年，我们已积累了一定的经验。同时，在这20多年制度实施过程中，我国排污收费制度在立法上在逐步走向完善。环保事业的发展最重要的是环保科技的发展为开征排污税打下了坚实的基础，如环保部门已形成了较完善的环境监测系统和环境监理系统，这为排污税的计算和征收提供了条件。第三，国外有排污税征收的经验可供我国借鉴。污染税方面，美国、瑞典、荷兰、挪威、日本、德国、英国、法国等都分别开征了二氧化硫税、二氧化碳税、水污染税、噪声税、固体废物税、垃圾税、大气污染附加税等。[1]

---

[1] 李慧玲著：《环境税费法律制度研究》，中国法制出版社 2007 年版，第 273—280 页。

　　值得一提的是，2015 年 6 月 10 日，国务院法制办公室发布了《关于〈中华人民共和国环境保护税法（征求意见稿）〉公开征求意见的通知》，《征求意见稿》的第 2 条将在中华人民共和国领域以及管辖的其他海域，直接向环境排放应税污染物的企业事业单位和其他生产经营者纳入环境保护税的纳税人范围。同时，第 3 条将环境保护税的征税范围界定为：大气污染物、水污染物、固体废物、建筑施工噪声和工业噪声以及其他污染物。此外还规定：企业事业单位和其他生产经营者向依法设立的城镇污水处理厂、城镇生活垃圾处理场排放应税污染物的，不征收环境保护税。对企业事业单位和其他生产经营者在符合环境保护标准的设施、场所贮存或者处置的工业固体废物，不征收环境保护税。

　　从上述规定和《征求意见稿》的其他规定看，该《征求意见稿》具有以下值得关注的地方：1. 将环境保护税框定在污染物排放税的范围之列，这应是基于《环境保护法》的规定；2. 征税的范围为大气污染物、水污染物、固体废物、建筑施工噪声和工业噪声以及其他污染物，但哪些大气污染物（如二氧化碳）、水污染物纳入其范围没有界定；3. 将超标排放应税污染物和超总量排放规定加 2 或 3 倍征税 [1]；4. 赋予了环境保护主管部门在税收征收过程中的审核权 [2]。

---

[1] 《征求意见稿》第 10 条规定："具有以下排放应税大气污染物和水污染物情形的，加倍征收环境保护税：（一）污染物排放浓度值高于国家或者地方规定的污染物排放标准的，或者污染物排放量高于规定的排放总量指标的，按照当地适用税额标准的 2 倍计征；（二）污染物排放浓度值高于国家或者地方规定的污染物排放标准，同时污染物排放量高于规定的排放总量指标的，按照当地适用税额标准的 3 倍计征。"

[2] 《征求意见稿》第 20 条规定：环境保护税按照重点监控（排污）纳税人和非重点监控（排污）纳税人进行分类管理。重点监控（排污）纳税人排放应税污染物的种类、数量等申报情况，由主管税务机关自纳税期限届满之日起 5 日内提请环境保护主管部门审核，环境保护主管部门自收到申报资料之日起 30 日内向主管税务机关出具审核意见。非重点监控（排污）纳税人的申报资料，由主管税务机关会同环境保护主管部门联合核定并公告。具体办法由省、自治区、直辖市人民政府规定。

第二节 生态保护补偿制度

一、生态保护补偿制度的由来

关于生态保护补偿制度，很早就体现在党和国家的政策性文件中。2005 年 12 月国务院颁布了《关于落实科学发展观加强环境保护的决定》，该决定把"完善生态补偿政策，尽快建立生态补偿机制"列为建立和完善环境保护的长效机制之一。2006 年，十届全国人大四次会议通过的《中华人民共和国国民经济和社会发展第十一个五年规划纲要》明确指出要"按照谁开发谁保护、谁受益谁补偿的原则，建立生态补偿机制"。在此之后，原国家环保总局于 2007 年 9 月发布了《关于开展生态补偿试点工作的指导意见》，要求在自然保护区、重要生态功能区、流域水环境保护等领域开展生态补偿的试点工作。2013 年 11 月，十八届三中全会审议通过了《中共中央关于全面深化改革若干重大问题的决定》，其中对建立生态补偿机制提出明确要求。《决定》指出："坚持谁受益、谁补偿原则，完善对重点生态功能区的生态补偿机制，推动地区间建立横向生态补偿制度。"

在立法方面，1998 年修正的《森林法》应是我国第一部直接对生态补偿给予原则性规定的法律。[1] 此后修订的《农业法》《草原法》《水污染防治法》也都有部分关于生态补偿的内容。2014 年 4 月，新修订的《环境保护法》第 31 条明确规定："国家建立、健全生态保护补偿制度。国家加大对生态保护地区的财政转移支付力度。有关地方人民政府应当落实生态保护补偿资金，确保其用于生态保护补偿。国家指导受益地区和生态保护地区人民政府通过协商或者按照市场规则进行生态保护补偿。"从中共中央的文件的确定，到综合性的环境保护基础法的规定，我国生态保护制度已经实现了由政策确认到法律规定的质的飞跃。

---

[1]　1998 年修订的《中华人民共和国森林法》第 6 条第 2 款："国家设立森林生态效益补偿基金，用于提供生态效益的防护林和特种用途林的森林资源、林木的营造、抚育、保护和管理。森林生态效益补偿基金必须专款专用，不得挪作他用。具体办法由国务院规定。"

二、生态保护补偿制度的概念

生态保护补偿，在学术界有"生态环境补偿"、"生态效益补偿"和"生态补偿"等称呼，关于中外对其概念之定义，也可谓百家争鸣。在国外，有的从科斯定理的角度去界定，有的则从庇古理论的层面去解释。荷兰 Cu-perus 认为"生态补偿"是生态功能或质量受损的替代性措施。[1] 在国内，有的做广义的解释，有的做狭义的理解。如吕忠梅教授认为："生态补偿从狭义的角度理解就是指对由人类的社会经济活动给生态系统和自然资源造成的破坏及对环境造成的污染的补偿、恢复、综合治理等一系列活动的总称。广义的生态补偿则还应包括对因环境保护丧失发展机会的区域内的居民进行的资金、技术、实物上的补偿、政策上的优惠，以及为增进环境保护意识，提高环境保护水平而进行的科研、教育费用的支出。"[2] 沈满洪教授则认为：生态保护补偿机制就是通过制度创新实行生态保护外部性的内部化，让生态保护成果的"受益者"支付相应的费用；通过制度设计解决好生态产品这一特殊公共产品消费中的"搭便车"现象，激励公共产品的足额提供；通过制度变迁解决好生态投资者的合理回报；激励人们从事生态保护投资并使生态资本增殖的一种经济制度。[3] 此外，主张狭义的观点如：认为生态补偿制度仅指国家或社会对在生态环境保护活动中做出贡献者和利益损失者所进行的经济补偿。或生态补偿是指："通过对损害（或保护）资源环境的行为进行收费（或补偿），提高行为的成本（或收益），从而激励损害（或保护）行为的主体减少（或增加）因其行为带来的外部不经济性（或外部经济性），达到保护资源的目的。"[4]

笔者赞同广义的生态补偿的界定。即生态补偿是指对由人类的社会经济活动给生态系统和自然资源造成的破坏及对环境造成的污染的补偿和对因环境保护支出相关费用或丧失发展机会的区域内的居民进行的资金、技术、实物上的

---

[1] 王丽娜、杨主泉：《基于内容分析法的生态补偿概念识别标准研究》，《现代商贸工业》2015年第3期，第24页。

[2] 吕忠梅主编：《超越与保守——可持续发展视野下的环境法创新》，法律出版社2003年版，第217页。

[3] 沈满洪、陆菁：《论生态保护补偿机制》，《浙江学刊》2004年第4期，第217页。

[4] 毛显强：《生态补偿的理论探讨》，《中国人口·资源与环境》2002年第4期，第32页。

补偿、政策上的优惠。具体包括：1. 对生态系统本身保护（恢复）或破坏的成本进行补偿；2. 通过经济手段将经济效益的外部性内部化；3. 对个人或区域保护生态系统和环境的投入或放弃发展机会的损失进行经济补偿；4. 对具有重大生态价值的区域或对象进行保护性投入。[1]

生态保护补偿制度则是指有关实施生态保护补偿的依据、补偿主体、对象、范围、标准等一系列管理措施的总称。

三、生态保护补偿的类型

2007 年 9 月，为推动建立生态补偿机制，完善环境经济政策，促进生态环境保护，原国家环保总局印发了《关于开展生态补偿试点工作的指导意见》。国家将重点在自然保护区的生态补偿、重要生态功能区的生态补偿、矿产资源开发的生态补偿、流域水环境保护的生态补偿四个领域推动开展生态补偿试点工作。此外，综观学术领域对生态保护补偿的研究和我国地方性立法的规定，生态保护补偿至少包括下列类型：

（一）流域生态补偿或水环境生态保护补偿

流域生态补偿就是国家和流域生态保护受益地区对由于保护流域整体生态系统的良好和完整而失去发展机会或做出贡献的地区以优惠政策、资金、实物等形式的补偿。其实质是流域上中下游地区政府之间部分财政收入的重新再分配过程，目的是建立公平合理的激励机制，使整个流域能够发挥出整体的最佳效益。我国 2008 年修订的《水污染防治法》就对流域生态补偿做了规定。各地的水资源保护立法也大多规定了此内容，有的甚至对此专门制定法规或出台规章。如《湖南省湘江保护条例》《长沙市水资源管理条例》《长沙市境内河流生态补偿办法（试行）》等对此均有规定。

综观相关立法，《水污染防治法》规定了比流域生态补偿更广泛的生态补偿，即水环境生态保护补偿。

（二）空气质量生态补偿

2014 年 2 月 25 日，山东省人民政府办公厅发布了《山东省环境空气质量

---

[1]　信春鹰主编：《〈环境保护法〉学习读本》，中国民主法制出版社 2014 年版，第 10 页。

生态补偿暂行办法》，该办法于 2015 年 3 月 18 日又进行了修改。根据该《办法》，山东省以各设区的市细颗粒物（PM2.5）、可吸入颗粒物（PM10）、二氧化硫（SO_2）、二氧化氮（NO_2）等四类污染物季度平均浓度同比变化情况为考核指标，建立考核奖惩和生态补偿机制，污染物浓度以微克/立方米计。其中，PM2.5、PM10、SO_2、NO_2 四类污染物考核权重分别为 60%、15%、15%、10%。这是笔者查到的唯一一个空气质量生态补偿的政府规章。

对空气质量的生态补偿是近几年来人们重点关注的问题，这主要缘于雾霾的问题。由社会科学文献出版社出版发行的《河北省经济发展报告——京津冀协同发展与河北战略:2015》指出，总体来看，京津冀地区大气污染十分严重，但污染源各不相同。北京机动车尾气排放对大气影响较为明显，天津大气污染的主因是工业排放,河北对大气影响最严重的则是燃煤消耗。为此,建议坚持"谁受益、谁补偿，谁污染、谁付费"的原则，建立健全京津冀区域横向生态补偿制度，深化区际生态环境领域的合作。[1]

（三）矿产资源开发生态补偿

矿产资源开发生态补偿是指因矿产资源开发，给矿区（矿业城市）的自然生态环境造成污染、破坏，环境生态功能下降而进行的治理、恢复、校正所给予的资金补偿，对矿区居民、矿业城市丧失可持续发展能力所给予的资金扶持、技术和实物帮助、税收减免、政策优惠等一系列活动的总称[2]。

（四）区域生态补偿

区域生态补偿是指为保护某些特定的生态区域而设定的补偿，如自然保护区生态补偿、重要生态功能区的生态补偿等。据资料记载:我国的自然保护区生态补偿研究实践，始于 20 世纪 70 年代四川省政府决定将青城山保护区门票收入的百分之三十用于青城山保护区的森林保护。我国在 1998 年设立森林生态效益补偿基金之后，2001 年财政部和国家林业局选择了 11 个省、自治区的

---

[1] 河北新闻:《大气污染物传输不畅致污染严重，专家呼吁健全京津冀区域横向生态补偿制度》，http://www.legaldaily.com.cn/locality/content/2015-05/25/content_6096511.htm?node=73907，2015-6-22。

[2] 黄锡生:《矿产资源生态补偿制度探究》，《现代法学》2006 年第 6 期。

658 个县（单位）和 24 个国家级自然保护区作为生态效益补助资金的试点。[1]

除上述类型的生态保护补偿外，森林生态保护补偿也应是其中的类型。我国早已实行的退耕还林补偿政策理应属于森林生态补偿的范畴。

四、生态保护补偿制度的主要内容

对于生态保护补偿制度的设计，应根据生态保护补偿的类型进行设计，但均应包含以下内容：

（一）生态保护补偿的主体

即由谁进行补偿。如流域生态补偿中，流域下游的地方人民政府应是其补偿的主体；而水生态环境保护补偿中除下游的地方人民政府外，饮用水水源保护区的地方人民政府也应是补偿的主体。当然也有的认为水环境的破坏者也是补偿的主体。如《湖南省湘江保护条例》第 45 条规定："建立健全湘江流域上下游水体行政区域交界断面水质交接责任和补偿机制。上游地区未完成重点水污染物排放总量削减和控制计划、行政区域交界断面水质未达到阶段水质目标的，应当对下游地区予以补偿；上游地区完成重点水污染物排放总量削减和控制计划、行政区域交界断面水质达到阶段水质目标的，下游地区应当对上游地区予以补偿。"

（二）生态保护补偿的对象

生态保护补偿的对象应主要包括两类：一是为保护生态环境作出了牺牲的人。如河流的上游为保护河流水质不得不牺牲发展经济，因此上游地区的政府应成为补偿的对象。二是为保护生态环境作出了贡献的人，如为保护生态环境而积极出资植树造林的人，当然应成为补偿的对象。但也有认为，当上游行政区域流入下游的水质不达标时，下游政府也是补偿的对象，但这一观点值得进一步商榷。

（三）生态环境补偿费的征收标准

生态环境补偿费的征收标准依据开发利用自然资源造成生态功能损害及其

---

[1]　中国 21 世纪议程管理中心可持续发展战略研究组著：《生态补偿：国际经验与中国实践》，科学文献出版社 2007 年版。

恢复费用，同时也要考虑经济技术条件和破坏者的承受能力等因素，采用补偿费略高于恢复费用的原则予以征收。

（四）生态环境补偿费的征收方式

从生态环境补偿费的征收的实践来看，其征收方式有以下几种：按投资总额征收；按产品销售总额征收；按产品产量征收；按综合指标征收等。

（五）生态环境补偿费的管理和使用

生态环境补偿费用作为生态环境保护专项基金管理，主要用于生态环境的保护和恢复。《全国生态环境保护纲要》中指出的三大类生态环境保护区即重要生态功能区、重点资源开发区和生态良好区以及《全国生态环境建设规划》中规定的八个类型区域即黄河上中游地区、长江上中游地区、"三北"风沙综合防治区、南方丘陵红壤区、北方土石山区、东北黑土漫岗区、青藏高原冻融区和草原区应是确定补偿对象的重点地区。

本章讨论主题及问题安排

主题一：排污收费制度

问题：

1. 我国现行立法中排污收费的规定有哪些？有无冲突？如有，应如何解决这些冲突？

2. 能否对超标排污实行惩罚性收费？

主题二：生态保护补偿制度

问题：

1. 生态保护补偿有哪些类型？如何设计生态保护补偿制度？

2.《湖南省湘江保护条例》和《长沙市境内河流生态补偿办法》（试行）规定了哪些补偿的情形？

 讨论参考资料

1. 李爱年著：《生态效益补偿法律制度研究》，中国法制出版社 2007 年版。

2. 李爱年、李慧玲主编：《环境与资源保护法学》，浙江大学出版社 2008 年版。

3. 李爱年、周训芳、李慧玲主编：《环境保护法学》，湖南人民出版社 2012 年版。

4. 李慧玲：《我国排污收费制度及其立法评析》，《中南林业科技大学学报》（社会科学版）2007 年第 2 期。

5. 中国 21 世纪议程管理中心可持续发展战略研究组著：《生态补偿：国际经验与中国实践》，科学文献出版社 2007 年版。

6. 黄锡生：《矿产资源生态补偿制度探究》，《现代法学》2006 年第 6 期。

7. 信春鹰主编：《〈环境保护法〉学习读本》，中国民主法制出版社 2014 年版。

8. 李慧玲著：《环境税费法律制度研究》，中国法制出版社 2007 年版。

9.《中华人民共和国水污染防治法》。

10.《山东省环境空气质量生态补偿暂行办法》。

11.《湖南省湘江保护条例》。

12.《全国生态环境保护纲要》。

📖 课后思考题

1. 我国排污收费制度适用的范围如何？

2. 排污费的使用范围和不能使用的范围如何？

3. 什么是生态保护补偿？

4. 我国生态保护补偿有哪些立法规定？

5. 案例分析题

2003 年 8 月 30 日，泗县环保局根据泗县第三人民医院的排污申报及相关

资料，依法向该医院发出了排污核定通知书。接到通知书后，该医院于2003 年 8 月 31 日向泗县环保局提出排污复核申请。2003 年 9 月 4 日，泗县环保局经复核后，向该医院发出了排污核定复核决定通知书，并于2003 年 9 月 15 日正式向该医院发出排污费缴纳通知单，并发布公告。然而，泗县第三人民医院在接到通知单的 7 日内，拒不履行缴纳排污费义务。2003 年 9 月 30 日，县环保局向县第三人民医院发出了排污费限期缴纳通知书。在规定期限内，该医院仍未履行缴纳义务。

此后，泗县环保局立案调查，按照行政处罚程序于 2003 年 12 月 21日对该医院送达行政处罚决定书，罚款 5214.99 元，责令补缴 2003 年 7月～9 月排污费 2779.98 元。泗县第三人民医院接到处罚决定书后，认为此处罚决定侵犯其合法权益，遂向泗县人民法院提起行政诉讼。

2004 年 2 月 24 日，泗县人民法院审理此案。原告在庭审中诉称，其属非营利性福利事业单位，治污设施一直运转正常，其产生的医疗固废都已按规定进行毁形、变形和消毒处理。按照原国家计委、财政部《关于不得向医疗机构征收污水排污费问题的通知》的规定，医院不属于征收污水排污费的范围，请求撤销该排污费缴纳通知单及行政处罚决定书。而被告辩称：依据《排污费征收使用管理条例》规定，泗县第三人民医院应视为排污单位，理应依法缴纳排污费……

法院认为，泗县环保局对泗县第三人民医院做出的行政处罚合法，维持泗县环保局做出的行政处罚决定书。泗县第三人民医院接到判决书后，不服一审判决，遂上诉安徽省宿州市中级人民法院。宿州市中级人民法院经公开开庭审理后，依法驳回原告上诉，维持原判。

思考：1. 宿州市中级人民法院的判决是否正确？为什么？

2. 排污费征收的范围如何？

3. 试比较《排污费征收使用管理条例》和各单行法对排污费征收规定的不同。

| 第七章 |

环境税收制度

20世纪90年代初，经济学家皮尔斯在对碳税的论证中正式提出了"双重红利"的概念，认为环境税不但可以减少对环境的破坏（绿色红利，green dividend），还可以降低税收效率损失（蓝色红利，blue dividend），因而，还可以增加社会福利。[1]这一理论已得到了全球的普遍认同。而在我国，独立环境税的开征也引起了党和国家乃至全民的高度重视和关注。2007年，国务院《节能减排综合性工作方案》就提出要"研究开征环境税"，其后，财政部、国家税务总局和环境保护部联合开展"开征环境税"的研究。2011年，我国《国民经济和社会发展第十二个五年规划纲要》中再次提出："积极推进环境保护税费改革，选择防治任务繁重、技术标准成熟的税目开征环境保护税，逐步扩大征收范围。"2013年11月，《中共中央关于全面深化改革若干重大问题的决定》指出：加快资源税改革，推动环境保护费改税。

中共中央文件对立法有引领作用，2014年4月颁布的《中华人民共和国环境保护法》（以下简称《环境保护法》）就明确规定："依照法律规定征收环境保护税的，不再征收排污费。"这一款规定，为我国"环境保护税"的开征预留了空间。继《环境保护法》出台后，也为了落实中共中央政治局《深化财税体制改革总体方案》，国务院法制办于2015年6月公布了《〈中华人民共和

---

[1] Pearce.The Role of Carbon Taxes in Adjusting to Global Warming[J].Economic Journal, 1991,101(407): 938−948。

129

国环境保护税法〉（征求意见稿）》（以下简称《征求意见稿》），以广泛征求各界意见。从党和国家出台的政策到综合性、基础性的环境保护法律——《环境保护法》和《征求意见稿》的出台，我国有关环境税的立法名称经历了从环境税到环境保护税的转变，其重点关注的是排污费改税。同时，该《征求意见稿》的出台，给我们提出了许多值得探讨的问题：1. 什么是环境税？什么是环境保护税？它与排污费改税有何不同？2. 我国的环境税立法应采用什么模式？3. 环境税的征收范围如何？二氧化碳应否列入其征税范围？4. 违法行为能否采用惩罚性征税来制裁？5. 如何确定计税依据和税率？6. 税收优惠规定如何设定？7. 税款的归属如何？8. 税款的征收权归属如何？上述诸多问题都是学界热议的话题，本书选择其中几个争议较大的核心问题进行探讨，亦是对《征求意见稿》迟到的回应。

第一节 环境税体系及其立法模式选择

一、环境税体系

从环境税立法的正式提起到《征求意见稿》的出台，一个重大的变化是名称的改变，起初使用"环境税"一词，而现在使用"环境保护税"这一名称。名称的变化标志着人们已经意识到"环境税"一词的博大，而一部立法是否将环境税均纳入其中，会显得困难重重；但"环境保护税"这一名称又是否十分贴切，仍然是我们应仔细斟酌的问题。因此，考量环境税和环境保护税的内涵和外延是我们首先应解决的问题之一。

对于环境税，学界有不同的提法，一种称其为"环境税"（environmental taxes），如欧洲环境局就曾使用这一概念。[1] 李挚萍教授的《经济法的生态化》一书中也使用"环境税"一词 [2]。第二种叫生态税（ecological taxes），如经济合作与发展组织（OECD）在其编写的 OECD 环境经济与政策丛书《税收与环境：

---

[1] 欧洲环境局著，刘亚明译：《环境税的实施和效果》，中国环境科学出版社 2000 年版。

[2] 李挚萍著：《经济法的生态化》，法律出版社 2003 年版，第 150 页。

互补性政策》一书中就称其为"生态税"。[1] 计金标在其《生态税收论》这一著作中也使用了"生态税"这一名词。第三种称呼是"绿色税"（green taxes）[2]。此外，也有学者称之为"环境保护税"或"庇古税"。

"环境税"、"生态税"、"绿色税"和"庇古税"其内涵与外延基本相同，只是有的偏重于使用形象化的文学语言，有的偏向于使用经济学语言，而"环境税"更接近法律语言。

环境税有广义、中性和狭义之说。如"狭义说"认为："环境税是国家为实现特定的环境政策目标，筹集环境保护资金，调节纳税人环境保护行为而征收的税收，它主要包括：'污染物排放税'、'环境服务税'、'污染产品税'"。"中性说"则认为：环境税除包括上述税种外，还包括自然资源税。即环境税是对一切开发、利用环境资源（包括自然资源、环境容量资源）的单位和个人，按其对环境资源的开发、利用强度和对环境的污染破坏程度进行征收或减免的一种税收。这种观点认为，环境税主要包括自然资源税和环境容量税。如有学者认为："环境税简单来说是基于环境保护目的而征收的税收。"[3] 欧盟统计局根据税基将环境税分为能源税、交通税、污染税和资源税。[4] 而广义的环境税，除上述各独立的环境税种外，还包括二氧化碳税和其他相关税法中的各种税式支出政策，即环境税是指以保护环境为目的而采取的各种环境税收措施或征收的各种税。

本章采用广义之说，即环境税是指政府为实现特定环境保护目的，或筹集环境保护资金以及调节纳税人环境保护行为而征收的一系列税收和采用的各种税式支出的总称。[5] 环境税包括三类：1. 环境保护目的税。是指以环境保护为其主要目的而设置的专门性税种。该类税属于刺激型税收。包括：排污税（或称污染物排放税）、污染产品（服务）税、资源税、二氧化碳税。2. 环境收入税。是指以筹集环境保护资金为目的，对在我国境内从事生产经营活动并取得收入

[1] 经济合作与发展组织主编，张山岭，刘亚明译：《税收与环境：互补性政策》，中国环境科学出版社 1996 年版，第 15 页。

[2] 苏霞：《绿色税收：解决环境问题的有效途径》，《统计与决策》2005 年第 9 期，第 110 页。

[3] 李挚萍著：《经济法的生态化》，法律出版社 2003 年版，第 150 页。

[4] 苏明、许文：《中国环境税改革问题研究》，《财政研究》2011 年第 2 期，第 2 页。

[5] 李慧玲著：《环境税费法律制度研究》，中国法制出版社 2007 年版，第 30 页。

的单位和个人以其应税收入额为征税对象而设立的一种环境保护专项税。[1]该种税属于收入型环境税收。如美国 1986 年开征的列入超级基金范围之列的环境收入税、意大利于 1984 年开征的废物垃圾处置税等。3. 其他税种中的环境保护税收规定。其他税种中的环境保护税收规定也可称之为环境税式支出，具体包括税收减免与税收差别等。

从字面上分析，环境税不仅包括与环境保护有关的税种，而且也包括其他与环境（包括资源）有关的税种，如我国的土地增值税。但对于环境税已形成一个基本共识——与环境保护有关，因此，土地增值税不应纳入其中，因为它的征收不具有任何土地资源保护之目的。但我国现有的耕地占用税和城镇土地使用税应列入其中，因为它们与资源保护有关，属于广义的资源税的范畴。

关于环境保护税的内涵与外延，学界众说纷纭。有的认为，环境保护税的课税对象应是直接污染环境的行为及在消费过程中会造成环境污染的产品。[2]即环境保护税是指对污染环境的行为和污染产品征收的一种税。也有的认为：环境保护税是指对中国境内的污染物排放和二氧化碳排放等行为征收的一种税。早在 2010 年，由财政部、国家税务总局和环保部三部委拟定的环境税方案，其锁定的征税对象包括 CO_2、SO_2、废水和固体废物。

也有的学者在论及《环境保护税法》的内容时认为，环境保护税法应当分别确立自然资源税法律制度、二氧化碳税法律制度、二氧化硫税法律制度、垃圾税法律制度、生态补偿税法律制度等其他税法律制度。[3]或者在研究环境保护税的立法目的时认为应当在《环境保护税法》第一条中明确规定立法目的和立法依据："为保护和改善环境，合理开发与利用自然资源，依据宪法原则制定本法。"[4]显然，此类观点认为环境保护税包含了资源税。

从我国学者对现行《环境保护法》的定位与该法的内容来看，作为与其一

---

[1] 李慧玲：《论环境收入税》，《现代法学》2007 年第 6 期，第 121 页；《中国社会科学文摘》2008 年第 4 期，第 31 页。

[2] 谭灵：《我国开征环境保护税的思考》，《河套大学学报》2008 年第 3 期，第 73 页。

[3] 龚文龙：《论新形势下我国环境保护税法律制度之构建》，《四川师范大学学报》（社会科学版）2014 年第 4 期，第 25 页。

[4] 黄新华：《环境保护税的立法目的》，《税务研究》2014 年第 7 期，第 77 页。

字之差的《环境保护税法》理应包括自然资源保护税法的内容。因为《环境保护法》是我国在环境保护领域里起统领作用的综合性、基础性环境保护法律，其综合性就体现在它既包含防治污染和其他公害的内容，同时又包含了保护和改善环境的规定，其中涉及合理开发利用自然资源的内容。

在我国环境税或环境保护税体系中，应否包括二氧化碳税，这也是人们普遍关注的重点问题。自1990年芬兰在全球率先开征二氧化碳税以来，丹麦、挪威、瑞典、意大利、瑞士、荷兰、德国、英国、日本等国家相继开征了类似税种。据日本《每日新闻》报道，日本环境省早在2010年就整理完成了税制改革的方案。按照这份方案，所有化石燃料都将成为全球气候变暖对策税——环境税的课税对象。[1] 中国作为全球碳排放量最大的国家，理应承担减排的义务，而减排需要经济刺激手段的使用，开征二氧化碳税是其重要的措施之一。

因此，《环境保护税法》这一名称下应包含诸多的税种，即在上文中所说的环境保护目的税所包括的各种税：排污税（或称污染物排放税）、污染产品（或服务）税、资源税和二氧化碳税。

二、环境税的立法模式选择

如上所述，如此庞大的环境税或环境保护税体系，我国应采用何种立法模式呢？有学者主张：我国环境税制模式应选择综合独立型。其中，综合是指将目前国际上按照污染行为和种类的不同已经开征的多种分设型环境税，如硫税、氮税和碳税等纳入其中，作为环境税的一个税目；独立则表示开征税种的名称就叫环境税。[2] 笔者将这一模式称为"小综合独立型模式"。因为尽管该模式冠以"环境税"之大名，实则仅对排放污染物和二氧化碳的行为征税。还有学者主张：污染环境和破坏生态的行为以及在消费过程中会造成污染的产品通常被认定为环境保护税的课税对象。[3] 这一观点虽为对课税对象的论证，实则也

---

[1] 孙爱华：《开征环境保护税的思考》，《经济视角》2010年第1期，第101页。

[2] 高萍、计金标、张磊：《我国环境税税制模式及其立法要素设计》，《税务研究》2010年第1期，第36页。

[3] 龚文龙：《论新形势下我国环境保护税法律制度之构建》，《四川师范大学学报》（社会科学版）2014年第4期，第25页。

隐含了立法模式的选择。笔者将这一模式称为"大综合独立型模式"。因为该模式虽冠以"环境保护税"之小名，但却有行独立"环境税"大名之嫌。

笔者以为，在我国，无论大综合独立型模式，还是小综合独立型模式都不符合中国国情：

其一，"环境税"或"环境保护税"之词的内涵和外延纷争较大，无统一定论，因此，将其作为一税收实体法的名称极易产生歧义。且税法的名称本身包含了税种的名称，应明确、直白，如《个人所得税法》《车船税法》等。

其二，中国的税收立法无一不是采用一税一法模式。我国学者将我国税收体系分为三大税类：流转税类、所得税类和财产税类；或有五大税类之说，即在此基础上分列出行为税类和资源税类，每一类税中有多个税种。而税类的划分标准是征税对象，即不同的税类有不同的征税对象。仔细考察环境税或环境保护税的征税对象，既涉及污染产品，又涉及污染行为，如排放大气污染物、水污染物和固体废物等，同时又涉及自然资源，如资源税等，此外还涉及并非污染物的温室气体——二氧化碳。也正因为如此，学界中有环境保护税是消费税还是产品税或行为税之争、环境保护税应否将二氧化碳纳入其税目之惑。一个跨越如此复杂征税对象的环境税或环境保护税无法在一个税类中形成集合，更不用说用一个税种囊括。因此将其在一部税收实体法中予以规定，实难想像。也正是此因，该法迟迟难以面世。

其三，我国的税收立法现状是针对一些污染产品收税，《消费税暂行条例》已有规定，而对矿产品和盐征税已有《资源税暂行条例》进行规定。尽管这两部立法有诸多不完善之处，但从我国总的税收体系来看并无实质意义上的不妥。因此，对污染产品和资源征税应在现有税收立法体系的基础上修改完善相应立法，并提高其立法层次，将现有的暂行条例上升为由全国人大常委会制定的法律。

综上所述，我国环境税的立法不宜采用综合独立立法模式，而应采取分散独立立法与修改完善现有相关立法相结合的立法模式。其中分散独立立法是指应制定一部《中华人民共和国污染物排放税法》，将大气污染物、水污染物、固体废物、噪声等污染物纳入其征税范围；制定一部《中华人民共和国二氧化碳税法》，将排放二氧化碳这一温室气体的能源资源纳入征税范围；制定一部

《中华人民共和国环境收入税法》，专门筹集环境保护资金以弥补环境保护资金的不足。而完善现有相关立法，首先应完善《消费税暂行条例》和《资源税暂行条例》，扩大污染产品的征税范围和资源税征税的范围，并将其升格为《消费税法》和《资源税法》；其次，完善《增值税暂行条例》《车船税法》《企业所得税法》等实体税法中的有关环境税式支出规定。

当然，分散独立立法，不能一步到位。我国环境税的目标首先是改善自身的生存环境，而后方能顾及气候变化等议题。[1]因此，应先对污染物的排放征税，而后再对碳税立法。同时，污染物排放税本身是一种刺激型税种，在筹集环境保护资金方面具有累退效应，为弥补环境保护资金的不足，我们应适时开征环境收入税。

基于以上分析，《征求意见稿》将大气污染物、水污染物、固体废物、建筑施工噪声和工业噪声以及其他污染物纳入其征税对象范围，这完全符合中国国情，也是对《中共中央关于全面深化改革若干重大问题的决定》的贯彻落实。但该《征求意见稿》冠以《环境保护税法》之名，却行污染物排放税法之实，实不可取。

第二节 对违法行为实行惩罚性征税的考量

按照《征求意见稿》第 10 条规定，污染物排放浓度值高于国家或者地方规定的污染物排放标准的，或者污染物排放量高于规定的排放总量指标的，按照当地适用税额标准的 2 倍计征环境保护税；污染物排放浓度值高于国家或者地方规定的污染物排放标准，同时污染物排放量高于规定的排放总量指标的，按照当地适用税额标准的 3 倍计征环境保护税。这一规定，意味着超过污染物的排放浓度标准或重点污染物排放总量控制指标排放污染物的，实行惩罚性的征税。这种惩罚性的征税有悖于税收的本来目的，也与行政处罚的原则相违背。

环境税具有所有税收最基本的目的和功能，即筹集财政收入，同时，它又

---

[1] 杨志勇、何代欣：《公共政策视角下的环境税》，《税务研究》2011 年第 7 期，第 31 页。

具有自己的特定目的和功能——保护环境。但任何一种税种设置的本身绝不具有惩罚违法行为之功能。然而,《征求意见稿》却将惩罚功能寓于法律规定的税收法律义务之中。有学者主张,按照税收法律的"实质课税"原则,环境税的征收对象一定是合法污染物排放行为和对自然资源的合理开发利用行为,对违反环境保护法的行为还必须施以行政处罚或追究其他法律责任。[1]更准确地说,征税机关在征税时无需去判断其排放污染物的行为或开发利用自然资源的行为是环境合法行为还是环境违法行为,并据此做出决定是实行一般征税还是实行惩罚性征税。事实上,征税机关无义务也无法担当判断环境行为合法与否的重任。

关于违法行为或收入是否纳入征税范围问题,其讨论由来已久。早在1993年,就有学者认为,对这种性质类属合法而具体发生违法的行为,不宜采用征税的办法,而应该适用有关政策法规加以处罚和制止。因为税法是调整国家和纳税人分配关系的法律,它属于义务性法律。税法不可能直接对各种行为及其从中取得的收入是否合法作出规定,判断其是否应该取缔和禁止。[2]

考察我国排污收费制度的发展历程也不难看出,我国水污染物的排污收费已由原来的"排污收费,超标双倍收费"的做法改为"一排污就收费,一超标就处罚";2003年7月1日实施的《排污费征收使用管理条例》将"没有建设工业固体废物贮存或者处置的设施、场所,或者工业固体废物贮存或者处置的设施、场所不符合环境保护标准,或者以填埋方式处置危险废物不符合国家有关规定"的情形纳入收费范围之列,而修订后的《固体废物污染环境防治法》就未将前两种情形纳入收费范围。这主要是因为该法中已有"按标准建成工业固体废物贮存或者处置的设施、场所,或者工业固体废物贮存或者处置的设施、场所"的强制性义务的规定。违反法律强制性规定的行为理应承担否定性的法律责任,而不是收费或征税。我国关于排污收费的相关立法已注意到不按收费对象的合法性与否实行不同的收费标准,作为费改税的新型立法却还做出超标加倍征税的规定,这不能不说是立法上的倒退。

税法确认的税收征纳关系是一种被法律调整的社会关系,而这种能被法律

---

[1] 黄新华:《环境保护税的立法目的》,《税务研究》2014年第7期,第78页。

[2] 胡春延、周克标:《浅谈对违法行为的征税》,《税务与经济》1993年第2期,第15页。

确认的社会关系应是基于合法的行为所产生的社会关系,正像因行贿而欠贿资、因赌博而欠赌资而形成的借款关系不能得到法律认可一样,因违法行为而取得的收入或违法行为本身也不应成为税收征收的对象。

其实,税收不具有惩罚性,已被国内外的立法和司法所确认。1987 年 10 月 1 日,美国蒙大拿州的《危险药品税法》生效,该法对"拥有和储藏危险药品的行为"征税,并且明确规定,该税收"只有在任何州或者联邦罚款或者没收制裁执行以后才能征收"。所征收的税款是蒙大拿州税务局确定的该药品的市场价值的 10%,或者是针对该药品所规定的特定数额(例如,每盎司大麻 100 美元,每盎司麻药 250 美元)取较大的一个。随后在 1994 年"蒙大拿州税务局诉克斯大农场案"(Department of Revenue of Montana V.Kurth Ranch)中,美国联邦最高法院认为,蒙大拿州的税法实质是对犯罪人的一种罚款,因此,该税法违反了禁止对同一违法行为进行连续性惩罚的宪法原则,是无效的。[1]

我国新修订的《行政处罚法》仍然保留了原第 24 条的规定,即:"对当事人的同一个违法行为,不得给予两次以上罚款的行政处罚。"尽管加倍征税不是罚款,但却具有与罚款一样的经济制裁效果。而对于超标排放污染物和超总量控制指标排放污染物的行为,其行为本身具有行政违法性,理应受到行政处罚。事实上,我国《水污染防治法》等法已规定了法律责任。如《水污染防治法》第 74 条就规定了"排放水污染物超过国家或者地方规定的水污染物排放标准,或者超过重点水污染物排放总量控制指标的,处应缴纳排污费数额二倍以上五倍以下的罚款"的内容。同时,《环境保护法》的第 59 条还规定:企业事业单位和其他生产经营者违法排放污染物,受到罚款处罚,被责令改正,拒不改正的,依法作出处罚决定的行政机关可以自责令改正之日的次日起,按照原处罚数额按日连续处罚。与《环境保护法》同步实施的《环境保护主管部门实施按日连续处罚办法》也将"超过国家或者地方规定的污染物排放标准,或者超过重点污染物排放总量控制指标排放污染物的"行为列入按日连续处罚的八种情形之中。

---

[1] 瞿继光:《论税法的道德性——税法不能承受之重》,《西南政法大学学报》2008 年第 1 期,第 77—78 页。

按照上述相关立法及《征求意见稿》的规定，对于超过国家或者地方规定的污染物排放浓度标准，又超过重点污染物排放总量控制指标排放污染物的行为，其所承担的经济制裁即使不适用按日连续处罚，也将可能达到应缴纳的环境保护税的8倍，如再计按日连续处罚，则其惩罚性更是难以想像。这种法律设计难免有矫枉过正之嫌，且会导致纳税主体经济负担过重而难以承受。

也许可以设想，既然在《环境保护税法》中规定了上述两种超标行为实行惩罚性计税，就不用在单行法中规定加倍罚款，因而不会导致处罚过重。但这种做法一则导致环境行政违法行为不承担环境行政责任，违反行政处罚中的过罚相当原则；二则用加倍征税来代替罚款，有将违法行为合法化之嫌，也与法理相悖；三则导致无法适用按日连续处罚而导致责任过轻，不利于对环境的保护，这也与《环境保护法》设置按日连续处罚条款的初衷相违背。

上述分析表明，在对两超标行为实行惩罚性征税的前提下，会导致《大气污染防治法》和《水污染防治法》等污染防治的单行法的实施或修订处于两难境地。如规定罚款处罚，则有多罚、重罚之嫌，违反《行政处罚法》中一事不再罚原则，且导致处罚过重；如不规定罚款处罚，则无法适用按日连续计罚，与《环境保护法》这一史上最严环保法制定的初衷相悖，且导致处罚过轻。

第三节 计税依据的确定与税收公平原则的适用

国际上，污染物排放税的计税依据主要有两种：一是以实测污染物排放量为计税依据，税务部门根据实测污染物排放量征收；二是以核定的平均排污量为计税依据，税务部门根据生产某类产品的社会平均技术水平、生产效率、能源和原材料的消耗量等因素，核定单位产品在生产过程中平均排放的污染物，以此作为收税的依据。[1]《征求意见稿》突破了传统的环境税的计税依据的确定方法，根据排放污染物的不同实行类型化征收，即应税大气污染物和水污染物按照污染物排放量折合的污染当量数确定，应税固体废物按照固体废物的排

---

[1] 郭聪聪：《关于我国开征环境保护税的思考》，《特区经济》2014年第9期，第195页。

放量确定，应税建筑施工噪声按照施工单位承建的建筑面积确定，应税工业噪声按照超过国家规定标准的分贝数确定。特别是对建筑施工噪声按照施工单位承建的建筑面积确定的这一计税依据的确定方法，解决了建筑施工噪声难以实测或核定的难题，有利于简化税收的征收，符合税收征收的效率原则，这当然是立法的一大进步。但《征求意见稿》也基本沿袭了《排污费征收标准管理办法》中的一项不合理规定，即对每一排放口的应税大气污染物，按照污染当量数从大到小排序，对前3项污染物征收环境保护税，对每一排放口的应税水污染物，区分重金属和其他污染物，按照污染当量数从大到小排序，其中，重金属污染物按照前5项征收环境保护税，其他污染物按照前3项征收环境保护税。尽管《征求意见稿》将《排污费征收标准管理办法》中的重金属污染物对前3项收费改为对前5项征税，但仍然脱离不了限项征税。这种对每一排放口只对前几项污染物征收环境保护税的做法既违反了税法基本原则中的税收公平原则，也违背了我国税制改革中必须遵守的"宽税基"方针。

公平与效率都是税收的基本原则，但在两者的关系上应是"公平优先，兼顾效率"。英国古典经济学创始人亚当·斯密早在18世纪《国富论》一书中就将公平原则作为税收原则之首。因为正是由于"效率优先"产生了初次分配格局的不合理性，所以从社会公平或从结果公平的角度而言，需要以"公平优先"的再分配——税收来予以调整。"[1]

税收公平原则是指政府征税要使各个纳税人承受的负担与经济状况相适应，并使各个纳税人之间的负担水平保持均衡。这种对每一排放口只对前几项污染物征收环境保护税的做法无法实现各个纳税人之间的负担水平保持均衡。《征求意见稿》的附表中列举了10种第一类水污染物、51种第二类水污染物和44种大气污染物，如果只将前3项或前5项纳入征收范围，对于那些排放污染物种类较多的排污者来讲无疑是一种优惠，这实质上就是一种税收优惠；相反，对于那些排放污染物种类较少的排污者来讲，这是一种税收差别待遇，或者说是一种税收歧视。因为，也许其排放的污染物中污染当量值最大的一种的排放量还不及排放污染物种类较多的排污者排放的未实际纳入征税范围的污

---

[1] 刘继虎、葛婉婉：《违法所得可税论》，《经济法论丛》2006年第12期，第179页。

染物的污染当量值，但它却应当依法计税，而后者却合法避税。这显然对排放污染物种类较少的排污者不公平，违反税收的首要原则——公平原则。

十六届三中全会《关于完善社会主义市场经济体制若干问题的决定》就提出我国税制改革应遵循"简税制、宽税基、低税率、严征管"的"十二字"战略方针。其中，"宽税基"是指拓宽、放宽税基，这里的"税基"有"税源"、"征税的范围"之意，意味着对一切利用社会公共资源获取财富的法人或自然人的行为都应该征税，它拓展的极限就是社会公共资源的维护和再生产的成本。因此，对一切污染环境或利用资源的行为都应当纳入实际征税的范围之列。显然，这种限项征税的做法也与我国税制改革的要求背道而驰。

同时，这种限项征税的做法也与国际环境法的污染者负担原则相背离。从科学技术的角度看，排放种类繁多的污染物后的环境污染治理比排放单一污染物后的环境污染治理所花费的成本费用要高得多。环境税作为一种负外部性的矫正手段，当然应当考虑治理污染的成本费用，成本越高，征税越多，而不是反其道而行之。

环境保护税收优惠措施应该是对那些有利于环境保护的行为予以税收优惠，但《征求意见稿》的这一规定却恰恰鼓励了多污染物的排放行为。一部专门的环境保护税法却存在不利于环境保护的税收优惠规定，这不能不说是该《征求意见稿》的一大败笔。

第四节 税收优惠规定的合理设置

税收是对纳税人收入的重新分配，是纳税人权利的让渡，或者说是对纳税人权利的一种"剥夺"。这种通过公法的形式剥夺纳税人的私权利的做法，应当建立在公平合理的基础上。从表面看，任何一个向环境排放污染物的经营者，都应平等地缴纳污染物排放税，这符合税收公平原则；但从结果上看，这种一律平等征税的做法却恰恰是对一部分纳税人的不公平，或与纳税人承受的负担与经济状况不相适应，或使各个纳税人之间的负担水平无法保持均衡，这是一种实质上的不公平。也正因为如此，几乎每一个税收实体税法都会设置一定的税收优惠条款。《征求意见稿》也不例外，规定了三种免税的情形和一种可以减半征收的情形。同时，该《征求意见稿》还通过法条的形式赋予了国务院制定税收优惠规定的权力，这是《立法法》修订后在税收优惠政策制定方面的立法实践，也是对现行我国税收实体法规定的突破。长期以来，我国的税收优惠规定政出多头，国务院或地方人民政府都可以制定税收优惠政策，且无法律授权，这一做法明显违反税收法定主义原则。因此，这一规定是《征求意见稿》的又一进步。但该《征求意见稿》在税收优惠规定方面并未完全建立在公平基础上，把一些本该予以优惠的情形排除在外。

第一，《征求意见稿》未充分考虑给企业单位和其他生产经营者改进落后设备和进行升级转型的环境保护税收鼓励。2008年，我国实行的增值税转型改革主要是将生产型增值税转为消费型增值税，其核心内容是允许企业购进机器设备等固定资产的进项税金可以在销项税金中抵扣。这一做法能在一定程度上鼓励生产经营者采用先进设备，包括先进的环保节能设备，具有一定的环保激励意义。但这一增值税中的环境税式支出规定还远远不能满足环境保护的需要。污染物排放税是一种典型的刺激性税种，因此，我们应在增值税环境税式支出规定的基础上，用环境保护专项税法中税收优惠规定来鼓励企业和其他生产经营者淘汰那些高能耗、高污染的设备，购买安装低能耗、低污染的设备。众所周知，低能耗、低污染设备往往成本较高，这会在很大程度上加大生产经营者的投资成本。因此，为鼓励企业设备更新换代，环境保护税法可以设置相应的税收优惠条款，即更新购买、安装使用环保节能设备，如在原来的基础上减少一定比例的污染物排放量且未超过总量控制指标的，可从购买安装使用新设备之日的次年起的1—3年内享受环境保护税收减半征税的优惠。这种优惠可在污染物排放税法中予以明确规定，也可授权各省、自治区、直辖市人民政府确定。

第二，《征求意见稿》未充分考虑地区差别。我国地域辽阔，各地环境质量状况差异很大，且造成环境质量差异的原因复杂。如我国中西部地区为东部地区经济的发展耗费了大量的环境资源而导致自身生存境况恶化，同时，还承受着污染产业转移的恶果。而消耗环境资源所获取的收益和环境产品却由东部地区享用，这对中西部地区显然是不公平的。因此，为了降低这种不公平性，使中西部地区和东部地区在环境税收负担方面承担共同但有区别的责任。[1] 改革开放以来，我国曾经给沿海开放地区给予了所得税等方面的诸多优惠，如今，为了给中西部地区以公平发展机会，就需要通过环境税收优惠政策进行适当调节。《征求意见稿》虽然规定了"省、自治区、直辖市人民政府可以统筹考虑本地区环境承载能力、污染排放现状和经济社会生态发展目标要求，在《环境保护税税目税额表》规定的税额标准上适当上浮应税污染物的适用税额"，同时也规定了"国务院根据社会公共利益的特殊需要或者应对重大突发事件，可以制定环境保护税专项优惠政策"，但未规定地区税收优惠——减免。

地区税收优惠一直是各国在征收环境税时采用的通行做法，如美国1972年开征的二氧化硫税，就按二氧化硫的浓度划分地区的不同等级进行征收，二氧化硫浓度达一级和二级标准的地区每排放一磅硫分别征税15美分和10美分，二级以上的地区免税。[2] 就污染物排放税而言，设置上述优惠条款有利于对环境的保护。

此外，就碳排放而言，还可参照其他国家的做法，将签订减排协议并能完成减排任务的情形列入税收优惠的范围。如2010年4月1日英国财政部出台了气候变化税的减征制度，即企业根据自愿原则，与财政部核定每年的减排目标，凡如期完成任务的，可减免80%的气候变化税。丹麦也于1993年开始对家庭和工业企业征收碳税，凡签订了自愿协议的耗能企业支付每吨0.4欧元的税，而没有签订自愿协议的企业要付每吨3.3欧元的税收。[3] 凡自愿签订碳排放减排协议在税收方面享受优惠待遇，有利于对碳排放的总量控制，以应对全球气候变化。

除上述内容外，《征求意见稿》的个别条文使用语言粗糙，甚至存在语病，

---

[1] 计金标、刘建梅：《公平视角下环境保护税若干问题探析》，《税务研究》2014年第7期，第66页。

[2] 曾贤刚：《从OECD国家经验看我国环境税的建立和完善》，《经济理论与经济管理》2008年第5期，第35页。

[3] 梁劲锐、席小瑾：《环境税收的国际借鉴及对中国的启示》，《经济与管理》2008年第12期，第22页。

或用词未使用规范的法律语言。如第 24 条 [1]，有"从事海洋工程"的用词搭配，有"比照本法相关规定"的非规范性用语。因此，应将该条修改为："第二十四条 纳税人从事海洋工程建设向中华人民共和国管辖海域排放应税大气污染物、水污染物和固体废物的，参照本法相关规定申报缴纳环境保护税。具体纳税申报事项由国务院税务主管部门会同海洋主管部门规定。"

关于环境税问题的讨论，还包括税款的归属问题，如污染物排放税是否统一纳入财政，还是列入环境保护专项资金；污染物排放税是地方税，还是中央地方共享税等。按照我国税收立法惯例，此等问题均未在税收实体法中予以规定，故本书不将此类问题纳入讨论范围。

环境税或环境保护税是指与环境保护有关的各种税种的总称。因此，不能仅仅依靠制定一部法律来完成我国环境税制改革。我国环境税制改革应采用分散独立立法和修改现行相关立法的立法模式，构建科学合理的环境税制体系。应逐步制定《污染物排放税法》《二氧化碳税法》《环境收入税法》，特别是在制定《污染物排放税法》时，应在《征求意见稿》的基础上，改对超标排放污染物和超总量控制指标排放污染物实行惩罚性征税为依法进行行政处罚，改对同一排放口排放污染物实行限项征税为开放型不限项征税，同时完善其税收优惠措施以实现保护环境、筹集财政资金的双重目标。同时，应修改完善《资源税暂行条例》《消费税暂行条例》，提高其立法层次，将其上升为全国人大常委会制定的法律，完善资源税法的立法目的，扩大资源税和消费税的征税范围，在资源税制领域全面推行从价定率计征。此外，应修订完善《车船税法》《增值税暂行条例》等相关立法中的环境税式支出规定。只有通过上述综合性的环境税制改革措施，才能真正实现环境税的双重红利，并得以实现推进生态文明建设的环境保护法目标。

---

[1]《中华人民共和国环境保护税法》（征求意见稿）第二十四条：纳税人从事海洋工程向中华人民共和国管辖海域排放应税大气污染物、水污染物和固体废物的，比照本法相关规定申报缴纳环境保护税。具体纳税申报事项由国务院税务主管部门会同海洋主管部门规定。

本章讨论主题与问题安排

主题一：我国环境税体系构建

问题：

1. 我国环境税体系如何构建？

2.《中华人民共和国环境保护税法》（征求意见稿）中的环境保护税其实质是什么税？

主题二：污染物排放税制度设计

问题：

1. 污染物排放税的征收范围如何？

2. 污染物排放税的征收主体如何设计？

3. 污染物排放税能否列入专项资金？

 讨论参考资料

1. 欧洲环境局编，刘亚明译：《环境税的实施和效果》，中国环境科学出版社 2000 年版。

2. 李慧玲著：《环境税费法律制度研究》，中国法制出版社 2007 年版。

3. 李慧玲：《论环境收入税》，《现代法学》2007 年第 6 期。

4. 龚文龙：《论新形势下我国环境保护税法律制度之构建》，《四川师范大学学报》（社会科学版）2014 年第 4 期。

5. 高萍、计金标、张磊：《我国环境税税制模式及其立法要素设计》，《税务研究》2010 年第 1 期。

6. 计金标、刘建梅：《公平视角下环境保护税若干问题探析》，《税务研究》2014 年第 7 期。

7.《中华人民共和国环境保护税法》（征求意见稿）。

 课后思考题

1. 我国应如何完善资源税制？

2. 我国应否开征二氧化碳税？

| 第八章 |

"三同时"、许可证和排污权交易制度

第一节 "三同时"制度

一、"三同时"制度的概念

"三同时"制度是指一切对环境有影响的建设项目，其环境保护设施，必须与主体工程同时设计、同时施工、同时投产使用的法律制度。

"三同时"制度为我国首创。它是在总结我国环境管理实践经验的基础上创建的一项重要的环境保护法律制度。它是贯彻预防为主原则的支柱性制度之一。"三同时"制度是实现保护优先原则的基本保证，也是防止环境污染和生态破坏的重要手段。

二、"三同时"制度的立法及其主要内容

在我国，"三同时"制度最早规定于1973年的《关于保护和改善环境的若干规定》，此后，1979年的《环境保护法（试行）》、1989年的《环境保护法》和2015年1月1日实施的《环境保护法》都对其做了规定。此外，1986年的《建设项目环境保护管理办法》和1998年的《建设项目环境保护管理条例》对该制度做了较为具体的规定。我国现行的各环境污染防治单行法及《水法》《水

土保持法》等也都将这一制度规定其中。"三同时"制度的主要内容包括：

（一）"三同时"制度的适用范围

按照现行立法的规定，"三同时"制度的适用范围应包括一切对环境有影响的建设项目，具体包括：1.新建、改建和扩建的建设项目；2.技术改造项目；3.一切可能对环境资源造成污染和破坏的开发建设项目；4.确有经济效益的综合利用项目。

但值得说明的是，我国《环境保护法》作为一部在环境保护领域里起统领作用的综合性、基础性法律，仍然只规定了污染防治领域的"三同时"，而未规定资源保护领域的"三同时"。[1]

（二）"三同时"制度的具体内容

"三同时"制度按建设项目在不同阶段的具体要求，可将其具体内容概括为以下三个方面：

1.在建设项目的初步设计阶段，应当按照环境保护设计规范的要求，在建设项目的初步设计文件中，包含有环境保护的篇章。其内容包括：环境保护的设计依据、主要污染源和主要污染物及排放方式、计划采用的环境标准、环境保护设施及简要工艺流程、对建设项目引起的生态变化所采取的防范措施、绿化设计、环境保护设施投资概算等。依据批准的环境影响报告书（表）或者登记表，在环境保护篇章中落实防治环境污染和生态破坏的措施以及环境保护设施投资概算。[2]

2.在建设项目的施工阶段，环境保护设施必须与主体工程同时施工。

3.在建设项目的主体工程正式投入生产阶段，其配套的环境保护设施应当同时投入使用。

对此，应当作出说明的是，对于"三同时"制度内容的理解，原来一直认为应包含五个内容，即除上述三项外，还应有同时试运行，同时验收。但根据

---

[1]《中华人民共和国环境保护法》第41条：建设项目中防治污染的设施，应当与主体工程同时设计、同时施工、同时投产使用。防治污染的设施应当符合经批准的环境影响评价文件的要求，不得擅自拆除或者闲置。

[2] 韩德培主编：《环境保护法教程》（第六版），法律出版社2012年版，第97页。

新修订的《环境保护法》和《大气污染防治法》的规定看,我国已简化了"三同时"的程序性要求,无需进行同时验收。因为防治污染的设施应当符合经批准的环境影响评价文件的要求,同时对建设项目的环境影响评价包括了该建设项目动工前的事前评价、项目实施过程中的后评价和竣工验收后的跟踪检查。

(三)违反"三同时"制度的法律责任

对于违反"三同时"制度的法律责任,《环境保护法》和现行的各单行法的规定有较大差异,在具体处理各案时,应按单行法的规定处理。下面就《环境保护法》《大气污染防治法》《水污染防治法》和《建设项目环境保护管理条例》中违反"三同时"制度的法律责任的规定作一简要介绍:

1.《环境保护法》的规定

89《环境保护法》规定:建设项目的防治污染设施没有建成或者没有达到国家规定的要求,投入生产或者使用的,由批准该建设项目的环境影响报告书的环境保护行政主管部门责令停止生产或者使用,可以并处罚款。未经环境保护行政主管部门同意,擅自拆除或者闲置防治污染的设施,污染物排放超过规定的排放标准的,由环境保护行政主管部门责令重新安装使用,并处罚款。但遗憾的是,2015年1月1日实施的《环境保护法》对违反"三同时"制度的法律责任未做明确规定。

2.《水污染防治法》的规定

1996年修订的《水污染防治法》对违反"三同时"制度的法律责任规定了两方面的内容:第一,建设项目的水污染防治设施没有建成或者没有达到国家规定的要求,即投入生产或者使用的,由批准该建设项目的环境影响报告书的环境保护行政主管部门责令停止生产或者使用,可以并处罚款;第二,排污单位故意不正常使用水污染处理设施,或者未经环境保护部门的批准,擅自拆除、闲置水污染处理设施,排放污染物超过规定标准的,由县级以上地方人民政府环境保护部门责令恢复正常使用或者限制重新安装使用,并处罚款。

2008年2月28日由第十届全国人民代表大会常务委员会第三十二次会议修订通过,自2008年6月1日起施行的《水污染防治法》对此作了较大修改。

该法第71、73条分别规定了以下内容：

违反该法规定，建设项目的水污染防治设施未建成、未经验收或者验收不合格，主体工程即投入生产或者使用的，由县级以上人民政府环境保护主管部门责令停止生产或者使用，直至验收合格，处5万元以上50万元以下的罚款；违反该法规定，不正常使用水污染物处理设施，或者未经环境保护主管部门批准拆除、闲置水污染物处理设施的，由县级以上人民政府环境保护主管部门责令限期改正，处应缴纳排污费数额一倍以上三倍以下的罚款。

比较修订前后的《水污染防治法》在违反"三同时"制度法律责任问题上至少有以下几大变化：

第一，在第71条中，一是将"未经验收或者验收不合格主体工程即投入生产或者使用的"行为纳入违法行为的范围；二是法律责任形式中的罚款由原有的"可以并处"修订为"处"，这意味着只要有罗列的违法行为，罚款则成为必然；三是将罚款的数额具体化，且与《建设项目环境保护管理条例》的规定相比，加大了处罚力度；四是在"责令停止生产或者使用"后增加"直至验收合格"的字样，这说明法律规定法律责任的目的是促使人们行为的合法化。

第二，在第73条中，一是删去了"排放污染物超过规定标准的"字样，这说明：只要有违反"三同时"制度的行为存在，无论排放污染物是否超过规定标准，都应承担法律责任，因为违反"三同时"制度的行为本身就是违反法律强制性规定的行为，理应承担法律责任；二是在"不正常使用水污染处理设施"前删去了"故意"二字，显然其表述更具科学性；三是在罚款额度上已具体化，且加大了罚款的力度。

3.《大气污染防治法》的规定

关于违反"三同时"制度的法律责任，修订前后的《大气污染防治法》有明显的变化。旧法规定：违反《大气污染防治法》规定，有下列行为之一的，可以根据不同情节，责令停止违法行为，限期改正，给予警告或者处以5万元以下罚款。排污单位不正常使用大气污染物处理设施，或者未经环境保护行政主管部门批准，擅自拆除、闲置大气污染物处理设施的。违反《大气污染防治法》

的第 11 条规定，建设项目的大气污染防治设施没有建成或者没有达到国家有关建设项目环境保护管理的规定的要求，投入生产或者使用的，由审批该建设项目的环境影响报告书的环境保护行政主管部门责令停止生产或者使用，可以并处 1 万元以上 10 万元以下罚款。

新修订的《大气污染防治法》并未对违反"三同时"制度的法律责任做统一规定，而是根据不同违法情形，零散规定在相关法条中。如该法第 102、118、120 条就分别规定：违反该法规定，煤矿未按照规定建设配套煤炭洗选设施的，由县级以上人民政府能源主管部门责令改正，处十万元以上一百万元以下的罚款，拒不改正的，报经有批准权的人民政府批准，责令停业、关闭；排放油烟的餐饮服务业经营者未安装油烟净化设施、不正常使用油烟净化设施或者未采取其他油烟净化措施，超过排放标准排放油烟的，由县级以上地方人民政府确定的监督管理部门责令改正，处五千元以上五万元以下的罚款，拒不改正的，责令停业整治；从事服装干洗和机动车维修等服务活动，未设置异味和废气处理装置等污染防治设施并保持正常使用，影响周边环境的，由县级以上地方人民政府环境保护主管部门责令改正，处二千元以上二万元以下的罚款，拒不改正的，责令停业整治。

4.《建设项目环境保护管理条例》的规定

上述法律只对污染防治设施没有建成或者没有达到国家有关建设项目环境保护管理的规定的要求，或擅自拆除或闲置防治污染设施的行为规定了相应的法律责任，但对在试生产过程中的违反"三同时"制度的法律责任并未做出规定。《建设项目环境保护管理条例》则对此做了具体规定：

试生产建设项目配套建设的环境保护设施未与主体工程同时投入试运行的，由环境保护行政主管部门责令限期改正；逾期不改正的，责令停止试生产，可以处 5 万元以下的罚款。建设项目投入试生产超过 3 个月，建设单位未申请环境保护设施竣工验收的，由环境保护行政主管部门责令限期办理环境保护设施竣工验收手续；逾期未办理的，责令停止试生产，可以处 5 万元以下的罚款。建设项目需要配套建设的环境保护设施未建成、未经验收或经验收不合格，主体工程正式投入生产或使用的，由环境保护行政主管部门责令停止生产或者使用，可以处 10 万元以下的罚款。

由于我国新修订的立法对"三同时"制度的规定发生了重大变化，《建设项目环境保护管理条例》的上述内容就明显滞后。

除上述立法外，有关环境保护的综合性立法，如《循环经济促进法》和自然资源的立法如《水法》等都做了规定。[1]

应该说明的是：大多数的教材和著作都将"责令停止生产或者使用"、"责令改正"列入环境行政处罚的范畴，这显然不妥。根据《环境行政处罚办法》的规定，"责令停产整顿"和"责令停产、停业、关闭"属于环境行政处罚的范畴，但"责令停止生产或者使用"、"责令改正"等则属于环境行政命令的范畴。[2]

第二节 许可证制度和排污权交易

一、许可证制度的概念、种类

环境保护法中的许可证是指国家环境保护行政主管部门和其他享有环境监督管理权的部门依据环境保护的有关规定，按照法定程序颁发给企业、事业单位、社会组织和公民个人允许其从事某项对环境有影响的活动的法律文件。

环境保护许可证制度是指有关环境保护许可证的申请、审核、颁发、中止、

---

[1]《中华人民共和国水法》第 53 条：新建、扩建、改建建设项目，应当制订节水措施方案，配套建设节水设施。节水设施应当与主体工程同时设计、同时施工、同时投产。

[2]《环境行政处罚办法》第 10 条 [处罚种类]：根据法律、行政法规和部门规章，环境行政处罚的种类有：(一) 警告；(二) 罚款；(三) 责令停产整顿；(四) 责令停产、停业、关闭；(五) 暂扣、吊销许可证或者其他具有许可性质的证件；(六) 没收违法所得、没收非法财物；(七) 行政拘留；(八) 法律、行政法规设定的其他行政处罚种类。第十二条 [责令改正形式] 根据环境保护法律、行政法规和部门规章，责令改正或者限期改正违法行为的行政命令的具体形式有：(一) 责令停止建设；(二) 责令停止试生产；(三) 责令停止生产或者使用；(四) 责令限期建设配套设施；(五) 责令重新安装使用；(六) 责令限期拆除；(七) 责令停止违法行为；(八) 责令限期治理；(九) 法律、法规或者规章设定的责令改正或者限期改正违法行为的行政命令的其他具体形式。根据最高人民法院关于行政行为种类和规范行政案件案由的规定，行政命令不属行政处罚。行政命令不适用行政处罚程序的规定。

吊销、监督管理等方面的法律规定的总称。

环境保护许可证包括三类：防止环境污染许可证、防止环境破坏许可证和整体环境保护许可证。防止环境污染许可证如排污许可证、海洋倾废许可证、核设施建造、运行许可证、化学危险物品生产、经营许可证、危险废物经营许可证、废物进口许可证等。防止环境破坏许可证包括林木采伐许可证、捕捞许可证、采矿许可证、取水许可证、野生动物特许猎捕证、驯养繁殖许可证等。整体环境保护许可证如建设规划许可证等。

二、许可证制度的立法概况

瑞典是实行环境许可证制度最早的国家，早在1969年的《环境保护法》中有将近一半的条款是关于许可证的规定。澳大利亚于1970年开始实行排污许可证制度。美国在1972年修订的《联邦水污染控制法》中具体规定。

我国于1987年开始在水污染防治领域进行排污许可证制度的试点工作，1988年3月，原国家环境保护局发布了《水污染物排放许可证管理暂行办法》[1]，并决定在上海、北京等18个市（县）开展试点工作。后在《水污染防治法实施细则》中规定了对向陆地水体排放污染物的许可证分为排污许可证和临时排污许可证。1991年4月，根据国务院《关于进一步加强环境保护工作的决定》中"逐步推行污染物排放总量控制和排污许可证制度"的规定，决定在上海、天津等16个城市进行排放大气污染物许可证制度的试点工作。后来在1999年修订的《海洋环境保护法》和2000年修订的《大气污染防治法》均规定了排污许可证制度。

许可证制度是环境保护法律制度中适用较为普遍的制度。然而，这一制度并未在我国的89《环境保护法》中予以明确规定。89《环境保护法》只规定了排污申报登记制度。在2015年前，环境保护的许可证制度主要规定在资源保护单行法和污染防治的单行法中。如《城市规划法》《水法》《森林法》《矿产资源法》《渔业法》《野生动物保护法》《水污染防治法》《大气污染防治法》《海

---

[1] 该《暂行办法》已于2007年10月8日由国家环境保护总局令第41号《关于废止、修改部分规章和规范性文件的决定》宣布废止。

洋环境保护法》《固体废物污染环境防治法》《放射性污染防治法》和《海洋倾废管理条例》等。新修订的《环境保护法》在其"防治污染和其他公害"一章中规定了排污许可制度。这一规定意味着在这部综合性的环境保护基础性法律中在污染防治领域里规定了许可证制度，而自然资源保护领域的许可证制度虽在其单行法中规定普遍，但未在这部综合性立法中予以确认。这主要原因在于新的《环境保护法》仍然并非实质意义上的综合性法律。

许可证制度的创立，有利于维护生态平衡，保护生态环境；有利于加强国家管理环境的宏观调控能力；同时也有利于保障公民、法人及其他组织的合法权益。

在有关许可证制度的立法中，值得一提的一部法律是《中华人民共和国行政许可法》。该法已由第十届全国人民代表大会常务委员会第四次会议于2003 年 8 月 27 日通过，自 2004 年 7 月 1 日起施行。环境保护许可证制度是行政许可证制度的重要组成部分。根据《行政许可法》的第 12 条规定，直接涉及生态环境保护以及直接关系人身健康、生命财产安全等特定活动，需要按照法定条件予以批准的事项和有限自然资源开发利用、公共资源配置以及直接关系公共利益的特定行业的市场准入等需要赋予特定权利的事项都可以设定行政许可。而我国单行法中规定的环境保护许可证制度显然属于该行政许可的范畴。

此外，原国家环境保护总局于 2004 年 7 月 1 日发布了《环境保护行政许可听证暂行办法》，对环境保护中行政许可的听证程序予以规定。

三、许可证制度的主要立法规定

（一）《环境保护法》的主要立法规定

《中华人民共和国环境保护法》第 45 条规定：国家依照法律规定实行排污许可管理制度。实行排污许可管理的企业事业单位和其他生产经营者应当按照排污许可证的要求排放污染物；未取得排污许可证的，不得排放污染物。

（二）《水污染防治法》的主要立法规定

国家实行排污许可制度。直接或者间接向水体排放工业废水和医疗污水以及其他按照规定应当取得排污许可证方可排放的废水、污水的企业事业单位，应当取得排污许可证；城镇污水集中处理设施的运营单位，也应当取得排污许可证。禁止企业事业单位无排污许可证或者违反排污许可证的规定向水体排放规定的废水、污水。

（三）《大气污染防治法》的主要立法规定

新旧《大气污染防治法》对许可证制度的规定发生了很大的变化，主要体现在拓宽了许可证制度的适用范围。

旧法规定：国务院和省、自治区、直辖市人民政府对尚未达到规定的大气环境质量标准的区域和国务院批准划定的酸雨控制区、二氧化硫污染控制区，可以划定为主要大气污染物排放总量控制区。大气污染物总量控制区内有关地方人民政府依照国务院规定的条件和程序，按照公开、公平、公正的原则，核定企业事业单位的主要大气污染物排放总量，核发主要大气污染物排放许可证。有大气污染物总量控制任务的企业事业单位，必须按照核定的主要大气污染物排放总量和许可证规定的排放条件排放污染物。显然，这一规定将许可证制度适用的范围限于大气环境质量未达标的区域和酸雨控制区、二氧化硫污染控制区这"两控区"。

新法不再对许可证制度适用的地域范围予以限制，而是在全国范围普遍适用。该法第 19 条规定："排放工业废气或者本法第七十八条规定名录中所列有毒有害大气污染物的企业事业单位、集中供热设施的燃煤热源生产运营单位以及其他依法实行排污许可管理的单位，应当取得排污许可证。排污许可的具体办法和实施步骤由国务院规定。"其中第 78 条规定的名录是指由国务院环境保护主管部门会同国务院卫生行政部门根据大气污染物对公众健康和生态环境的危害和影响程度公布的有毒有害大气污染物名录。

立法的这一变化，说明我国对大气污染防治的重视，是对大气污染防治监督力度的进一步加大。

（四）《海洋环境保护法》的主要立法规定

《海洋环境保护法》的第 55 条规定：任何单位未经国家海洋行政主管部门批准，不得向中华人民共和国管辖海域倾倒任何废弃物。需要倾倒废弃物的单位，必须向国家海洋行政主管部门提出书面申请，经国家海洋行政主管部门审查批准，发给许可证后，方可倾倒。禁止中华人民共和国境外的废弃物在中华人民共和国管辖海域倾倒。

（五）《固体废物污染环境防治法》的主要立法规定

2004 年修订、2005 年 4 月 1 日实施的《固体废物污染环境防治法》的第 57 条规定：从事收集、贮存、处置危险废物经营活动的单位，必须向县级以上人民政府环境保护行政主管部门申请领取经营许可证；从事利用危险废物经营活动的单位，必须向国务院环境保护行政主管部门或者省、自治区、直辖市人民政府环境保护行政主管部门申请领取经营许可证。

禁止无经营许可证或者不按照经营许可证规定从事危险废物收集、贮存、利用、处置的经营活动。禁止将危险废物提供或者委托给无经营许可证的单位从事收集、贮存、利用、处置的经营活动。

此外，该法第 83 条规定："违反本法规定，收集、贮存、利用、处置危险废物，造成重大环境污染事故，构成犯罪的，依法追究刑事责任。"第 85 条还规定："造成固体废物污染环境的，应当排除危害，依法赔偿损失，并采取措施恢复环境原状。"

（六）《放射性污染防治法》的主要立法规定

根据《放射性污染防治法》的第 19 条规定，核设施营运单位在进行核设施建造、装料、运行、退役等活动前，必须按照国务院有关核设施安全监督管理的规定，申请领取核设施建造、运行许可证和办理装料、退役等审批手续。核设施营运单位领取有关许可证或者批准文件后，方可进行相应的建造、装料、运行、退役等活动。

对于《水法》《矿产资源法》等自然资源保护立法中许可证制度的规定在此不一一列举。

四、污染物排放许可证制度的主要内容

由于许可证的种类众多，此处以水污染物排放许可证为例介绍排污许可证制度的主要内容。

水污染物排放许可证按下列程序办理：

1. 排污申报登记。排污申报登记是执行排污许可证制度的最基础的工作。《水污染防治法》的第21条规定：直接或者间接向水体排放污染物的企业事业单位和个体工商户，应当按照国务院环境保护主管部门的规定，向县级以上地方人民政府环境保护主管部门申报登记拥有的水污染物排放设施、处理设施和在正常作业条件下排放水污染物的种类、数量和浓度，并提供防治水污染方面的有关技术资料。此外，排放水污染物的种类、数量和浓度有重大改变的，也应当及时申报登记。

2. 确定本地区的污染物总量控制指标和分配污染物总量削减指标。这是发放许可证的最核心的工作。由于国家对重点水污染物排放实施总量控制制度，因此，在审核发放排污许可证之前应首先确定本地区的污染物总量控制指标，并分配污染物总量削减指标。地区污染物总量控制指标可以根据水体功能和水域容许纳污量来确定；污染物总量削减指标可以根据水环境目标的要求，以某一年污染物排放总量为基础来确定。多数情况下，因两者差距很大，可以通过逐年削减的办法，把污染物排放总量逐步削减到水环境目标的要求。

3. 排污许可证的审核发放。审核发放排污许可证应符合两个条件：（1）必须遵守国家和地方的环境保护法规标准；（2）符合重点污染物排放总量控制要求。发放时应对排污者规定必须遵守的条件：（1）污染物的允许排放量；（2）规定排污口的位置、排放方式、排放最高浓度等。在水污染领域，对不超过排污总量控制指标的排污单位，颁发《排放许可证》，对超出排污总量控制指标的排污单位发放《临时排放许可证》，同时要求其限期治理，削减排污量。排污许可证的有效期限最长不超过五年，临时排放许可证的有效期限最长不超过两年。

4. 排污许可证的监督检查和管理。排污许可证的监督检查包括排污单位定期自行检查和上报排污情况和环保部门的监督检查。重点排污单位和环保部门都要配备监测人员和设备，逐步完善监测体系。同时要配备必要的专业管理人员，健全许可证的管理体制。

五、违反许可证制度的法律责任

关于违反许可证制度的法律责任，《固体废物污染环境防治法》和新修订的《大气污染防治法》《环境保护法》作了些许规定。

《固体废物污染环境防治法》的第 77 条规定：无经营许可证或者不按照经营许可证规定从事收集、贮存、利用、处置危险废物经营活动的，由县级以上人民政府环境保护行政主管部门责令停止违法行为，没收违法所得，可以并处违法所得三倍以下的罚款。不按照经营许可证规定从事前款活动的，还可以由发证机关吊销经营许可证。《大气污染防治法》中，旧法未对此进行规定，但按照新修订的《大气污染防治法》第 99、100 条规定，未依法取得排污许可证排放大气污染物的，由县级以上人民政府环境保护主管部门责令改正或者限制生产、停产整治，并处十万元以上一百万元以下的罚款；情节严重的，报经有批准权的人民政府批准，责令停业、关闭。未按照规定设置大气污染物排放口的，由县级以上人民政府环境保护主管部门责令改正，处二万元以上二十万元以下的罚款；拒不改正的，责令停产整治。显然，这两部单行法对违反许可证制度的规定采用了完全不同的确定罚款数额的方法。

作为我国环境保护的基础法——《环境保护法》的第 63 条规定，企业事业单位和其他生产经营者违反法律规定，未取得排污许可证排放污染物，被责令停止排污，拒不执行，尚不构成犯罪的，除依照有关法律法规规定予以处罚外，由县级以上人民政府环境保护主管部门或者其他有关部门将案件移送公安机关，对其直接负责的主管人员和其他直接责任人员，处十日以上十五日以下拘留；情节较轻的，处五日以上十日以下拘留。显然，这一条文规定了最严厉的一种行政处罚——行政拘留。

综上，关于违反许可证制度的法律责任问题，我国相关立法存在较大漏洞。这主要体现在：1. 一些法律中规定了行政许可的强制性义务，却未规定未取得许可证排放污染物的法律责任，如《水污染防治法》；2. 未取得许可证向环境排放污染物，可否罚款，可否适用按日连续计罚。根据《环境保护法》的第 59 条规定，企业事业单位和其他生产经营者违法排放污染物，受到罚款处罚，被责令改正，拒不改正的，依法作出处罚决定的行政机关可以自责令改正之日的次日起，按照原处罚数额按日连续处罚。由于没有相关排污许可法律责任的规定，无排污许可证能否进行罚款，无法律依据，也就无法实施按日计罚。如果未取得排污许可证排放污染物，被责令停止排污，拒不执行，可以进行行政拘留，但却不能予以罚款，这种规定明显失衡。因为罚款是一种最普遍的较轻的行政处罚，而拘留则是一种较重的行政处罚，对于同一种行为，可以进行较重的行政处罚，但不能给予较轻的行政处罚，显然不合理。

关于无证排污能否罚款，我国国家级立法未做规定，但一些地方立法却规定之，如《广东省环境保护条例》第66条规定："违反本条例第二十一条第一款规定，企业事业单位和其他生产经营者未依法取得排污许可证排放污染物的，由县级以上人民政府环境保护主管部门责令其立即停止排放污染物，并处十万元以上二十万元以下罚款；拒不停止排放污染物的，报经有批准权的人民政府批准，责令停业、关闭。"《山东省环境保护条例》第51条也规定：未取得排污许可证但排污未超过标准的，应当给予警告，责令限期办理排污许可证，并按规定处以罚款。

六、排污权交易

排污权交易又称排污指标的有偿转让，是指排污单位在环境保护行政主管部门的监督管理下，以排污指标为标的进行的交易。

排污权交易是20世纪70年代由美国经济学家戴尔斯提出的，被美国国家环保局用于河流污染源和大气污染源的管理，以后，德国、澳大利亚、英国等国相继进行了排污权交易制度的试点。我国从1991年开始，在包头、柳州、太原、平顶山和贵阳等城市尝试大气污染物的排污权交易，现在很多地方进行了尝试。

排污许可证制度是实施排污权交易的基础。排污权交易在实践中也存在许多实施的障碍，但在学术界是探讨的热点问题之一。由于本书自身的特点，对此只是点到为止。

本章讨论主题与问题安排

主题一："三同时"制度的实践

某肉联厂原有一套污染治理设施，但运转费用较高，该厂为提高经济效益，对生产工艺进行了改革，减少了污染物的排放，并自行停用了污染治理设施。区环境保护局得知此事，责令其重新使用污染治理设施，并处5000元罚款。肉联厂不服，向市环境保护局申请复议，市环境保护局经复议作出决定：（1）由于肉联厂排放污染物未超过规定的标准，裁定撤销区环境保护局的责令重新使用治理设施的决定；（2）由于闲置防治污染设施未经环境保护部门的批准，裁定维持区环境保护局对其处以罚款的决定。肉联厂对复议决定不服，于是向区人民法院对区环境保护局提起行政诉讼。

问题：

1.区环境保护局对肉联厂所作的处理决定是否正确？

2.市环境保护局的复议决定是否正确？

3.肉联厂以区环境保护局为被告提起行政诉讼是否正确？（分别从新旧《行政诉讼法》的角度）

4.《环境保护法》对违反"三同时"制度的法律责任有无规定？

主题二：排污权交易制度能否推行？（采用辩论式）

问题：

1.排污权交易的实施条件有哪些？

2.我国实施排污权交易的有利条件有哪些？

3.我国实施排污权交易的障碍有哪些？

4.我国对于排污权交易制度有无立法规定？

讨论参考资料

1.李爱年、李慧玲主编:《环境与资源保护法学》,浙江大学出版2008年版。

2.李爱年、周训芳、李慧玲主编:《环境保护法学》,湖南人民出版社2012年版。

3.韩德培主编:《环境保护法教程》(第七版)法律出版社2015年版。

4.封凯栋等:《我国流域排污权交易制度的理论与实践——基于国际比较的视角》,《经济社会体制比较》2013年第3期。

5.杨坤、王作敏:《我国排污权交易制度研究进展》,《科技创新导报》2015年第14期。

6.《中华人民共和国环境保护法》。

7.《中华人民共和国大气污染防治法》。

8.《中华人民共和国水污染法》。

 课后思考题

1.我国"三同时"制度的主要内容是什么?

2.我国哪些立法中规定了"三同时"制度?

3.排污许可证制度的主要内容有哪些?

4.如何设计排污许可证的法律责任?

| 第九章 |

生态保护红线制度

第一节 生态保护红线制度的基本理论

一、生态保护红线和生态保护红线制度的含义

2014 年 1 月，环境保护部印发了《国家生态保护红线——生态功能基线划定技术指南》（试行）（以下简称《指南》）。《指南》对生态保护红线的基本含义进行了明确界定，即生态保护红线是指对维护国家和区域生态安全及经济社会可持续发展，保障人民群众健康具有关键作用，在提升生态功能、改善环境质量、促进资源高效利用等方面必须严格保护的最小空间范围与最高或最低数量限值，具体包括生态功能保障基线、环境质量安全底线和自然资源利用上线，可简称为生态功能红线、环境质量红线和资源利用红线。该定义将生态红线从单纯的生态空间保护领域延伸至自然资源和生态环境领域，使生态红线成为一个综合性概念。[1] 这应被视为国家层面上对"生态红线"内涵与外延的权威界定，为建立系统、完备的生态红线制度奠定了基础。[2]

生态保护红线制度是关于生态保护红线划定主体、划定范围、划定条件、

---

[1] 李干杰:《生态保护红线——确保国家生态安全的生命线》,《求是》2014 年第 2 期,第 44—46 页。

[2] 陈海嵩:《"生态红线"的规范效力与法制化路径——解释论与立法论的双重展开》,《现代法学》2014 年第 4 期, 第 86 页。

划定程序等一系列法律规范的总称。

二、我国生态保护红线制度的缘起、理论基础与价值目标

（一）缘起与发展

"红线"一词最初起源并被应用于城市规划，它具有形象化的含义，规划部门批准建设单位的地块，一般用红笔圈在图纸上，因此被称为"红线"。红线即指不可逾越的边界线。随着人们认知水平的提高，"红线"的内涵也在不断地深入与发展，已经从最初的空间约束向数量约束拓展，由空间规划向管理制度延伸。[1]如《国民经济和社会发展第十一个五年规划纲要》提出了18亿亩耕地红线。2000年，国务院印发的《全国生态环境保护纲要》，提出了划设重要生态功能区、重点资源开发区、生态良好地区并坚守生态环境保护底线的要求，这应是生态保护红线思想的萌芽。生态保护红线的最早雏形是红线控制区，其也是在区域性生态规划中得到最早的体现。在我国，首次提出生态红线并得到实际应用的是2005年由广东省颁布实施的《珠江三角洲环境保护规划纲要（2004—2020）》。该规划提出了"红线调控、绿线提升、蓝线建设"的三线调控的总体战略，将自然保护区的核心区和重点水源涵养区等区域划为红线，实行严格保护。之后，许多地方政府也纷纷效仿这一做法，逐渐采用"红线控制区"的概念，继而生态保护红线得到多方面的关注与肯定。2011年，《国务院关于加强环境保护重点工作的意见》（国发〔2011〕35号）中指出：国家编制环境功能区划，在重要生态功能区、陆地和海洋生态环境敏感区、脆弱区等区域划定生态红线，对各类主体功能区分别制定相应的环境标准和环境政策。这是我国首次以国务院文件形式出现"生态红线"概念并提出划定任务。2012年1月，国务院发布了《关于实行最严格水资源管理制度的意见》（国发〔2012〕3号），确定了水资源开发利用控制、用水效率控制和水功能区限制纳污"三条红线"。2013年7月，国家林业局启动生态红线保护行动，划定林地和森林、

---

[1] 吕红迪、万军，王成新等：《城市生态红线体系构建建设及其与管理制度衔接的研究》，《环境科学与管理》2014年第1期，第6页。

湿地、荒漠植被、物种四条红线[1]等等。2013年，习近平同志在中共中央政治局第六次集体学习时再次强调，要划定并严守生态红线，牢固树立生态红线的观念。[2]2013年11月，十八届三中全会通过的《中共中央关于全面深化改革若干重大问题的决定》中明确指出："划定生态保护红线。坚定不移实施主体功能区制度，建立国土空间开发保护制度，严格按照主体功能区定位推动发展，建立国家公园体制。"由此明确了"生态红线"的划定将是今后国家全面深化改革的主要任务之一。

对生态保护红线作出系统技术规范的是2014年1月底由环境保护部印发的《国家生态保护红线——生态功能基线划定技术指南》（试行），这是我国首个生态保护红线划定的纲领性技术指导文件。《指南》定位就是为国家生态功能红线的划定提供技术支撑，其适用范围是国家层面的生态功能红线划定，核心目标是保障国家生态安全。《指南》的主要内容包括：生态功能红线的定义、类型及特征，生态功能红线划定的基本原则、技术流程、范围、方法和成果要求等。

《全国主体功能区规划》与《全国生态功能区划》中确定的重要生态功能区与禁止开发区是生态功能红线划定的重要地域空间范围，是划定生态保护红线的重要技术依托。

令人可喜的是，2015年1月1日实施的《中华人民共和国环境保护法》第29条第一款对生态保护红线制度予以了明确规定："国家在重点生态功能区、生态环境敏感区和脆弱区等区域划定生态保护红线，实行严格保护。"这是我国首次在环境保护基础法中对生态保护红线制度作出清晰的确认，将生态保护红线上升为国家法律层面，这充分体现了国家运用法律强制手段保护生态环境的决心，标志着生态保护红线由政策层次向法律制度的转变，其意义重大深远。

（二）理论基础与价值取向

首先，宇宙飞船理论和环境负载定额理论是生态保护红线制度建立的经济学基础。1960年，美国经济学家鲍尔丁（Kenneth E. Boulding）在"即将到来

---

[1] 饶胜、张强、牟雪洁：《划定生态红线创新生态系统管理》，《环境经济》2012年第6期，第57页。

[2] 高吉喜：《论生态保护红线划定与保护》，《2014中国环境科学学会学术年会论文集》，第2039页。

的太空船地球经济学"一文中，提出了宇宙飞船经济观：人类唯一赖以生存的最大生态系统是地球，而地球仅仅是茫茫无垠的太空中一艘小小的飞船，人口和经济的不断增长终将用完这一"小飞船"中的有限资源，人类的生产和消费废弃物也终将使飞船全部污染，到那时，整个人类社会就会崩溃。为了避免这种悲剧，人类必须转变经济增长方式，要从"消耗型"变为"生态型"、从"单程式"转为"循环式"。这一理论既是循环经济理论提出的基石，又是生态保护红线制度建立的理论基础，因为这一理论在强调实施循环经济的同时，它还要求既不耗尽资源又不污染环境，这正是生态保护红线中三条红线即生态功能保障基线、环境质量安全底线和自然资源利用上线所要达到的直接目的。

受宇宙飞船理论的影响，在20世纪60年代晚期至70年代早期，容纳能力的概念被广泛用于讨论环境对人类活动的限制，用来说明生态系统和经济系统之间的相互影响，即生态环境的有限承载能力理论应运而生。承载力原本是一个物理学概念，本意是指物体在不产生任何破坏时所能承受的最大负荷，具有力的量纲。[1] 随着社会的发展、人们环境意识的提高，其逐渐被引入到生态环境领域。环境承载力又被称为"环境负载定额"或"生态系统的忍耐"，是指某一有机体在干扰或逆境的情况下，被容许生存的诸生理特征[2]。具体表现为，在特定的时期、特定的区域以及特定的环境状况下，生态环境对人类社会、经济活动的支持能力的限度。当人类的行为控制在此限度之内，它能够承载人类开采资源与利用能源的负荷，容纳、净化人类在生产与生活活动中产生的废弃物，并且能够实现生态系统的自我调节与修复；相反，当人类无视环境生态规律，特别是在生态环境脆弱区、敏感区进行无序的经济开发建设活动，超出其承载范围，生态系统则会遭受到严重的破坏，甚至引发生态危机。因此，有必要依据我国生态环境现状，作出生态环境重要性、脆弱性及敏感性评估，将人类的活动规范在环境承载限度之内，因为生态红线管理实质上就是承载力管

---

[1] 赵成美：《生态保护红线的理论基础、实践意义与管控体系构建》，《2014中国环境科学学会学术年会论文集》。

[2]（英）E. 马尔特比等著，康乐、韩兴国等译：《生态系统管理：科学与社会管理问题》，科学出版社2003年版。

理，生态保护红线制度正是通过对人类行为做出底线管理的方式从而确保我国生态环境安全。

其次，公平原则和保护优先原则是生态保护红线制度建立的法学和环境保护法学基础。法的公平原则体现在环境保护领域应包含两方面的内容：一是代内公平，二是代际公平。代内公平是指同一代人，不论国籍、种族、性别、经济水平和文化差异，在要求良好生活环境和利用自然资源方面，都享有平等的权利。而代际公平则指当代人和后代人在利用自然资源、满足自身利益、谋求生存与发展上权利均等。即当代人必须留给后代人生存和发展的必要环境资源和自然资源。这一理论最早由美国国际法学者爱蒂斯·布朗·魏伊丝在《生态法季刊》发表的一篇题为《行星托管：自然保护与代际公平》的论文中提出。其后，在其著作《公平地对待未来人类》中重申。她认为代际公平由三项基本原则组成：一是"保存选择原则"，即每一代人应该为后代人保存自然和文化资源的多样性，避免限制后代人的权利，使后代人有和前代人相似的可供选择的多样性；二是"保存质量原则"，就是说每一代人都应该保证地球的质量，在交给下一代时，不比自己从前一代人手里接过来时更差，也就是说，地球没有在这一代人手里受到破坏；三是"保存取得和利用原则"，即每代人应该对其成员提供平等地取得和利用前代人的遗产的权利，并且为后代人保存这项取得和利用权。[1] 由此可见，自然资源利用上线是"保存选择原则"和"保存取得和利用原则"的必然要求，它强调的是当代人和后代人之间所享受的生物物种或自然资源的量的公平；生态功能保障基线和环境质量安全底线则是"保存质量原则"的基本要求，只有设定科学的生态功能保障基线和环境质量安全底线，才会保存地球的环境质量，真正实现代际公平。

保护优先原则是新《环境保护法》第 5 条确立的一项基本原则，新法在明确规定保护优先原则的同时，在第 4 条中规定：国家采取有利于节约和循环利用资源、保护和改善环境、促进人与自然和谐的经济、技术政策和措施，使经济社会发展与环境保护相协调。由此可见，经济社会发展与环境保护相比，环境保护是摆在第一位的，这就要求我们采取强有力的措施保护好环境，而生态

---

[1] 王曦编著：《国际环境法》，法律出版社 1998 年版，第 105 页。

保护红线制度是担当这一重任的基础，因为缺少了红线的划定，生态环境的保护就无从谈起。

与上述生态保护红线的理论基础一脉相承，生态保护红线追求的价值目标可定位为：维护我国最低生态安全，协调经济发展与环境保护的关系，实现人类环境公平。生态保护红线具有法律强制效力，从空间管控角度上讲，泛指不可逾越的边界或者禁止进入的范围，是指在生态文明建设中不可触碰逾越的底线，是维护我国生态安全的最低要求，是限制开发利用的"高压线"，维护生态平衡的"安全线"，也是维护国家生态安全的底线。[1]生态保护红线的划定，需要相关部门进行实地考察，对拟划定红线区域进行生态服务价值功能重要性以及环境脆弱性、敏感性作出评估，核定该区域生态环境的最高承载能力，综合划定一定范围的空间红线区域作为不可逾越的边界线，在此红线边界线内，实行最严格的保护，该红线是底线、铁线和警戒线，是该区域生态承载能力的最高限额，是保障我国生态安全的底线，一旦划定，便具有严格的法律强制力，是坚决不允许因建设项目以及区域开发的调整而有所减少与变动的。

划定生态红线表面看似限制了资源的开发、阻碍了经济项目的建设，对人们的行为作出了诸多约束，从而影响我国经济的发展，但是实际上生态红线并不是画地为牢，划定是为了更好地协调好经济发展与环境保护二者的关系，在我国当前严峻的生态环境形势下，划定生态红线，是对我们人类开发利用自然的经济行为作出底线管理，从根源上限制和禁止的是各类无视自然环境生态规律、破坏污染环境、超过环境承载能力进行资源过度开采的与主体功能不相符合的不合理的经济开发行为，那些在红线保护区域内从事有利于恢复保护自然、修复治理环境的绿色合法产业以及符合主体功能定位、当地资源环境可承载的产业当然是国家鼓励和支持的，另外，保护和扩大自然界提供生态产品能力的过程也是创造价值的过程，保护生态环境、提供生态产品的活动也是一种发展，所以在保护区内并不是禁止一切人类的开发建设活动，相反是允许人类进行与主体功能区相适应的活动，只要不使红线区域内的环境质量下降、生态功能降低、性质改变、面积缩小即可。因此划定生态保护红线能够妥善处理好发展与

---

[1]　李莉：《生态红线为民所划》，《环境保护》2014年第21期，第37页。

保护的关系，切实落实 2014 年修订通过的《环境保护法》中新确立的"保护优先"的环境保护法基本原则，充分发挥利用各地区区域资源与环境优势，促进我国经济发展与环境保护协调发展，实现我国经济社会可持续发展的重要战略目标。

第二节 我国生态保护红线制度立法及存在的问题

一、我国生态保护红线制度立法

关于"生态保护红线"的提法只在新修订的《环境保护法》的第 29 条这一个条文中作出明确规定。它规定：国家在重点生态功能区、生态环境敏感区和脆弱区等区域划定生态保护红线，实行严格保护。各级人民政府对具有代表性的各种类型的自然生态系统区域，珍稀、濒危的野生动植物自然分布区域，重要的水源涵养区域，具有重大科学文化价值的地质构造、著名溶洞和化石分布区、冰川、火山、温泉等自然遗迹，以及人文遗迹、古树名木，应当采取措施予以保护，严禁破坏。但根据上述《指南》对生态保护红线的解释，该条只是对生态功能保障基线这一条红线的规定,其他两条红线散见于《环境保护法》的其他条文和单行法中，但他们都未使用"生态保护红线"一词。如《大气污染防治法》的第 13、15 条和《水污染防治法》第 9 条中确立的污染物排放总量控制制度，便是生态质量红线的重要实施措施之一 ;《水法》第 47、48 条中规定的用水总量控制和定额管理相结合的制度、取水许可制度，体现了水资源管理"三条红线"中的"开发利用控制红线",《水法》第 32、33、34 条及《水污染防治法》第 9 条、18 条则体现了"水功能区限制纳污红线"。

二、制度存在的问题

环境保护法的基本制度应是调整某一类或某一方面环境保护社会关系的、

具有重大意义和起主要作用的法律规范的统称。[1]一项基本制度至少应具备以下特征：

第一，它应该是系统的。即它应由一系列法律规范规定。当然，这些法律规范可以表现为众多不同的法律形式，可以是法律、行政法规、部门规章、地方性法规等，制定的机关可以是全国人大及其常委会、国务院、国务院各部门和地方人大等。同时，作为环境保护法的基本制度，应当由环境保护的基本法予以规定。

第二，它应该是具体的。基本制度与基本原则不同，它应当是一项措施的具体化、法律化。它应当包括该制度的适用范围、制度的主要内容和违反该制度的法律责任。

第三，它应当是协调的。当众多的法律规范对一项制度进行规定时，其相互之间应是协调的，而不是矛盾和冲突的。

然而，生态保护红线制度作为我国环境保护法的一项基本制度主要只在《环境保护法》的一个条文中作出规定，因此它既谈不上系统性，更无从说具体性和协调性，因而被广泛诟病。从总体上看，我国生态保护红线制度主要存在以下问题：

（一）立法体系不完备

正如上文所言，基本制度应由一系列法律规范规定。考察我国环境保护法确立的基本制度，大多在众多的环境保护法律规范中予以规定。如环境影响评价制度除在《环境保护法》这部在环境保护领域里起统领作用的基础性法律中予以规定外，我国还专门制定了一部法律——《环境影响评价法》，此外，还有《建设项目环境保护管理条例》《规划环境影响评价条例》《环境影响评价公众参与暂行办法》等行政法规和部门规章，同时，环境保护的单行法律也对此予以了明确规定；又如排污收费制度，国务院专门颁布了一部行政法规——《排污费征收使用管理条例》，并在各污染防治的单行法中作了具体规定；其他如"三同时"制度、许可证制度、环境监测制度、突发环境事件应急预案制度等都在环境保护的基础法和单行法中予以明确，就是新设立的生态保护补偿制

---

[1] 韩德培主编：《环境保护法教程》（第七版），法律出版社 2015 年版，第 76 页。

度都在 2008 年修订的《水污染防治法》中作出了明确规定。

综观我国"生态保护红线"的立法现状，我国尚未形成系统完善的生态保护红线法律体系，主要体现在：

第一，生态保护红线这一环境保护法的基本制度尚无一部环境保护基本法作出规定。这当然是由我国环境保护法体系本身的缺陷所导致。党的十八大就已把生态文明建设纳入我国"五位一体"的战略发展目标中，"保护环境是国家的基本国策"也已明确入法，环境保护法是一个独立的法律部门已成为法学界的共识，因此在环境保护法体系里应有一部由全国人大制定的环境保护基本法。但现行的《环境保护法》是由全国人大常委会制定通过，并非由全国人大制定，它不具备国家基本法地位，而我们充其量只能将其定性为在环境保护法体系里起统领作用的综合性基础性法律。显然，环境保护基本法的缺失无疑是我国环境保护法体系的一大败笔，也与当今社会发展趋势格格不入。考察环境保护立法相对完善的国家，无一不有环境保护的基本法，例如美国早在 1969年就有《国家环境政策法》，日本也有《环境基本法》，加拿大、瑞典有《环境保护法》，英国则有《环境法》，这些立法均为基本法。[1] 部门法的基本制度理应在基本法中作出规定。

第二，生态保护红线制度的立法缺乏系统性和协调性。在我国，生态保护红线制度至今只有一部《环境保护法》用一个条文即第 29 条冠以"生态保护红线"的命名，即国家在重点生态功能区、生态环境敏感区和脆弱区等区域划定生态保护红线，更准确地说是生态功能保障基线这一条红线。按照《指南》的规定，生态保护红线应包含三条红线，即生态功能保障基线、环境质量安全底线和自然资源利用上线，那么，《环境保护法》有没有规定生态保护红线中的其他两条红线？应当说，环境质量安全底线在其中是有规定的，如第 15 条、第 16 条和第 44 条分别规定的环境质量标准、污染物的排放标准和污染物排放总量控制指标等实质上就是环境质量安全底线的规定，但自然资源利用上线却未在该法中予以明确。造成这一局面的一个很重要因素是：现行的《环境保护法》仍然是一部重污染防治、轻资源保护的非实质意义的综合法。对自然资源

[1] 赵国青主编：《外国环境法选编》，中国政法大学出版社 2000 年版。

利用上线规定的缺失这不能不说是此次立法在微观层面上的系统性漏洞。从宏观层面看，有基础法的规定，却无单行法和专项法的支撑，各污染防治、自然资源和生态区域保护的单行法中尽管有关于污染物排放总量控制制度、用水总量控制制度等内容，但却未有明确的生态保护红线制度的规定，更没有其他专项立法予以明确。

（二）立法内容过于原则、抽象

由于我国现阶段并未出台国家层面的关于生态保护红线的专项立法，目前存在的关于生态保护红线的已有立法内容又太过简单、原则与抽象，《环境保护法》第 29 条仅为原则性、宣示性条文，仅规定国家在三类重点区域划定生态保护红线，实行严格保护，各级人民政府对于各种生态保护区域应当采取措施予以保护，严禁破坏。仅《环境保护法》一个条文的规定无法很好具体地指导实践中的生态保护红线的划定与落实工作，这必然导致执法、司法和守法者的茫然：1.到底生态保护红线包含了哪些类型？是否仅包含该法第 29 条规定的生态功能保障基线这一条红线？ 2.生态保护红线制度应包含哪些内容？如：由谁划定，如何划定，按什么原则或标准划定，划定和修订的程序如何，违反该制度应承担哪些责任，由谁进行监督等均未有具体规定。同时，该法也未通过明确授权立法的形式授权给其他相关部门进行专项立法给予解决，尽管环保部在 2014 年出台了《指南》，但它不是法律规范，不具有法律强制力；同时，技术指南无法涵盖制度所应具备的全部内容。从法律实施角度看，环境基本法的"统领"作用不可能仅靠自身的原则性规定自动实现，而必须依靠具体制度的构建与完善[1]。法律是通过设定权利与义务的方式来对人们的行为作出有效规范的，但是，这一条文为谁设定了权利和义务，设定了哪些权利与义务，我们似乎不得而知。

此外，就具有生态保护红线制度实质内容的环境标准的规定看，现有的规定也极其原则且滞后。我国现行环境标准多制定于二十世纪八、九十年代，由于以前控制水平较低，制定的标准也相应的偏低，现在已经不符合我国日益提高的环境质量要求；同时，我国一直未制定针对光、热、土壤等污染类型及其

[1] 巩固：《政府激励视角下的〈环境保护法〉修改》，《法学》2013 年第 1 期，第 52—65 页。

损害的标准，存在管制空白。[1]

（三）法律责任明显缺失或过轻

法律责任是法律规范得以顺利实施的有力保障，是对法律关系主体为或不为特定行为的消极性评价，具体表现为当权利主体滥用权利和义务主体拒绝履行义务时，其必须承担的不良法律后果，因此法律责任是与已有权利与既有义务紧密相连、相辅相成的，法律责任及其追究体现法律的强制性，从根本上确保各项法律制度得以有效贯彻实施。

尽管 2014 年《环境保护法》被誉为史上最严的环保法，是长了牙齿的法律，但仔细研究其关于生态保护红线制度法律责任的规定，发现仍存在以下问题：1. 有义务，无对应法律责任。在逾越生态功能保障基线方面，《环境保护法》第 29 条规定了生态保护红线制度，但却在法律责任一章没有对应的法律责任条文。在突破环境质量安全底线方面，该法第 15 条规定了环境质量标准，并在第 6 条中规定了"地方各级人民政府应当对本行政区域的环境质量负责"，第 26 条中规定了"环境保护目标责任制和考核评价制度"，但当一个行政区域或一个流域没有达到环境质量标准时，应如何承担责任，承担哪些责任，法律却未作出规定，这也许是我国许多环境保护立法的通病。因为，如果一部法律只是规定你应当做什么、必须做什么、不得做什么、禁止做什么，却未规定违反这些规定所应承担的不良法律后果，这样的规定也只是一句口号，只是一纸空文。2. 部分越线法律责任明显过轻。《环境保护法》第 60 条规定对超标排污或超重点污染物排放总量控制指标排污的行为，有关机关可以对其采取限制生产、停产整顿，甚至报经有批准权限的政府批准，责令停业、关闭，这一规定，对排污者本身而言，责任严厉，但对其直接负责的主管人员和其他直接责任人员能否采取行政拘留，则未纳入在该法第 63 条规定的行政拘留的范围。然而实际上，"超标排污或超重点污染物排放总量控制指标排污的行为，情节严重，经责令改正拒不改正的"的行为与"违反法律规定，未取得排污许可证排放污染物，被责令停止排污，拒不执行的"的行为相比，其情节恶劣程度不分伯仲，

---

[1] 张晏、汪劲：《我国环境标准制度存在的问题及对策》，《中国环境科学》2012 年第 1 期，第187—192 页。

但法律将后者中的直接负责的主管人员和其他直接责任人员纳入实施行政拘留的范围，而前者却排除在外，这样的责任规定显然失衡。

第三节 我国生态保护红线制度化设计

《环境保护法》第29条的出台，预示着生态保护红线从公共政策开始走向法治化的轨道，但如何设计，应从以下几方面着手：

（一）选择科学的制度化路径

研究生态保护红线制度这一环境保护法新制度的制度化路径，必须先对我国环境保护法基本制度的现有路径进行考察。从总体上看，大致可分为以下几种：1. 基本法（或基础法）+ 专项法律 + 专项行政法规 + 部门规章 + 单行法律模式，如环境影响评价制度即采用这一模式。应该说，采用这一模式，是环境保护法中最重要、在环境保护中起着最基础性作用的基本制度。也就是说，采用这一立法模式，彰显了该基本制度的绝对重要性。2. 基本法（或基础法）+ 专项行政法规 + 单行法律模式，如排污收费制度便是如此。这种模式应适用于环境保护法中相对重要的制度。当然，随着环境保护税法的出台，《排污费征收使用管理条例》将会退出环保法体系的舞台，而代之以法律的形式。3. 基本法（或基础法）+ 单行法律模式。相对而言，这种模式是基本制度立法模式中最简单的模式，它无需制定专项法律或行政法规，只需在基本法或基础法作出原则性规定基础上，在环境保护的单行法律中作出具体规定。我国现有的环境保护法基本制度大多采用这一模式，但这一种模式往往需要政府规章或规范性文件作补充。

从理论上讲，除上述三种模式外，基本法（或基础法）+ 专项行政法规 + 部门规章 + 单行法法律模式也不失为环境保护法基本制度可以选择的模式，这种模式与上述第一种模式相比，没有那么复杂，也不会那么浪费立法成本，与上述第三种模式相比，没有那么简单而导致难以操作。

笔者认为，生态保护红线制度，作为环境保护法基本制度之一，宜采用基

本法 + 专项行政法规 + 单行法律模式。

首先，需提高我国现行的《环境保护法》效率层次，将其升格为由全国人大制定的法律，其中对该项制度予以规定。此观点上文已详述。

其次，应制定一部专门的行政法规，可命名为：《生态保护红线划定与保护条例》。1. 一项制度是否应有专门立法，取决于该制度在制度体系中的地位，即该制度是否在环境保护中起基础性决定性的作用。生态红线划定的法律意义在于，它是生态安全的底线，超越这条底线将面临生态系统崩溃的危险；它是生命安全的底线，包括公众在内的生命和健康高于经济和一般性法律利益；它是法律责任的底线，破坏了这种底线就意味着承担严厉的法律责任，故不可越雷池半步。[1] 随着人们对环境保护的认识从事后治理向事前防范与事后治理相结合的观念的转变，一项制度的事先防范功能就显得尤为重要。正如环境影响评价、排污收费或环境保护税等制度一样，生态保护红线制度的预防功能十分明显，三条红线无一不是对人们行为的警示，都是不可逾越的警戒线，它关乎生态安全，关乎人类发展的未来。因此，该制度应当有其专项立法，即制定一部专门系统的行政法规对所有生态保护红线的内容进行集中统一规制。也即在此部法律中，对我国生态保护红线的立法目的、任务、概念、划定的基本原则、具体的措施及保障以及相关的法律责任等一一作出明确规定。2. 一项制度是否专门立法，在一定程度上受制于该制度自身的特点，即制度本身的复杂性、系统性。正如前文提及，生态保护红线包括了三条红线，生态保护红线制度应是由三条保护红线制度所构成的制度体系，即生态功能红线、环境质量红线和资源利用红线的集合体。针对这一类复杂的制度体系，宜采用专项立法的模式。由于该制度尚未形成完全成熟的制度体系，所以不宜采用全国人大常委会制定法律的形式。

（二）明确红线划定与保护的原则

生态保护红线划定与保护原则，是贯穿于生态保护红线划定和保护的整个法律体系中的指导性原则，明晰原则是设计具体制度的关键一环。关于生

---

[1] 刘洪岩：《从文本到问题：有关新〈环境保护法〉的分析和评述》，《辽宁大学学报》（哲学社会科学版）2014 年第 4 期，第 20 页。

态保护红线的划定与保护原则，我们可以在《指南》中关于红线划定的五项基本原则的基础上予以完善，即既要确定重要性原则、综合性原则、等级性原则、协调性原则、可操作性原则，又要以"保护优先、兼顾发展原则"作为其首要原则，同时还应将"管控结合、分级保护原则"作为该制度实施的一项重要原则。[1]

（三）合理安排红线的类别与级别

环境保护红线的分类框架决定了专项立法篇章的结构安排。对此，有学者提出构建"三维一体"的分类框架。该框架体系由环境红线在实际管理应用中的"三维"，也即环境要素、环保控制对象、生态系统构成，"一体"也即环境红线的理论分类"点"、"线"、"面"体系。[2]笔者以为，该观点有其合理性，但在具体设计上，可按以下分类框架进行设计：

第一类是生态功能红线。生态功能红线划定的范围包括：重点生态功能区、陆地和海洋生态环境敏感区和脆弱区。按照 2010 年国务院发布的《全国主体功能区规划》，重点生态功能区主要分布在限制开发区域和禁止开发区域。其中，限制开发区域国家重点生态功能区有 25 个，总面积 386 万平方公里，分为水源涵养型、水土保持型、防风固沙型、生物多样性维护型四个类型；禁止开发区域的国家重点生态功能区有 1443 处，总面积 120 万平方公里，其中规划生效后新设立的国家级自然保护区、世界文化自然遗产、国家级风景名胜区、国家森林公园、国家地质公园自动进入禁止开发的区域。陆地和海洋生态环境敏感区和脆弱区是指依法设立的各级各类自然、文化保护地，以及对建设项目的某类污染因子或者生态影响因子特别敏感和脆弱的区域。包括自然保护区、风景名胜区、世界文化和自然遗产地、饮用水水源保护区、基本农田保护区、基本草原、森林公园、地质公园、重要湿地、天然林、珍稀濒危野生动植物天然集中分布区、资源性缺水地区等区域。[3]我们应在已划定的国家级生态功能红

---

[1] 王灿发、江钦辉：《论生态红线的法律制度保障》，《环境保护》2014 年第 1 期，第 3 页。

[2] 王金南、吴文俊、蒋洪强等：《构建国家环境红线管理制度框架体系》，《环境保护》2014 年第 2 期，第 28 页。

[3] 信春鹰主编：《〈环境保护法〉学习读本》，中国民主法制出版社 2014 年版，第 144—145 页。

线区域的基础上适当扩大其区域范围。

生态功能红线从级别上看，可分为国家级和地方级，而地方级宜明确为省一级。这一则因为"红线"强调的是不可逾越，违者严惩，因此红线区域划定权限不宜过分下放；二则从我国环境标准的级别来看，无论是环境质量标准还是污染物的排放标准，地方标准均限定于省级标准。

第二类是环境质量红线，即环境质量安全底线，它是保障人民群众呼吸上新鲜的空气、喝上干净的水、吃上放心的粮食、维护人类生存的基本环境质量需求的安全线，包括环境质量达标红线、污染物排放总量控制红线和环境风险管理红线。因此，体现在环境保护法领域里的环境质量标准、污染物排放标准、污染物排放总量控制指标等均为生态保护红线中的组成部分。其中，环境质量标准包括大气、水和土壤环境质量标准等。鉴于我国环境标准滞后的特点，我国应抓紧提出地表水环境质量标准修订草案并广泛征求意见，出台污染场地环境管理系列标准，研究修订土壤环境质量标准，配套制修订一批水、土壤环境监测、管理技术规范。[1]

显然，此类红线的级别宜确定为国家级和省级两级。

第三类是资源利用红线，即自然资源利用上线，它是促进资源能源节约，保障能源、水、土地等资源高效利用，不应突破的最高限值。包括能源资源的利用量、用水总量控制、耕地红线、林地和森林、湿地、荒漠植被、物种红线等。

就资源利用红线的级别而言，宜遵守国家划定的红线标准，层层落实。

（四）确定红线的划定与监督主体

"谁来划定"、"谁来监督"是生态保护红线制度的基础性问题，它涉及到划定主体、监督主体的确定。

生态功能保障基线的划定是一项技术性与综合性很强的工作，涉及到水利、林业、农业、土地、海洋等多部门的利益，需要各部门的协调与配合，因此划定工作可考虑由环境保护部门牵头，划定主体部署到各个环境要素部门，他们之间既相互独立又相互配合，同时要注重相关技术部门的参与与支持。因此，

---

[1] 熊跃辉：《发挥环保标准在生态保护红线中的支撑作用》，《环境保护》2014（Z1）期，第25页。

国家级生态功能保障基线应由环境保护部牵头会同有关部门划定；而地方级生态功能保障基线应由省级环境保护主管部门牵头会同有关部门划定。

资源利用红线，主要涉及各种自然资源利用的总量控制问题，宜由自然资源的行政主管部门负责划定，如国土资源部、水利部和国家林业局等。

环境质量红线中的环境质量标准、污染物排放标准的制定和重点污染物排放总量控制指标的确定主体，我国立法已有规定，本书不再赘述。

监督主体不仅包括环境保护主管部门和其他依法享有环境监督管理职责部门，也应包括社会公众。《环境保护法》将"信息公开和公众参与"作为专章予以规定，足以可见公众参与在环境保护工作中的重要性。生态保护红线制度的实施离不开公众的参与，一则在于公众本身是该制度实施的义务主体；二则因为红线在划定之前应在一定程度上征求公众特别是有关专家的意见；同时，当有越线行为出现时，公众是最好的检举监督者。

（五）明晰、强化生态保护红线制度的越线责任

正如上文所言，《环境保护法》并未对逾越生态功能保障基线规定法律责任，因此有必要在生态保护红线专门的行政法规和单行法中规定越线责任，对其处以罚款，并责令停止违法行为，这应是违反该制度所应承担的必然后果。此外，地方性法规还可根据《环境保护法》第59条第三款的规定将其纳入按日计罚的范畴。

逾越环境质量红线的责任，如超标排放污染物和超过重点污染物排放总量控制指标的责任，《环境保护法》《大气污染防治法》和《水污染防治法》等都已有规定，但逾越环境质量标准这一环境质量红线，我国立法却未规定其法律责任。环境质量标准和污染物的排放标准一样，同样具有法律属性，而法律属性的明显特征是强制性，违反法律的强制性规定，理应承担法律责任。《环境保护法》第6条规定："地方各级人民政府应当对本行政区域的环境质量负责。"这一规定不应只是一句口号，而应体现在法律责任中。也就是说，当一个地区的环境质量没有达标时，该地方政府及其直接负责的主管人员应当承担相应的责任。此外，对严重超标排放污染物和超过重点污染物排放总量控制指标排污的行为，除承担已规定的法律责任外，应对其直接负责的主管人员和其他直接责任人员实施行政拘留。当然，限制人身自由的行政处罚，只能由法律设定，因此，我们只能通过修改《环境保护法》以强化这一行为的违法责任。

（六）引入环境行政公益诉讼

违反生态保护红线制度，既可以表现为行政管理相对人行为，又可以表现为行政管理者行为，如红线一旦划定，有关部门在划定的红线区域范围内违法审批或许可依法应禁止的对环境有影响的项目，而该项目一旦实施将会造成环境公共利益的受损。为避免造成现实的环境公共利益损失，可引入环境行政公益诉讼，即由法律规定的国家机关和社会组织以该做出行政审批或行政许可的行政机关为被告提起行政公益诉讼。只有这样，才能更有效地规范行政机关的行为，使生态保护红线制度落地实施。

生态保护红线制度是我国 2014 年修订通过的《环境保护法》确认的一项新的环境保护法基本制度，该制度还很不成熟，因此，我们宜采取自上而下与自下而上相结合的方式稳步推进。一方面可以先由国家层面对生态保护红线的划定工作作出统一部署，先行探索，形成统一、标准化的环境红线划分技术指南，在现有的《国家生态保护红线——生态功能基线划定技术指南》（试行）的基础上，制定其他两条红线划定的技术指南，即《国家生态保护红线——环境质量安全底线划定技术指南》和《国家生态保护红线——自然资源利用上线划定技术指南》；另一方面，可以在有条件和基础工作较好的地方先行开展环境保护红线管理试点，鼓励各地出台规范性文件或地方法规，不断推进生态保护红线的制度化和法制化，为国家建立环境红线管理体系积累经验。[1] 在总结地方经验的基础上，国家制定生态保护红线的专项行政法规，不断完善相关单行法，通过立法的形式规定生态保护红线制度的适用范围、生态保护红线划定的基本原则，明确红线划定与监督的主体，明晰、强化违反三类生态保护红线制度的法律责任，引入环境行政公益诉讼，真正使生态保护红线规范化、制度化，为生态安全提供法律保障。

---

[1] 熊跃辉：《发挥环保标准在生态保护红线中的支撑作用》，《环境保护》2014（Z1）期，第 25 页。

本章讨论主题与问题安排

主题：生态保护红线制度设计

问题：

　　1.生态保护红线有哪些类型？

　　2.如何对每一类型红线进行制度设计？

 讨论参考资料

　　1. 李干杰：《生态保护红线——确保国家生态安全的生命线》,《求是》2014 年第 2 期。

　　2. 陈海嵩：《"生态红线"的规范效力与法制化路径——解释论与立法论的双重展开》,《现代法学》2014 年第 4 期。

　　3. 吕红迪、万军,王成新、于雷等：《城市生态红线体系构建建设及其与管理制度衔接的研究》,《环境科学与管理》2014 年第 1 期。

　　4. 饶胜、张强、牟雪洁：《划定生态红线创新生态系统管理》,《环境经济》2012 年第 6 期。

　　5. 韩德培主编：《环境保护法教程》(第七版),法律出版社 2015 年版,第 76 页。

　　6. 张晏、汪劲：《我国环境标准制度存在的问题及对策》,《中国环境科学》2012 年第 1 期。

　　7. 王灿发、江钦辉：《论生态红线的法律制度保障》,《环境保护》2014 年第 1 期。

　　8. 王金南、吴文俊、蒋洪强等：《构建国家环境红线管理制度框架体系》,《环境保护》2014 年第 2 期。

　　9. 信春鹰主编：《〈环境保护法〉学习读本》,中国民主法制出版社 2014 年版。

　　10.《国家生态保护红线——生态功能基线划定技术指南》(试行)。

课后思考题

1. 我国关于生态保护红线制度的规定存在哪些不足?

2. 违反生态保护红线制度能否引入环境行政公益诉讼?

3. 案例分析——松花江污染案的启示

2005 年 11 月 13 日,吉林石化公司双苯厂发生爆炸事故,约 100 吨苯类污染物泄漏到松花江中。吉林石化和吉林省政府将这一情况及时通报给了国家环保总局。但是,直到 11 月 18 日才将松花江遭受污染的情况通报给黑龙江省政府,11 月 22 日才将此情况通知给哈尔滨市民,11 月 25 日才通知俄罗斯。据资料称:《吉林日报》从 2005 年 11 月 14 日至 17 日公开报道了相关突发事件信息。但是,《吉林日报》的报道重点依次是:省领导赴现场部署救援,事故不影响主业生产,应急预案措施得力。关于爆炸所引起的吉林松花江段污染问题只字未提。哈尔滨媒体前往吉林采访时却被告知松花江的水质未受影响。然而,位于吉林市松花江下游的吉林省松原市,在没有告知原因的情况下连续停水 7 天,直到 11 月 23 日。

2005 年 11 月 14 日,《哈尔滨日报》报道:"……吉林石化公司相关负责人表示,经吉林市环保部门连续监察,整个现场及周边空气质量合格,没有有毒气体,水体也未发生变化,松花江水质未受影响。"11 月 21 日,哈尔滨市政府以哈政发法字 [2005]25 号字样发布了《关于对市区市政供水管网设施进行全面检修临时停止供水的公告》:"自 2005 年 11 月 22 日中午 12 时起,对市区市政供水管网设施进行检修并停止供水。"然而,就在当天下午哈尔滨市政府又以哈政发法字 [2005]26 号字样发布了《关于市区供水管网临时停止供水的公告》:"2005 年 11 月 13 日,中石油吉化公司双苯厂胺苯车间发生爆炸事故。据环保部门监测,目前松花江哈尔滨城区段水体未发现异常,但预测近期有可能受到上游来水的污染。为确保市区内人民群众和机关、企事业单位用水安全,市人民政府决定市区供水管网临时停止供水。"

用环境保护法的基本制度分析上述案例。

|第十章|

环境民事责任

第一节 环境民事责任概述

一、环境民事责任的概念

要了解什么是环境民事责任，首先要知道什么是民事责任。民事责任是指民事主体因违反民事义务或侵害他人的财产权利或人身权利而应承担的法律责任。我国民事责任大体分为违约民事责任和侵权民事责任两大类。在环境保护法中，违约构成的民事责任情况极少，更多的是因侵权引起的民事责任。环境侵权行为包括两种：一种是污染环境的行为，一种是破坏环境的行为。

（一）定义

环境民事责任即环境保护法中的民事责任，是指行为人（包括单位和个人）因污染或破坏环境，给公共财产或者他人人身（包括精神）、财产造成损害或造成环境公共利益受损而应承担的民事方面的法律后果。从环境侵权的形式看，我们可将环境民事责任分为两种，一种是环境破坏民事责任，一种是环境污染民事责任。由于破坏环境的民事责任与一般民事责任在构成要件、归责原则等方面大体相同，因此，我们主要研究环境污染民事责任。

环境污染民事责任又称公害民事责任，是指行为人（包括单位、个人）因污染危害环境而侵害了公共财产或者他人财产、人身或造成环境公共利益受损所应承担的民事方面的法律后果。这个概念涉及了三个知识点：谁承担责任即责任主体、为什么承担责任、怎样承担责任。责任主体，即行为人。有些称为"公民和法人"，但在现实生活中，很多非法人组织也参与经济活动，污染环境，因此用"单位"一词比用"法人"一词更科学。公民通常是指具有一国国籍的人。对因环境污染造成损害承担责任的人不仅是公民，也包括外国人与无国籍的人，所以"个人"一词的外延比"公民"一词的外延更广泛。环境污染民事责任，属于特殊侵权民事责任。

（二）环境污染民事责任的特征

环境污染民事责任与一般民事责任、行政责任和刑事责任相比，有什么不同？这些不同，便构成其特征。

1.环境污染民事责任是环境污染侵权者对受害者一方所承担的责任

环境行政责任和刑事责任，都是责任人对国家和社会的责任，但环境污染民事责任则是对受害者的责任。这是因为污染者和受害者的法律地位是平等的。一方的污染行为侵害了另一方的合法权益，民事法律就要迫使侵害者承担民事后果，以使被侵害的民事权益得到恢复或者得到弥补。

2.环境污染民事责任主要是一种财产责任

环境污染民事责任的责任者怎样承担责任，涉及承担的方式和范围。从方式来看，行政责任的方式有：精神罚、财产罚、行为罚和人身罚。为了预防和减少环境问题产生，承担行政责任方式主要是行为罚。刑事责任主要是依法限制行为人的人身自由，或者说主要是人身罚。而承担公害民事责任方式是什么呢？按照1989年《环境保护法》规定，承担环境污染民事责任的方式是两种：排除危害、赔偿损失，但新《环境保护法》对此未直接作出规定，而是规定：因污染环境和破坏生态造成损害的，应当依照《中华人民共和国侵权责任法》的有关规定承担侵权责任。按照《侵权责任法》第15条的规定，承担环境侵权责任的方式主要有：（1）停止侵害；（2）排除妨碍；（3）消除危险；（4）恢复原状；（5）赔偿损失；（6）赔礼道歉。上述六种责任方式中，赔偿损失是最普遍的一种责任方式。

3. 赔偿损失的范围与环境污染危害造成的损失相当

民事法律责任是使被侵害的民事权益得到充分和合理的补偿，造成多大的损失就应承担多大的责任，这种责任具有补偿性。这种补偿性特点使它与行政责任中的罚款、刑事责任中的罚金不同，因为罚款、罚金具有惩罚性。

4. 环境污染民事责任不以致害人的过错和行为违法为构成要件

无论是一般侵权民事责任，还是环境行政责任、刑事责任都必须主观上有过错、行为违法。而公害民事责任则不要求行为违法、主观上有过错。这主要是由公害本身的特点所决定的。

二、环境污染民事责任的构成要件

一般侵权民事责任的构成要件有四个：行为违法、主观上有过错、有损害后果、违法行为与损害后果之间存在因果关系。但环境污染民事责任构成要件，我国学术界争论颇多。

（一）关于环境污染民事责任构成要件的学术之争

关于我国学术界对此论题的争论，笔者将其归纳为两大类："二要件说"和"三要件说"。

1. 二要件说

"二要件说"认为：承担污染损害民事责任的条件是：有环境损害的事实，环境损害行为与损害事实之间有因果关系。[1] 更有甚者，主张环境损害行为与损害事实之间有直接因果关系。[2] 显然，该说虽然概括为二要件，却在表述第二要件时，也提及环境损害行为与损害事实之间有因果关系，这说明环境损害依然在其要件中，只是不要求该行为具有违法性而已，其实质不是二要件，而是三要件。更何况在所有的法律责任的构成要件中，不可能没有任何行为发生，或者说只有思想存在而可以追究其法律责任的。只是这种行为，可以是作为的行为，也可以是有条件的不作为的行为。

---

[1]　王利民主编：《民法·侵权行为法》，中国人民大学出版社 1993 年版，第 455 页。

[2]　周珂主编：《环境与资源保护法》（第二版），中国人民大学出版社 2010 年版，第 115—117 页。

2. 三要件说

关于"三要件说",学界存在一定的分歧。如一种观点认为:环境污染民事责任的构成要件应包括:(1)污染环境行为的违法性;(2)损害事实;(3)违法行为与损害事实之间存在因果关系。[1] 该说认为,行为的违法性主要表现在以下几方面:首先,污染环境的侵权行为违反了我国法律规定及其精神实质,如《宪法》第26条[2] 和《民法通则》第124条[3];其次,对污染环境侵权行为的违法性,应作原则性理解,即《民法通则》第124条所称的"国家保护环境防止污染的规定"是指我国环境保护法及其相关法律法规所确立的基本原则、规则和制度,而不是指具体的某项排污标准;再次,《民法通则》第124条所解决的是法律适用问题,而不是行为标准问题……最后,在认定污染环境的侵权行为的违法性上,可以借鉴日本的判例和学说,其中包括以"忍受限度论"作为判断行为违法性的标准。[4]

"三要件说"的另一种观点认为:环境污染民事责任的构成要件有三:(1)致害行为;(2)损害结果;(3)致害行为与损害结果之间存在因果关系。[5]

比较三要件的两种观点,其分歧在于行为是否具有违法性。

(二)环境污染民事责任构成要件的应然选择

我们主张:环境污染民事责任的构成要件应采用上述"三要件说"中的第二种观点。但随着新《环境保护法》和配套规章及司法解释的出台,"三要件说"应进行新的诠释。即环境污染民事责任的构成要件应包括:(1)有致害行为;(2)有损害后果或损害后果之重大风险;(3)致害行为与损害后果之间存在因果关系。

1. 有致害行为,但不以行为的违法性为要件

首先,我们坚持行为不以违法性为要件,有其法律依据。早在1989年的《环

[1] 曹明德著:《环境侵权法》法律出版社2000年版,第164页。

[2] 《中华人民共和国宪法》第26条:国家保护和改善生活环境和生态环境,防治污染和其他公害。

[3] 《中华人民共和国民法通则》第124条:违反国家保护环境防止污染的规定,污染环境造成他人损害的,应当依法承担民事责任。

[4] 曹明德著:《环境侵权法》法律出版社2000年版,第166—169页。

[5] 金瑞林主编:《环境与资源保护法学》,北京大学出版社2006年版,第191页。

境保护法》第 41 条中就规定："造成环境污染危害的，有责任排除危害，并对直接受到损害的单位或者个人赔偿损失。"这一规定就摒弃了《民法通则》第 124 条的违法性规定的做法，未将违法性作为其承担责任的条件。《水污染防治法》第 85 条也规定：因水污染受到损害的当事人，有权要求排污方排除危害和赔偿损失。其他污染防治的单行法中都有类似的规定。此外，《侵权责任法》第 65 条规定：因污染环境造成损害的，污染者应当承担侵权责任。

显然，诸多法律与《民法通则》存在立法上的冲突。正因为这种冲突和法律规定的不一致，给理论研究与司法实践带来许多问题和困难。如何看待这个问题呢？我们有两点看法：一是《环境保护法》是只对特定的事项即与保护环境和自然资源，防治环境污染和其他公害有关的事务而制定的法律，是特别法。《民法通则》是针对一切民事活动的而制定的规则，对进行民事活动的一般人有效，是一般法。《民法通则》是 1986 年颁布的，《环境保护法》是 1989 颁布的。我们调整同一类社会关系，适用法的时候有一个重要原则：特别法优于一般法。在追究公害民事责任中，应当根据作为特别法的《环境保护法》的规定，而不是依《民法通则》的规定，即对公害民事责任不以行为违法性为要件。二是立法上的矛盾反映了立法者对环境侵权的认识过程。1986 年制定的《民法通则》第 124 条规定"违反国家保护环境防止污染的规定"，就其字面上理解，应主要是指国家和地方规定的污染物排放标准，也许当时只注意到了超标排放污染物所带来的危害，但在后来的环境侵权诉讼中，又出现了各种未超标排污所带来的危害问题。为了解决这一问题，1989 年在制定《环境保护法》时，对该条作了重大修改。在第 41 条第一款的规定中，不再要求"违反国家保护环境防止污染的规定"。这从后来国家环保局曾对湖北省环保局请示环境污染损害赔偿责任是否以过错和违法为条件的批复中可以看出。批复指出："承担污染赔偿责任的法定条件，就是排污单位造成环境污染危害，并使其他单位或者个人遭受损失。"并指出"至于国家或者地方规定的污染物标准，只是环保部门决定排污单位是否需要缴纳超标排污费和进行环境管理的依据，而不是确定排污单位是否承担赔偿责任的界限"。由此可以看出，立法上的矛盾也反映了立法者对环境侵权的认识过程。同时，《侵权责任法》用专章对环境污染侵权责任予以规定，说明其在责任构成要件方面的特殊性，也更进一步说明了违法性不是其构成要件。

其次，不以违法性为环境污染侵权责任的构成要件，有利于保护受害者的利益。众所周知，只要进行生产、生活就要从自然界里获取自然资源，然后把不用的废弃物抛入环境。正是在这个意义上，我们说自然资源和环境是人类进行生产和生活的前提和基础。排污就是正常生产和生活带来的副作用。事实上，只要人类社会不退回到原始社会，此类活动就不会停止。因而各国法律都允许生产性企业或团体将一定数量和浓度的污染物排入环境。环境本身能容纳污染物，但环境容纳污染物的能力是有极限的，超过了极限就会引起环境污染，所以，为了防止环境污染，国家出台法律规定人们要按标准排污，超过标准就是违法。但必须指出的是，并非所有依法排污的行为都不造成损害，而恰恰相反，只要某一地区有一个以上的排污者，那么这些排污者所排放的污染物经过反复持续的作用后都会在客观上造成一定的环境损害。如果对受害者不予赔偿，这对受害者是不公平的。

2. 有损害后果或损害之重大风险

损害后果包括人身、财产损失和社会公共利益损害。其中，因人身损害造成的损失包括物质损失和精神损失；财产损失包括直接损失和间接损失。

对此要件，要予以特别说明的是：第一，此处的损害后果不仅仅包括人身和财产方面的损害后果，也包括社会公共利益的损害。《环境保护法》第58条规定，对污染环境、破坏生态、损害社会公共利益的行为，符合条件的社会组织可以向人民法院提起诉讼。这意味着污染环境的行为损害了社会公共利益的，符合条件的社会组织是可以提出相应的诉讼请求的。第二，对社会公共利益的损害，是否要求已经发生了呢？对此，2014年12月8日由最高人民法院审判委员会第1631次会议通过，自2015年1月7日起施行的《最高人民法院关于审理环境民事公益诉讼案件适用法律若干问题的解释》的第1条做了清晰的回答：对已经损害社会公共利益或者具有损害社会公共利益重大风险的污染环境、破坏生态的行为提起诉讼，符合民事诉讼法规定的条件，人民法院应予受理。[1]

仔细揣摩该司法解释作出如此扩大解释的原因，应该在于当出现损害社会公共利益重大风险的污染环境、破坏生态的行为时，如果不赋予法定的社会组织进行公益诉讼的权利，则势必造成社会公共利益的损害，更何况我国立法规定的承担民事责任的方式并非限于赔偿损失，停止侵害、排除妨碍、消除危险也是很重要的承担责任的方式。

3. 致害行为和损害后果之间存在因果关系

这是追究法律责任的必备条件。一般侵权行为大多直接作用于受害人，环境侵权则要通过"环境"这一载体，再作用于人体和财产。即污染物排放进大气、水、土壤等环境中，对这些环境要素造成损害，使环境质量下降或恶化之后，再侵害到被污染环境下生存的人们的人身及财产。环境侵权的间接性导致因果关系的认定无论是原因的寻找，还是原因与结果之间的联系性的确定都更为困难。按传统的直接因果关系认定也解决不了现实中的问题。为了解决实践中的难题，各国形成了一些因果关系推定理论。主要包括以下几种：

（1）盖然性说。"盖然性说"是指相当程度的举证。该说认为，受害人只需证明侵害行为引起的损害可能性（盖然）达到一定程度，即可推定因果关系存在。或在加害行为与损害结果之间，只要有"如果没有该行为，就不会发生该损害结果"的某种程度的可能性，即可以认为存在因果关系。加害人必须提出证据证明他的行为和损害结果之间不存在因果关系，否则，必须承担民事责任。

（2）间接反证说。"间接反证说"认为，如果被害人能证明因果链条中的部分事实，就推定其余事实存在，而由致害人负反证其不存在的责任。当原告依据间接事实为间接证明时，而被告负反证其事实不存在的证明责任。日本水俣病案件是早先运用该说的开创性判例。

---

[1]《最高人民法院关于审理环境民事公益诉讼案件适用法律若干问题的解释》的第 1 条：法律规定的机关和有关组织依据民事诉讼法第五十五条、环境保护法第五十八条等法律的规定，对已经损害社会公共利益或者具有损害社会公共利益重大风险的污染环境、破坏生态的行为提起诉讼，符合民事诉讼法第一百一十九条第二项、第三项、第四项规定的，人民法院应予受理。

（3）疫学因果说。该学说认为：如果某种疾病可能由很多因素引起，利用统计的方法调查各因素与某种疾病之间的关系，从中选出关联性较大的因素，对此进行综合判断，推定某种污染物质与某种疾病之间具有因果关系。该说认为，构成因果关系须具备以下三个条件：第一，该污染物曾在发病前发生作用；第二，该污染物的作用与病情成正比；第三，该污染物足以引发某种疾病，与生物学上的规律并不矛盾。日本富山骨痛病诉讼案，就是运用疫学因果说的典范。

"梨锈病案"中，梨农的梨树带有梨锈病病菌，在缺乏过冬所必需的桧柏等转主寄主的条件下，梨锈病病菌在经过冬天后已经死亡，无法在第二年的春天去侵染梨树，在梨园附近的国道种植桧柏后，就破坏了梨园所在地的生态平衡，使得梨锈病获得了其发病所必需的转主寄主，使得梨树上本来就存在的梨锈病病菌在冬天能顺利到桧柏上过冬，第二年春天再去侵染梨树。在适宜的气候条件下梨锈病得以在梨园内大爆发，最终给梨农带来了严重的损害。事实上已构成生态型环境侵权，即被告的种植桧柏行为通过破坏梨园的生态而导致了环境侵权。根据环境侵权法理精神，梨农举出上述事实就完成了种植桧柏与梨农损失之间的盖然性因果关系论证。但是，由于我国相关法律只确定了污染型环境侵权的无过错责任或过错推定原则，对生态型环境侵权未作规定，一审法院以损害与侵权行为之间不存在必然的因果关系为由驳回原告的诉讼请求并不违反我国现行法律。如果生态型环境侵权有现实法律依据，则应该转由被告证明存在免责事由及种植桧柏行为与梨农损失不存在因果关系，这种因果关系必须是必然的因果关系。[1]

我国早在 20 世纪 80 年代在环境污染损害赔偿案的司法实践中就要求加害人就行为与损害结果不存在因果关系举证，举不出证据的，推定行为与结果之间存在因果关系。对于一般民事侵权，我国奉行"谁主张、谁举证"，而在公害损害赔偿诉讼中，是加害者对原告提出的侵权行为举证，这便是举证责任转移或举证责任倒置。对行为与结果的因果关系则实行推定，我国环保立法没有作出规定，但对举证责任转移，立法早已有之。1992 年，最高人民法院《关

---

[1] 李爱年、周训芳、李慧玲主编:《环境保护法学》，湖南人民出版社 2012 年版，第 134—135 页。

于适用〈中华人民共和国民事诉讼法〉若干问题的意见》中就规定了举证责任转移，但未明确规定因果关系实行举证责任转移，对此作出明确规定的是2001年12月公布的最高人民法院《关于民事诉讼证据的若干规定》，继而在一些环境污染防治的单行法和《侵权责任法》中予以明确规定。[1]

第二节　环境污染民事责任的归责原则

归责原则是指行为人因其侵权行为致他人损害的事实发生后，确认和追究侵权行为人民事责任的标准和准则，它是整个民事责任的核心，决定着侵权行为的分类、构成要件、举证责任的分担、免责条件等等。一般民事责任的构成要件是四个：行为违法、有损害后果、违法行为与损害后果之间有因果关系。主观上有过错。如果致害人的行为造成了他人重大的财产损失，但因无过错就免予承担赔偿责任，有过错才承担民事责任。因此，人们将一般民事责任的归责原则称为过错责任原则。环境污染侵权责任是一种特殊侵权民事责任，其实行无过错责任的归责原则。

一、无过错责任原则的概念

无过错责任，在英美法中被称为严格责任，在德国称"危险责任"，它是指污染环境而给他人造成财产或人身损害的单位或个人，即使主观上没有故意或过失，也要对造成的损害承担赔偿责任。值得注意的是，无过错责任的归责

---

[1]　最高人民法院《关于适用〈中华人民共和国民事诉讼法〉若干问题的意见》74条：在因环境污染引起的损害赔偿诉讼中，对原告提出的侵权事实，被告否认的由被告负举证责任。最高人民法院《关于民事诉讼证据的若干规定》第4条：因环境污染引起的损害赔偿诉讼，由加害人就法律规定的免责事由及行为与损害结果之间不存在因果关系承担举证责任。《中华人民共和国固体废物污染环境防治法》第86条：因固体废物污染环境引起的损害赔偿诉讼，由加害人就法律规定的免责事由及行为与损害结果之间不存在因果关系承担举证责任。《水污染防治法》第87条：因水污染引起的损害赔偿诉讼，由排污方就法律规定的免责事由及其行为与损害结果之间不存在因果关系承担举证责任。《侵权责任法》第66条：因污染环境发生纠纷，污染者应当就法律规定的不承担责任或者减轻责任的情形及其行为与损害之间不存在因果关系承担举证责任。

原则并不适用于所有的环境民事法律责任，它只在环境污染民事责任中适用。即它一般不适用于环境破坏的法律责任。同时，也不适用于环境行政责任和环境刑事责任。有人主张该项归责原则可以推广到环境破坏的民事责任，甚至行政责任和刑事责任，并说它是环境保护法的基本原则。这一提法既不符合我国和世界大多数国家环保实际，也与行政法、刑法的精神相违背。

二、无过错责任的例外情况

在通常情况下，环境污染民事责任适用无过错归责原则。但是，无过错责任原则也有其例外情况，即法律规定的免责条件。综观现行环保立法规定，法律规定的免责情形有以下几种情况：

（一）不可抗力

所谓不可抗力，是指不能预见、不能避免并不能克服的客观情况。一般说来，不可抗力包括自然事件（如地震、台风等）和社会事件（如战争）两大类。在我国环境保护立法中，有的将其表述为不可抗拒的自然灾害和战争，有的概括为不可抗力。

原《环境保护法》第41条第三款规定："完全由于不可抗拒的自然灾害，并经及时采取合理措施，仍然不能避免造成环境污染损害的，免予承担责任。"但《海洋环境保护法》对不可抗力的范围规定更宽泛一些，单独规定了战争为不可抗力。《海洋环境保护法》第92条规定："完全属于下列情形之一，经过及时采取合理措施，仍然不能避免对海洋环境造成了污染损害的，造成污染损害的有关责任者免予承担责任：（1）战争；（2）不可抗拒的自然灾害；（3）负责灯塔或者其他助航设备的主管部门，在执行职责时的疏忽或者其他过失行为。"

《侵权责任法》改变了原《环境保护法》的规定，在第29条中规定："因不可抗力造成他人损害的，不承担责任。法律另有规定的，依照其规定。"

《侵权责任法》第29条与原《环境保护法》第41条第三款的规定相比，既有进步，也有倒退。进步之处在于：1.用"不可抗力"替代了"不可抗拒的自然灾害"，显然扩大了法定的免责范围，从我国环境保护的单行法规定看，战争被列入免责事由的范围，如《海洋环境保护法》的规定。2.增加了"法律另有规定的，依照其规定"，这一规定更为科学，这是在我国现有立法规定的基础上完善的。

但该法的规定，不如 89《环境保护法》严密。也就是说，并非只要发生了不可抗力事件就必然导致免责：第一，要求损害完全是由于不可抗拒的自然灾害，即已发生的损害中没有任何人为因素，自然灾害是导致损害发生的唯一原因。如，某工厂的危险品仓库在一次特大洪水中被淹，危险品被冲出，污染了附近的饮用水源。这一后果是由自然灾害引起，但是否"完全"，则还要考虑该仓库有无按危险品仓库的要求进行设计和建造，物品放置的位置是否合理，管理是否完善，安全设施是否齐备等，假如所有的人为因素都不存在，则可以认定污染"完全"是由不可抗拒的自然灾害引起。第二，还要查明当事人是否及时采取合理措施，仍然不能避免损害后果的发生。如青岛市某化工厂遭雷击造成大量氯气外溢，诱发王某支气管哮喘一案，就是典型一例。在处理王某的索赔要求时，不仅要确认王某的住处在氯气污染的范围内和氯气可诱发哮喘病等原因，还应弄清雷击事件是否属于不可抗力的免责情况。即要弄清该工厂是否在贮存氯气罐子的周围安装了避雷装置。如果安装了，这种避雷装置是否符合技术要求足以使周围建筑物免遭雷击？已安装的避雷设施是否完好？发生雷击致使氯气外溢后，厂方是否及时采取合理措施？只有弄清了上述一系列问题，才能正确得出结论。

（二）受害人自身的故意

对于本项免责条件，一些教材或未修订前的法律表述为"受害人自身的责任"[1]或"受害人自身的过错"[2]或"因受害人自身引起的"[3]等，笔者认为，这些表述都存不妥。因为"过错"包含故意和过失两种情形，"责任"或"因自身引起"都隐含了自身的故意和过失两种情形。而事实上，是否由于受害人自身的过失会导致免责呢？我国现行立法并未有此规定。《民法通则》131 条规定：

---

[1] 原《水污染防治法》第 55 条第四款："水污染损失由受害者自身的责任所引起的，排污单位不承担责任。"

[2] 蔡守秋主编：《环境资源法学》，人民法院出版社、中国人民公安大学出版社 2003 年版，第 367 页；李爱年、周训芳、李慧玲主编：《环境保护法学》，湖南人民出版社 2012 年版，第 137 页。

[3] 金瑞林主编：《环境与资源保护法学》。北京大学出版社 2006 年版，第 193 页。

受害人对于损害的发生也有过错的，可以减轻侵害人的民事责任。最高人民法院 2003 年 12 月 4 日发布的《关于审理人身损害赔偿案件适用法律若干问题的解释》第 2 条规定"受害人对同一损害的发生或者扩大有故意、过失的，依照《民法通则》第 131 条的规定，可以减轻或者免除赔偿义务人的赔偿责任，但侵权人因故意或者重大过失致人损害，受害人只有一般过失的，不减轻赔偿义务人的赔偿责任"；"适用《民法通则》第 106 条第 3 款规定确定赔偿义务人的赔偿责任时，受害人重大过失的，可以减轻赔偿义务人的赔偿责任"。

在我国专门的环境保护法律中规定受害人故意而免责的是《水污染防治法》，它规定："水污染损害是由受害人故意造成的，排污方不承担赔偿责任。水污染损害是由受害人重大过失造成的，可以减轻排污方的赔偿责任。"同时，《侵权责任法》也作了明确规定，该法第 27 条规定："损害是因受害人故意造成的，行为人不承担责任。"

从上述立法规定可知：当受害人存在故意时，排污方免责；当受害人存在重大过失时，排污方减轻责任；当排污方只有一般过失时，不能减轻排污方的责任。

如：某人从一工厂内的废水处理池中取废水装入坛中埋入自家庭院内的地下，以便将来浇花时做肥料用。不料，由于废水中的有害物质渗透到庭院内的井水中，导致全家人饮用了井水后发生中毒事故。本案的中毒事故完全是受害人的故意所致，且工厂无排放行为，责任完全由受害人自行承担。

又如，某年 8 月，由于天气干旱，农民甲的农作物缺水，甲便将某化肥厂排放的污水引入自己的农田灌溉，结果造成农作物死亡，甲要求化肥厂承担赔偿责任。本案中农民甲无重大过失，工厂不能免责。

（三）特定条件下的第三人的过错

此处之所以表述为"特定条件下的第三人的过错"，是因为不是所有的情形下由于第三人的过错都能导致排污方免责。从我国的环保立法的演进过程看，我国立法越来越加大排污方的责任，且最大限度地让受害人的损害能得到赔偿。如《水污染防治法》规定："水污染损害是由第三人造成的，排污方承担赔偿责任后，有权向第三人追偿。"《侵权责任法》也规定："因第三人的过错污染环境造成损害的，被侵权人可以向污染者请求赔偿，也可以向第三人请求赔偿。

污染者赔偿后，有权向第三人追偿。"

我国环保立法规定因第三人的过错而导致排污方免责的，主要体现在《海洋环境保护法》中。该法第 92 条规定："完全属于下列情形之一，经过及时采取合理措施，仍然不能避免对海洋环境造成污染损害的，造成污染损害的有关责任者免予承担责任：（1）战争；（2）不可抗拒的自然灾害；（3）负责灯塔或者其他助航设备的主管部门，在执行职责时的疏忽，或者其他过失行为。"如由于航标灯的指示错误，导致满载石油的船舶触礁，石油污染了海面，船舶的所有人据此免责。

三、环境共同侵权中的连带责任与按份责任

本章所指的环境共同侵权是广义的环境共同侵权，它是指两个以上的致害人造成了不可分割的环境污染的损害后果。因此，可将其分为有意思联络的环境共同侵权和无意思联络的环境共同侵权两大类。

（一）有意思联络的环境共同侵权责任

有意思联络的环境共同侵权是指二人以上共同实施环境侵权行为，造成他人损害的，由于该行为人之间有共同的故意，故应按照《侵权责任法》的第 8 条规定承担连带责任。[1]

由于该共同侵权行为在环境保护领域少见，且这种传统意义上的共同侵权行为各侵权人应承担连带责任已无争议，故本章不作重点探讨。

（二）无意思联络环境共同侵权责任

无意思联络数人环境侵权的定义可界定为：无意思联络的数人排污或排污行为与其他行为结合导致相同受害人的同一不可分割的污染损害。

无意思联络数人环境侵权，具有以下特征：1. 侵权主体的多元性。无意思联络数人环境侵权应是数人实施了环境侵权行为，即实施环境侵权行为的人在两人或两人以上。2. 数侵权行为中存在排污行为，但并非要求都是排污行为。尽管本书是从特殊侵权层面来研究无意思联络数人环境侵权，但数人的数侵权行为并非一定都是排污行为，可能是其他行为与排污行为结合构成环境污染的

---

[1]《侵权责任法》第 8 条：二人以上共同实施侵权行为，造成他人损害的，应当承担连带责任。

损害后果。如一工厂向某鱼塘里达标排放废水,一直以来并未造成鱼的死亡,但他人故意将堤坝挖开放水,致使水位降低,净化能力下降,以致鱼的死亡。显然,排污者和放水者为共同侵权人。3.主观方面的无意思联络性。即数人在实施环境侵权行为时是无意思联络的。此处的无意思联络并非各自没有过错。也许,数人都存在过错,但不是共同的,所谓共同的也就是有通谋的。当然,也可能数人均无过错,或只有部分有过错。4.污染损害结果的同一性和不可分割性。数行为人的行为偶然结合造成对受害人的同一污染损害,且这一损害是无法分割的。在此,损害结果强调的是污染损害结果。

对于无意思联络数人环境共同侵权,数侵权人是一律承担连带责任,或一律承担按份责任,还是应区分不同情况承担按份责任或连带责任,学术界争论颇多。特别是《侵权责任法》颁布后,其纷争尤为激烈。《侵权责任法》第67条规定:"两个以上污染者污染环境,污染者承担责任的大小,根据污染物的种类、排放量等因素确定。"该条到底是关于内部责任的划分还是外部责任的规定,学界争论很大。

主张一元连带责任型的,如陈泉生先生认为:由于无意思联络的共同环境侵权彼此行为的共同关联性,侵权行为人也应对外承担连带责任,行为人不能以单独行为与损害事实无因果关系而请求免除赔偿责任。也有学者主张:《民法通则》第130条之规定同样适用于环境侵权纠纷,各侵权人应承担连带责任。[1]此外,杨立新先生曾在2007年就建议:"因污染环境直接或间接造成他人损害的,排污者应当承担侵权责任。两个以上排污者污染环境造成他人损害的,应当承担连带责任。"[2]

主张一元按份责任型的,如《侵权责任法(草案)》二次审议稿第70条规定:"两个以上的排污者污染环境,除能够证明与损害不存在因果关系的外,应当承担赔偿责任。排污者承担责任的大小,根据污染物排放量等情形确定。"王利明先生在《中国民法典·侵权行为法编(草案)》建议稿第121条建议:污染源来自于两个以上的原因的,应当由排放污染源的行为人根据排放量承担相

---

[1] 周珂主编:《环境与资源保护法》,中国人民大学出版社2012年版,第121页。

[2] 杨立新著:《中华人民共和国侵权责任法草案建议稿及说明》,法律出版社2007年版,第36页。

应的侵权责任。[1]

二元结构模式，是指在无意思联络数人环境侵权责任方式中采用两种责任方式并存的模式，拟或连带责任和按份责任相结合，拟或连带责任和不真正连带责任相结合。即使主张二元结构模式，但对连带责任和按份责任各自适用的范围又存在很大的分歧。

笔者认为：无意思联络数人环境侵权按其主体关联程度、行为结合的紧密程度及各行为与结果的紧密程度可分为主体强关联多因一果型、行为紧密结合一因一果型、行为半紧密结合多因一果型和行为相对松散全责性多因一果型四种类型。主体强关联多因一果型、行为紧密结合一因一果型和行为相对松散全责性多因一果型的无意思联络数人环境侵权，各加害人应当承担连带责任，但受害人有重大过失的除外；半紧密结合多因一果型无意思联络数人环境侵权，各加害人应根据过错的大小和造成损害后果的原因力比例等承担按份责任。[2]

四、环境服务机构的连带责任

在环境侵权领域，并非只有环境共同侵权才承担连带责任，新《环境保护法》还规定了环境服务机构的连带责任。该法第 65 条规定："环境影响评价机构、环境监测机构以及从事环境监测设备和防治污染设施维护、运营的机构，在有关环境服务活动中弄虚作假，对造成的环境污染和生态破坏负有责任的，除依照有关法律法规规定予以处罚外，还应当与造成环境污染和生态破坏的其他责任者承担连带责任。"

此外，值得探讨的一个问题是：某些委托机构是否也应对受托机构的环境损害承担连带责任？《最高人民法院、最高人民检察院关于办理环境污染刑事案件适用法律若干问题的解释》第 7 条规定："行为人明知他人无经营许可证或者超出经营许可范围，向其提供或者委托其收集、贮存、利用、处置危险废物，严重污染环境的，以污染环境罪的共同犯罪论处。"该司法解释尚且将提供和

---

[1] 王利明著：《民法典·侵权责任法研究》，人民法院出版社 2003 年版，第 3 页。

[2] 李慧玲、陈颖：《无意思联络数人环境侵权民事责任研究》，《吉首大学学报》（社会科学版）2014 年第 4 期。

委托人将其纳入共同犯罪范围之列，那么在环境污染民事纠纷的处理中，更应将危险废物的提供人或委托人纳入共同侵权责任人的范围之列，并与收集、贮存、利用、处置危险废物者承担连带责任。

第三节 承担环境污染民事责任的方式

一、环境污染民事责任方式概述

根据《民法通则》第 134 条的规定，承担一般民事责任的方式有 10 种：停止侵害；排除妨碍；消除危险；返还财产；恢复原状；修理、重做、更换；赔偿损失；支付违约金；消除影响、恢复名誉以及赔礼道歉。

承担侵权民事责任的方式，根据《侵权责任法》的规定，有以下 8 种：（1）停止侵害；（2）排除妨碍；（3）消除危险；（4）返还财产；（5）恢复原状；（6）赔偿损失；（7）赔礼道歉；（8）消除影响、恢复名誉。

承担环境污染民事责任的方式有哪些呢？从理论上来讲，环境污染民事责任，属于侵权民事责任的范畴，理应在侵权民事责任的 8 种类型中确定。然而，综观我国的环境保护立法，从 89《环境保护法》，到污染防治的单行法，除 2014 年修订的《环境保护法》和 2015 年 8 月修订的《大气污染防治法》外，都无一例外地规定了两种基本的承担民事责任的方式，一是排除危害，二是赔偿损失；另外，在《固体废物污染环境防治法》中规定了恢复原状这一责任类型。而《大气污染防治法》对此采用了援引模式，未对承担民事责任的方式予以明确规定。[1]

排除危害不能成为环境污染民事责任的责任方式。因为排除危害不是一种具体的责任形式，而是预防性的环境侵权责任的总称。它是指国家强令造成或可能造成环境危害者，排除可能发生的环境危害，或者停止已经发生并予以消除继续发生环境危害的一类责任的总和，它包括民事责任中的停止侵害、消除

---

[1]《大气污染防治法》第 125 条：排放大气污染物造成损害的，应当依法承担侵权责任。

危险责任方式和行政责任中的责令停止生产或者使用、责令重新安装使用、责令停止违法行为、责令停业、关闭等责任形式。[1]同时，在司法实践中，由于89《环境保护法》及其单行法只规定了环境民事责任的两种形式——排除危害和赔偿损失，因而导致对环境侵权纠纷诉讼往往不是按照《环境保护法》或其单行法的规定提起诉讼或判决，反而按照《民法通则》的规定起诉或判决。如原告山东乐陵市人民检察院诉被告范某通过非法渠道非法加工销售石油制品污染环境一案，其诉讼请求是按照《民法通则》的规定，请求法院依法判令被告停止侵害、排除妨害、消除危险，法院的判决也是依此做出的。[2]中国乐亭渔业污染案判决结果之一是责令九被告立即停止侵害，不得再排放污水入海，消除继续污染养殖区域的危险。[3]

二、环境污染民事责任方式的类型

结合《侵权责任法》和《最高人民法院关于审理环境民事公益诉讼案件适用法律若干问题的解释》第18条规定，环境污染民事责任方式有以下几种：停止侵害、排除妨碍、消除危险、恢复原状、赔偿损失、赔礼道歉等。

（一）停止侵害、排除妨碍、消除危险

对于停止侵害、排除妨碍、消除危险这三种民事责任方式，在我国环境民事侵权领域都可广泛适用。在我国环境污染防治的单行法中，大多规定了"排除危害"这一责任方式，这实质上就是停止侵害、排除妨碍、消除危险这三种责任方式的概括。

在此，要特别注意的是，在环境民事公益诉讼中，要充分使用这三种责任方式。《最高人民法院关于审理环境民事公益诉讼案件适用法律若干问题的解释》第19条规定："原告为防止生态环境损害的发生和扩大，请求被告停止侵害、

---

[1] 李慧玲：《排除危害环境污染民事责任构成要件研究》，《湖南师范大学学报》（社会科学版）2007年第2期，第70页。

[2] 石玉英：《检察机关民行检察监督的新途径——浅谈检察机关支持起诉及提起民事诉讼机制》，http://www.snd.gov.cn/snd_jcy/InfoDetail/?InfoID=38915902-1cf8-44be-9ef5-1091914da193&CategoryNum=0032010-02-20.

[3] 河北省渔政处：《乐亭渔业污染案终审渔民获赔669万元》，《河北渔业》2003年第3期，第23页。

排除妨碍、消除危险的，人民法院可以依法予以支持。原告为停止侵害、排除妨碍、消除危险采取合理预防、处置措施而发生的费用，请求被告承担的，人民法院可以依法予以支持。"

（二）赔偿损失

赔偿损失是指国家强令污染危害环境的单位或者个人，以自己的财产赔偿受害人的人身或财产损失的一种民事责任形式。赔偿损失的范围既包括了对财产损害的赔偿，又包括了对人身损害的赔偿；既包括了直接损失，又包括了间接损失；既包括了物质损失，又包括了精神损害。

1. 对财产损害的赔偿

对财产损害的赔偿，应遵循全部赔偿的原则，既要赔偿直接损失，又要赔偿间接损失。所谓直接损失，是指受害人因受环境污染危害而导致的现有财产的减少或灭失，如鱼苗死亡、蔬菜枯死等。间接损失，是指受害人在正常情况下应得到但因受环境污染危害而未能得到的收入的损失，即可得利益损失，如鱼苗死亡而未能得到的成鱼收入等。

2. 对造成人身损害而引起的赔偿

对造成人身损害而引起的赔偿损失的范围，应既包括物质损失的赔偿，又包括精神损害赔偿。精神损害是指因侵权行为所引起的受害人精神上的痛苦和肉体上的疼痛。对于人身损害中赔偿损失的具体额度，应根据人身损害的程度确定。如果造成一般人身伤害，即经过治疗可以恢复健康的伤害，对此应赔偿其医疗费，包括医药费、住院费、住院期间的伙食补助费、必要的营养护理费、治疗期间的误工工资和交通费等。如果造成身体残废，除赔偿上述费用外，还应根据其劳动能力丧失的程度和实际收入减少的情况，赔偿因不能全部或部分从事劳动、工作的残废赔偿金，其所抚养的人的必要的生活费等。如果因环境污染危害造成受害人死亡，除应赔偿死者生前的医疗费用外，还应支付丧葬费、死亡赔偿金及死者生前抚养的人的必要的生活费等。根据 2001 年 2 月 26 日最高人民法院《关于确定民事侵权精神损害赔偿责任若干问题的解释》，自然人的生命权、健康权、身体权遭受非法侵害，向人民法院起诉请求赔偿精神损害的，人民法院应当予以受理，因此，环境污染损害赔偿中，可以提起精神损害赔偿。

近年来，因环境污染致人身伤害的案件时有发生，不少法院也判决了精神损害赔偿。《侵权责任法》第 16 条规定：侵害他人造成人身损害的，应当赔偿医疗费、护理费、交通费等为治疗和康复支出的合理费用，以及因误工减少的收入。造成残疾的，还应当赔偿残疾生活辅助器具费和残疾赔偿金。造成死亡的，还应当赔偿丧葬费和死亡赔偿金。第 22 条规定：侵害他人人身权益，造成他人严重精神损害的，被侵权人可以请求精神损害赔偿。

（三）恢复原状

恢复原状是指受害人要求行为人因其行为使受损坏的财产能够恢复到被损害前的状态。这一责任方式在我国的《固体废物污染环境防治法》中已有规定，《侵权责任法》也将其纳入侵权责任方式之中。

由于恢复原状是一种行为责任，致害人可能不实施相应的行为或无法恢复到原来的状态，则可适用替代性方式。对此，《最高人民法院关于审理环境民事公益诉讼案件适用法律若干问题的解释》第 20 条规定：原告请求恢复原状的，人民法院可以依法判决被告将生态环境修复到损害发生之前的状态和功能。无法完全修复的，可以准许采用替代性修复方式。人民法院可以在判决被告修复生态环境的同时，确定被告不履行修复义务时应承担的生态环境修复费用；也可以直接判决被告承担生态环境修复费用。生态环境修复费用包括制定、实施修复方案的费用和监测、监管等费用。

（四）赔礼道歉

赔礼道歉是指侵权人通过书面、口头或者网络的方式向受害人表示歉意，以取得谅解的民事责任方式。

第四节 环境污染民事纠纷解决途径

一般民事纠纷的解决，通常有协商、调解、仲裁和诉讼四种方式。环境污染民事纠纷的解决，仲裁受到极大的限制，故通常有三种方式，但在海洋环境污染中，可采用仲裁方式解决。由于协商方式与其他民事纠纷解决的协商方式完全相同，本章不再赘述。

一、调解

调解是指当事人双方发生纠纷时，由无利害关系的第三人居中调和，达成解决纠纷的协议并自觉履行的纠纷解决方式。调解分为人民调解、行政调解和司法调解。

（一）人民调解

人民调解，属于诉讼外调解的一种，是指在人民调解委员会主持下，以国家法律、法规、规章和社会公德规范为依据，对民间纠纷双方当事人进行调解、劝说，促使他们互相谅解、平等协商，自愿达成协议，消除纷争的活动。环境污染民事纠纷当然可以通过人民调解委员会调解的方式解决。

（二）行政调解

行政调解处理是指根据当事人的请求，由环境保护行政主管部门或者其他依照法律规定行使环境监督管理权的部门对赔偿责任和赔偿金额的纠纷作出的调解处理。这是目前当事人寻求纠纷解决最有效、最便利的解决方式，目前还没有其他机关或组织具有环境保护机关那样的能力和实力。[1]

我国 89《环境保护法》和污染防治的单行法都规定了行政调解的这一调解方式。如《水污染防治法》第 86 条规定："因水污染引起的损害赔偿责任和赔偿金额的纠纷，可以根据当事人的请求，由环境保护主管部门或者海事管理机构、渔业主管部门按照职责分工调解处理；调解不成的，当事人可以向人民法院提起诉讼。当事人也可以直接向人民法院提起诉讼。"但是新修订的《环境保护法》和《大气污染防治法》对于环境侵权纠纷的解决机制并未作出规定。

对于单行法中规定的环境保护主管部门或者海事管理机构、渔业主管等部门按照职责分工进行的调解处理的性质如何、法律强制力如何？一直是学界争论的话题。导致纷争的主要原因是 89《环境保护法》适用了"处理决定"[2] 的表述，这很容易导致误认：环境保护行政部门或其他相关部门的处理为行政

---

[1] 吕忠梅主编：《环境法原理》，复旦大学出版社 2007 年版，第 264 页。

[2] 89《环境保护法》第 41 条第 2 款规定：赔偿责任和赔偿金额的纠纷，可以根据当事人的请求，由环境保护行政主管部门或者其他依照本法律规定行使环境监督管理权的部门处理；当事人对处理决定不服的，可以向人民法院起诉。当事人也可以直接向人民法院起诉。

裁决。为了避免这一错觉的发生，环境污染防治的单行法都避开了这一表述，使用"调解处理"一词。

从我国立法的演进过程可以判断：环境保护主管部门或者海事管理机构、渔业主管等部门按照职责分工进行的调解处理，其性质属于行政调解，而不是行政裁决，不属于具体行政行为的范畴。因此，对环境污染民事纠纷所作的调解，其调解协议不具有法律强制力，既不能由主持调解的行政机关自行强制执行，也不能向法院申请强制执行，只能依靠当事人自觉履行。如一方或者双方当事人反悔，则调解协议自动失效。如当事人不服调解结果，不能以作出调解处理的行政机关为被告提起行政诉讼，也不能申请行政复议。如侵权人不履行调解协议，受害人只能向人民法院起诉。这种诉讼为民事诉讼，被告为侵权人。

关于这一问题，早在 1992 年 1 月 31 日，全国人大常委会法制工作委员会对国家环境保护局的有关请示作出的正式答复中予以明确："因环境污染损害所引起的赔偿责任和赔偿金额的纠纷属民事纠纷，环境保护行政主管部门依据《中华人民共和国环境保护法》第 41 条第 2 款规定，根据当事人的请求，对因环境污染损害所引起的赔偿责任和赔偿金额纠纷所作的处理，当事人不服的，可以向人民法院提起民事诉讼，但这是民事纠纷双方当事人之间的民事诉讼，不能以作出处理决定的环境保护行政主管部门为被告提起行政诉讼。"

（三）司法调解

司法调解是指在人民法院审判组织的主持下，双方当事人自愿平等协商，达成协议，经人民法院认可后，终结诉讼程序的诉讼活动。法院调解是在法院受理案件后判决作出之前的一种活动；审判人员在调解过程中处于主导地位，其在调解过程中起着指挥、主持和监督的作用，体现了人民法院审判权的行使；调解协议必须经过人民法院审查并确认才能发生法律效力。法院调解分为庭前调解和审理中调解两种形式。其中庭前调解有利于及时化解纠纷，节约诉讼资源，缩短案件审结时间。

法院调解达成一致意见的，人民法院应当制作民事调解书，民事调解书与民事判决书具有同等的法律效力。调解书一经送达便生效。一方当事人不履行的，另一方当事人可向人民法院申请强制执行。

二、仲裁

关于能否使用仲裁方式解决环境污染民事纠纷，我国《环境保护法》和污染防治单行法都没有作出明确规定。对此作出明确规定的是：《防治船舶污染海洋环境管理条例》[1] 和 2014 年 11 月修订通过的《中国海事仲裁委员会仲裁规则》[2]。这表明：船舶污染海洋、海洋资源开发利用、海洋环境污染争议可适用仲裁程序。

其他的环境污染侵权纠纷能否适用仲裁程序？笔者认为，既然《中华人民共和国仲裁法》并未将环境污染民事纠纷排除在仲裁适用的范围之外，当事人就可选择适用仲裁程序。但令人遗憾的是，似乎在实践中乃至理论界都不认可在环境污染侵权领域适用这一方式。

三、诉讼

诉讼是最终的也是最权威的解决争议的途径。环境污染民事纠纷也不例外，也可通过民事诉讼的方式解决。根据全国环境保护立法规定和司法实践，我国环境污染民事诉讼具有以下特点：

（一）环境污染民事诉讼的特点

1.环境污染民事诉讼实行举证责任转移原则

举证责任转移原则是指受害者不必提出包括致害者的行为与损害后果存在因果关系等证据，而只需提出致害者已有污染危害环境行为等表面证据和自己已受损害的事实，赔偿要求即告成立，若致害者否认，就需提出反证，否则就应负赔偿责任。环境污染民事诉讼实行举证责任转移最早在最高人民法院《关于适用〈中华人民共和国民事诉讼法〉若干问题的意见》（1992）第 74 条中规

---

[1]《防治船舶污染海洋环境管理条例》第 56 条：对船舶污染事故损害赔偿的争议，当事人可以请求海事管理机构调解，也可以向仲裁机构申请仲裁或者向人民法院提起民事诉讼。

[2]《中国海事仲裁委员会仲裁规则》第 3 条：仲裁委员会根据当事人的约定受理下列争议案件：（五）海洋资源开发利用、海洋环境污染争议。

定:在因环境污染引起的损害赔偿诉讼中,对原告提出的侵权事实,被告否认的,由被告负责举证。继而在最高人民法院 2001 年 12 月 6 日通过,2002 年 4 月 1 日起施行的《关于民事诉讼证据若干规定》的第 4 条第 3 项规定;此后,在《固体废物污染环境防治法》和《水污染防治法》等单行法中予以规定。

2. 环境污染民事诉讼实行因果关系推定原则

传统的因果关系理论是"必然因果关系",根据这一理论,只有行为人的行为与损害结果之间有着内在的、本质的、必然的联系时,才具有法律上的因果关系;如果行为与损害结果之间只是外在的、偶然的联系,则不能认定二者之间的因果关系。但是,由于环境侵权具有潜伏性、复杂性、广泛性的特点,其危害结果的发生往往需经长时间反复多次的侵害甚至是多种因素的复合积累以后才能显现,且常常牵涉非一般常人所能了解的高科技知识,因而因果关系难以认定。倘若固守传统的因果关系理论,势必因证明之困难而否定受害人请求损害赔偿的权利。为此,需提出新的因果关系理论。因果关系推定理论在我国立法中尚无规定,但在司法实践中,已有适用。

3. 实行较长的诉讼时效

在我国,一般诉讼时效期间为 2 年,立法也规定了较短的诉讼时效期间为 1 年,规定了最长的诉讼时效期间为 4 年,但在环境污染侵权领域,却规定了较长的诉讼时效期间为 3 年。《环境保护法》第 66 条明确规定:提起环境损害赔偿诉讼的时效期间为 3 年,从当事人知道或者应当知道其受到损害时起计算。这主要是因为环境污染受损害当事人的不特定性、污染的复合性和难以发现等特点决定了损害赔偿需要实行较长的诉讼时效,这也是对环境污染受害人权利的保护。当然,《民法通则》中关于 20 年长期诉讼时效的规定在此仍然适用,即如果当事人不知道或者不能知道的,要求赔偿的诉讼时效期间为 20 年。

4. 实行环境公益诉讼

具体内容下述。

（二）环境民事公益诉讼

1. 概念和分类

环境民事公益诉讼,是指由于自然人、法人或其他组织的污染环境或破坏生态行为，使环境公共利益遭受侵害或有遭受侵害的重大危险时，法律规定的国家机关、社会组织或个人为维护公共利益而向人民法院提起的民事诉讼。

在我国，环境民事公益诉讼包括环境污染民事公益诉讼和生态破坏民事公益诉讼两种。新修订的《民事诉讼法》只规定了环境污染民事公益诉讼，但新修订的《环境保护法》将生态破坏的公益诉讼也纳入环境公益诉讼之中，这是《环境保护法》较《民事诉讼法》的一大进步。

我国环境民事公益诉讼的主要立法包括《民事诉讼法》的第 55 条、《环境保护法》的第 58 条和《最高人民法院关于审理环境民事公益诉讼案件适用法律若干问题的解释》。

2. 环境民事公益诉讼的原告

关于环境民事公益诉讼，美国有公民诉讼之说。早在 20 世纪的 70 年代，美国就赋予公民以公益诉讼原告资格，以后日本、法国、意大利等国的法律也有类似规定 [1]。

在我国，关于环境民事公益诉讼原告资格，两部法律规定有一定差异。《民事诉讼法》第 55 条规定："对污染环境、侵害众多消费者合法权益等损害社会公共利益的行为，法律规定的机关和有关组织可以向人民法院提起诉讼。"而《环境保护法》第 58 条却规定："对污染环境、破坏生态，损害社会公共利益的行为，符合下列条件的社会组织可以向人民法院提起诉讼：（一）依法在设区的市级以上人民政府民政部门登记；（二）专门从事环境保护公益活动连续五年以上且无违法记录。"显然，《民事诉讼法》将法律规定的机关和有关组织纳入原告范围，而《环境保护法》仅将法律规定的社会组织纳入原告范围之列，且要求非常严格。

对此，学界有不同的声音，有些专家认为，环境保护行政部门等有关国家机关应当作为原告，提起公益诉讼，或检察机关也可以作为原告，甚至公民个人也应纳入其中；也有些专家认为，将社会组织限制在设区的市级民政部门登记的条件过于苛刻。我们认为将公民纳入原告范围，容易导致滥诉，且不符合我国国情；而将国家机关纳入其中，限制社会组织在设区的市级民政部门登记

---

[1]　韩德培主编：《环境保护法学教程》（第七版），法律出版社 2015 年版，第 377 页。

有其合理性。

对于社会组织作为原告的条件，最高人民法院的司法解释做了较为详细的阐释，认为依照法律、法规的规定，在设区的市级以上人民政府民政部门登记的社会团体、民办非企业单位以及基金会等，可以认定为《环境保护法》第58条规定的社会组织。同时，还在其第4条中规定：社会组织章程确定的宗旨和主要业务范围是维护社会公共利益，且从事环境保护公益活动的，可以认定为《环境保护法》第58条规定的"专门从事环境保护公益活动"。

3. 提起环境民事公益诉讼的实体条件

提起环境民事公益诉讼的实体条件应包括以下两个方面：

（1）发生了污染环境、破坏生态的行为。针对这一规定，《环境保护法》与《民事诉讼法》第55条规定相比，是一大进步。因为它不仅将污染环境、损害社会公共利益的行为纳入环境民事公益诉讼的范围，同时又将破坏生态、损害社会公共利益的行为也纳入其中。

（2）该行为已经损害社会公共利益或者具有损害社会公共利益之重大风险。与《环境保护法》的第58条规定相比，似乎该司法解释做了较为宽泛的解释。因为《环境保护法》采用的表述为"对污染环境、破坏生态，损害社会公共利益的行为"，这里的"损害社会公共利益的行为"从字面上理解，应当理解为"已经损害社会公共利益的行为"，但司法解释却解释为"已经损害社会公共利益或者具有损害社会公共利益重大风险"；同时，此处的"重大风险"尚需进一步解释。

4. 环境民事公益诉讼的管辖

《解释》规定：第一审环境民事公益诉讼案件由污染环境、破坏生态行为发生地、损害结果地或者被告住所地的中级以上人民法院管辖。中级人民法院认为确有必要的，可以在报请高级人民法院批准后，裁定将本院管辖的第一审环境民事公益诉讼案件交由基层人民法院审理。同一原告或者不同原告对同一污染环境、破坏生态行为分别向两个以上有管辖权的人民法院提起环境民事公益诉讼的，由最先立案的人民法院管辖，必要时由共同上级人民法院指定管辖。

5.举证责任、证据的采集和认定

在环境民事公益诉讼中,我国实施了与一般民事诉讼不同的举证责任分配规则。《解释》规定:原告请求被告提供其排放的主要污染物名称、排放方式、排放浓度和总量、超标排放情况以及防治污染设施的建设和运行情况等环境信息,法律、法规、规章规定被告应当持有或者有证据证明被告持有而拒不提供,如果原告主张相关事实不利于被告的,人民法院可以推定该主张成立。对于审理环境民事公益诉讼案件需要的证据,人民法院认为必要的,应当调查收集。对于应当由原告承担举证责任且为维护社会公共利益所必要的专门性问题,人民法院可以委托具备资格的鉴定人进行鉴定。原告在诉讼过程中承认的对己方不利的事实和认可的证据,人民法院认为损害社会公共利益的,应当不予确认。

6.诉讼请求

对污染环境、破坏生态,已经损害社会公共利益或者具有损害社会公共利益重大风险的行为,原告可以请求被告承担停止侵害、排除妨碍、消除危险、恢复原状、赔偿损失、赔礼道歉等民事责任。原告为防止生态环境损害的发生和扩大,请求被告停止侵害、排除妨碍、消除危险的,人民法院可以依法予以支持。人民法院认为原告提出的诉讼请求不足以保护社会公共利益的,可以向其释明变更或者增加停止侵害、恢复原状等诉讼请求。

本章讨论主题与问题安排

主题一:长沙电磁波辐射案引发的环保法思考

案情:1990年长沙市电业局在离杨家屋1.9米的地方建了一个高压输电工程482号铁塔。但1991年至1995年期间,杨家四人相继生病。1996年杨之女某某以电磁波辐射引发疾病为由与电力局交涉,要求赔偿。电力局称:高压线虽然跨越了原告房屋,但属于有关规定和技术规程规定的可以跨越房屋的"特殊情况",并不违法,且住宅周围的电磁场强度和辐射小于国内和国际限值标准,因此杨家所患疾病与架设高压线之间无因果关系,不能满足受害人提出的人身伤害损失和精神损失赔偿要求。杨家在交涉不成的情况下，向法院提起诉讼，要求被告赔偿人身伤害损失和精神损失。经法院司法技术鉴定中心鉴定杨老汉患脑梗塞症，老伴王某某患老年痴呆症，杨之儿某某患心肌炎，杨之女某某被医院诊断为心肌炎。

附案件的几点说明：

1.《电力设施保护条例实施细则》第5条：电压导线（154—220千伏）距建筑物的水平安全距离为5米。（实际距离为1.9米。）

2.《电力设施保护条例实施细则》第15条：架空电力线路一般不得跨越房屋……特殊情况需要跨越时，设计建设单位应当采取增加杆塔高度等措施，以保证跨越房屋的安全。

3.《关于110—500千伏架空送电线路设计技术规程》要求220千伏高压线跨越房屋垂直距离为6米。（实际距离为13.4米。）

4.据国内外医学杂志专业学术论文介绍，上述心脑血管疾病正是电磁波辐射容易引发的主要病症。

5.杨家无家族心脑血管病史。

问题：

1.环境民事责任的构成要件是什么？

2.原告可在什么时间内提起诉讼？

3.本案原告可要求被告承担哪些民事责任？

4.杨家四人的疾病是否是电磁波辐射所致，应由谁举证？

5.如果你是本案法官，你会如何判决？

主题二：环境共同侵权责任承担

问题：

1.如何将环境共同侵权类型化？

2.如何区分环境共同侵权中的连带责任与按份责任？

主题三：环境公益诉讼理论

问题：

    1.公民能否成为环境民事公益诉讼的原告？

    2.国家机关能否成为环境民事公益诉讼的原告？

    3.我国能否确定环境行政公益诉讼？

主题四：泰州"天价"环境公益诉讼案引发的思考

    案情介绍：2012年冬，江苏卫视根据泰兴当地群众的举报，经过深入采访，于同年12月19日播出了《泰兴疯狂槽罐车工业废酸偷排长江连续多年》的新闻。报道很快被多家媒体转载，在当地引起了强烈反响，也引起了检察机关的关注。在泰州市检察院的直接指挥下，该院第一时间介入调查。随着调查深入，一个惊人的内幕被揭开了——在不到两年的时间里，江苏常隆农化有限公司等6家化工企业，将生产产生的2.5万多吨副产酸以每吨1元的价格"出售"或者直接交付的方式，提供给泰州市江中化工有限公司等4家公司，同时给予每吨20元至100元不等的补贴，这些工业副产酸被直接倾倒入如泰运河和古马干河，而这两条河直接通向长江。

    2013年正月初九，泰州市检察院检察长周剑浩带队到泰兴指导办案。针对环保类案件往往牵涉刑事、民事、渎职的情况，办案指导组当时就确定了"三检合一"的办案思路，即在检察引导侦查、监督泰兴公安履职的基础上，"以事立案"，追查案件背后是否有渎职行为；除了追究肇事者的刑事责任，还要追究上游6家化工企业的民事赔偿责任。

    "办理'12·19'案件中，在民事案件中办案人员遇到三个难题，一是原告主体资格问题，二是解决损害结果的认定问题，三是解决修复费用的计算问题。"由于修改后的《民事诉讼法》没有明确检察机关或环保部门可以作为原告直接提起公益诉讼，泰州市检察院经与环保部门协商，决定以泰州市环保联合会的名义提起公益诉讼，检察机关支持起诉，这样，公益诉讼主体资格问题就迎刃而解。

是否存在损害结果是本案的关键，直接关系到民事公益诉讼能否追究赔偿责任。2014年4月，江苏省环境科学学会出具评估报告，确定倾倒物属于国家危险废物名录中的范围，正常处理这些废物需要花费人民币3660多万元。泰州市检察机关根据这个报告以及专家辅助人意见，明确提出河水的自净修复功能不等于倾倒废液没有造成环境损害，本案中环境损害客观存在、不可逆转，需要用替代修复方案对地区生态环境进行修复。

解决修复费用的计算是本案的焦点。环境修复费用的计算方法是确定本案具体诉讼请求金额的关键。泰州市检察院经向鉴定人员及相关专家学者了解，根据环境保护部《关于开展环境污染损害鉴定评估工作的若干意见》及附件《环境污染损害数额计算推荐方法》规定，地表水污染修复费用采用虚拟治理成本法计算原则，这类地表水的污染修复费用为虚拟治理成本的4.5至6倍。检察机关按照虚拟治理成本3660多万元的4.5倍，计算得出本案环境修复费用为1.6亿余元。

与传统的处理方式相比，这种计算方法提出了一个"还生态环境以生命应有的形态"的概念。被污染的水域实际上是一个小型生态系统，其中包括水体、水中生物、河床、岸边植被，以及依赖于河流生产生活的人的各种生产活动和社会活动。

2014年9月10日，经泰州市检察院支持起诉，泰州市中级法院公开审理由泰州市环保联合会起诉的泰兴"12·19"重大环境污染公益诉讼案件，并当庭宣判常隆公司等6家化工企业赔偿环境修复费用共计1.6亿元，成为迄今为止我国环保领域赔付额最高的民事赔偿，引发社会高度关注。

一审判决后，常隆公司等4家企业不服，向该省高级法院提起上诉。

2014年12月4日，第一个"国家宪法日"，泰兴"12·19"重大环境污染公益诉讼案的二审成为刚成立的该省高级法院环境资源审判庭开庭审理的第一案，由该省高级法院院长许前飞担任审判长，省检察院副检察长邵建东等人出席二审法庭，发表出庭意见，履行法律监督职责。庭审吸引了从中央到地方的数十家媒体旁听采访。

2014年12月30日，江苏省高院二审宣判：维持一审判决，由6家化工企业共同承担1.6亿余元的环境修复资金，基本采纳了该省检察院意见，同时创造性提出允许企业在自行实施技术改造的基础上，向法院申请在40%额度内抵扣赔付金额。[1]

问题：

请用学过的环保法知识分析此案。

 讨论参考资料

1. 周珂主编：《环境与资源保护法》（第二版），中国人民大学出版社2010年版。

2. 曹明德著：《环境侵权法》，法律出版社2000年版。

3. 金瑞林主编：《环境与资源保护法学》，北京大学出版社2006年版。

4. 韩德培主编：《环境保护法学教程》，法律出版社2015年版。

5. 杨立新主编：《中华人民共和国侵权责任法草案建议稿及说明》，法律出版社2007年版。

6. 李慧玲、陈颖：《无意思联络数人环境侵权民事责任研究》，《吉首大学学报》（社会科学版）2014年第4期。

7. 李慧玲：《排除危害环境污染民事责任构成要件研究》，《湖南师范大学社会科学学报》2007年第2期。

---

[1] 《江苏泰州天价环保赔偿案：公益诉讼的检察探索》，http://mt.sohu.com/20150917/n421380962.shtml，2015-12-25。

8.《中华人民共和国环境保护法》。

9.《中华人民共和国侵权责任法》。

10.《中华人民共和国民事诉讼法》。

11.《最高人民法院关于审理环境民事公益诉讼案件适用法律若干问题的解释》。

 课后思考题

1. 环境污染民事责任的构成要件有哪些？

2. 环境污染民事责任的免责条件有哪些？

3. 环境污染民事诉讼案件中如何分配举证责任？

第十一章

环境行政责任和环境行政强制措施

第一节 环境行政责任概述

一、环境行政责任的概念

关于环境行政责任的观念，学界有不同的见解。有的认为，环境行政责任，又叫违反环境保护法的行政责任或者环境保护法上的行政责任，是指违反环境保护法实施了破坏或者污染环境行为的单位或者个人所应承担的行政方面的法律责任。[1]也有的认为，环境资源行政责任是指环境资源行政法律关系主体因违反环境资源行政法律规范，所应承担的否定性法律后果；或者说，是指环境资源行政法律关系主体因不履行环境资源法律规范所设定的义务，或滥用权力或权利，所应承担的否定性法律后果。[2]

上述两种观点，前者责任主体范围较窄，只包含了实施破坏或者污染环境行为的单位或者个人，是环境行政管理的相对人，而未包括行政管理者，有不可取之处；后者主体范围较宽，既包括了行政管理的相对人，又包括了行政管理者。但后者使用"环境资源行政责任"的表述不可取。

---

[1] 韩德培主编：《环境保护法教程》(第七版)，法律出版社 2015 年版，第 319 页。

[2] 蔡守秋主编：《环境资源法学》，人民法院出版社、中国人民公安大学出版社 2003 年版，第 334 页。

因此，我们认为：所谓环境行政责任即环境行政法律责任，就是指环境行政法律关系主体因违反环境行政法律规范，所应承担的否定性法律后果。

二、环境行政责任的特征

环境行政责任有以下特征：

（一）环境行政责任的主体既包括行政相对人又包括行政管理主体

环境行政法律责任的主体首先包括了行政管理相对人，如无排污许可证向环境排放污染物，理应承担环境行政责任；同样，不符合发放排污许可证的条件，而违法发放排污许可证，这种滥用行政权力的行为人也应承担环境行政责任。

（二）承担环境行政责任的前提是实施了环境行政违法行为

没有环境行政违法行为，也就没有环境行政法律责任。环境行政违法行为不仅表现为不履行环境行政法律规范规定的义务，还表现为滥用权力或权利。其中不履行环境行政法律规范规定的义务既包括应当作为而不作为，也包括禁止作为而作为。

（三）环境行政责任是一种法律责任

环境行政责任是一种法律责任，是指任何环境行政法律关系主体不履行环境法律规范所规定的法律义务或滥用权力或权利都应依法承担法律责任。这是它与环境民事责任的一重要区别。

三、环境行政责任的构成要件

（一）行为人有过错是承担环境行政责任的必要条件

所谓过错，是行为人实施行为时的心理状态，包括故意和过失两种形式。在环境行政责任的构成要件中，过错是其必要条件。这一条件，与环境刑事责任有相似之处，但与环境污染民事责任有本质上的不同。如《环境保护法》在法律责任一章中规定的超过污染物排放标准或者超过重点污染物排放总量控制指标排放污染物、未依法提交建设项目环境影响评价文件或者环境影响评价文件未经批准，擅自开工建设、重点排污单位不公开或者不如实公开环境信息等应依法追究行政责任的情形，无一例外，在主观方面都存在过错。

（二）行为人实施了违反环境法律法规的行为也是承担行政责任的必要条件

行为违法是承担行政责任必不可少的条件，这又是环境行政责任与环境民事责任的本质区别之一。如一个企业取得排污许可证且达标排放污染物，但造成了实际的污染损害后果，此时，可以追究该企业的民事责任，但不得追究其行政责任。

法学界对"违法"含义的解释有"主观违法说"和"客观违法说"两种：前者立足于行为人的行为本身，凡行为违反法律强制性或者禁止性规范即构成违法；反之，即使行为侵犯了应受或者已受法律保护的权益，如果行为本身并未违反法律强制性或者禁止性规范的，也不构成违法。后者则以行为效力为着眼点，以应受或者已受法律保护的权益为根本，即使行为未违反法律强制性或者禁止性规范，也构成违法。所谓"应受法律保护的权益"是指虽然法律没有明确规定，但从法的目的、作用以及法所追求的价值而言，应当获得法律保护的利益。这里的违法行为是指违反环境法律规定的行为，包括积极的作为和消极的不作为。"作为"，如工厂负责人未经环保部门同意而强令工人拆除防治大气污染设施的行为，即违反了《大气污染防治法》的行为；"不作为"，如某工厂发生水污染事故，却未立即采取应急措施，也未向可能受到水污染危害或损害的单位通报情况的行为，即违反《水污染防治法》的行为。在此，违法行为的实施与法律的明文规定是紧密联系在一起的。

本书采用前一观点。

（三）危害结果是承担环境行政责任的选择条件

"选择条件"并非必要条件，也即在大多数情况下，没有危害结果，只要具备了其他必要条件，仍然可以也必须追究行政责任；只有当法律明确规定危害结果是追究行政责任的条件时，才应考察是否存在危害结果。如我国《环境保护法》第 68 条 [1] 规定了 9 种实施行政处分的情形，就无需要求危害结果。而《大气污染防治法》的第 120 条 [2] 的规定就要求有影响环境的危害结果。

值得注意的是，新《环境保护法》与 89《环境保护法》的行政责任规定相比，显然在很大程度上放宽了追究行政责任的条件，无需有危害结果，这是预防为主原则在《环境保护法》中的体现。

（四）违法行为与危害后果之间有因果关系是构成环境行政责任的选择条件

因果关系是指行为人的违法行为与危害结果之间存在内在的、必然的联系。如果危害结果是构成某一行政责任的必要条件，则因果关系也是其必要条件；相反，如危害结果不是其构成要件，则因果关系也无需考察。

确定行政责任构成要件中的因果关系，必须坚持直接的因果关系，不适用环境污染赔偿责任中的"因果关系推定"原则。[3]

第二节 环境行政责任的具体形态

环境行政责任的具体形态包括：环境行政处罚、环境行政处分和环境行政赔偿三种类型。本章应说明的是：1. 引咎辞职不属于环境行政责任范畴；2. 环境行政命令不属于环境行政责任范畴；3. 环境行政赔偿与行政赔偿无本质区别，

---

[1]《环境保护法》第 68 条：地方各级人民政府、县级以上人民政府环境保护主管部门和其他负有环境保护监督管理职责的部门有下列行为之一的，对直接负责的主管人员和其他直接责任人员给予记过、记大过或者降级处分；造成严重后果的，给予撤职或者开除处分，其主要负责人应当引咎辞职：（一）不符合行政许可条件准予行政许可的；（二）对环境违法行为进行包庇的；（三）依法应当作出责令停业、关闭的决定而未作出的；（四）对超标排放污染物、采用逃避监管的方式排放污染物、造成环境事故以及不落实生态保护措施造成生态破坏等行为，发现或者接到举报未及时查处的；（五）违反本法规定，查封、扣押企业事业单位和其他生产经营者的设施、设备的；（六）篡改、伪造或者指使篡改、伪造监测数据的；（七）应当依法公开环境信息而未公开的；（八）将征收的排污费截留、挤占或者挪作他用的；（九）法律法规规定的其他违法行为。

[2]《大气污染防治法》第 120 条：违反本法规定，从事服装干洗和机动车维修等服务活动，未设置异味和废气处理装置等污染防治设施并保持正常使用，影响周边环境的，由县级以上地方人民政府环境保护主管部门责令改正，处二千元以上二万元以下的罚款；拒不改正的，责令停业整治。

[3] 韩德培主编：《环境保护法教程》，法律出版社 2015 年版，第 321 页。

本章不再赘述。

一、环境行政处罚

（一）环境行政处罚的概念和特征

环境行政处罚是指享有环境保护监督管理权的国家机关或法律法规授权的组织，按照国家有关行政处罚法律规定的程序，对违反环境保护法律法规规定、但又不够刑事惩罚的行为人所给予的一种行政处罚措施。

环境行政处罚具有下列特征：

1.环境行政处罚的主体是国家特定的行政机关和法律法规授权的组织

在我国，享有环境行政处罚权的主体是环境保护行政主管部门和其他依法享有环境监督管理权的部门。因此，除各级环境保护行政主管部门外，还包括污染防治的分管部门和资源保护的分管部门，具体有海洋、港务监督、渔政渔港监督、军队、公安、交通、铁道、民航管理部门，县级以上人民政府的土地、矿产、林业、农业、水利行政主管部门。此外，县级以上地方人民政府也是重要的实施环境行政处罚的主体，因为责令停业关闭是县级以上地方人民政府的职责范围。

2.环境行政处罚的对象是相对人中的违法且未受刑事处罚者

首先，环境行政处罚的对象是违反了环境保护法律法规规定实施了污染或破坏环境的行为人。该行为人可以是单位，也可以是个人。其次，环境行政处罚的对象是未构成环境资源犯罪或虽构成犯罪但未给予刑事处罚的行为人。

3.环境行政处罚的性质是行政制裁

一方面，环境行政处罚既不同于环境民事责任，又不同于环境刑事责任。民事责任主要具有补偿性，而不是惩罚性，而刑事责任具有极强的惩罚性。行政责任虽具有惩罚性，但较之于刑事责任要弱得多。另一方面，环境行政处罚不同于环境行政命令，也不同于其他具体行政行为。长期以来，有许多学者混淆了环境行政处罚和环境行政命令，将之混为一谈。如有学者认为："《环境保护法》规定的环境行政处罚的种类有警告、罚款、责令停止生产或使用、责令重新安装、责令停业、关闭等。"[1]事实上，责令停止生产或使用和责令重新安装应属于环境行政命令的范畴。这一点，在环境保护部发布的《环境行政处罚办法》[2]中得到了印证。

4.环境行政处罚具有时效性

环境行政处罚的时效期间为2年。《行政处罚法》第29条规定："违法行为在两年内未被发现的，不再给予行政处罚。法律另有规定的除外。前款规定的期限，从违法行为发生之日起计算；违法行为有连续或者继续状态的，从行为终了之日起计算。"

（二）环境行政处罚的种类

关于行政处罚的种类，通常有学理上的分类和法律上的分类。如学理上的分类，通常将行政处罚分为精神罚、财产罚、行为罚和人身罚等。而法律上的分类，2010年3月1日施行的《环境行政处罚办法》第10条就明确规定："根据法律、行政法规和部门规章，环境行政处罚的种类有：（1）警告；（2）罚款；（3）责令停产整顿；（4）责令停产、停业、关闭；（5）暂扣、吊销许可证或者其他具有许可性质的证件；（6）没收违法所得、没收非法财物；（7）行政拘留；（8）法律、行政法规设定的其他行政处罚种类。"

根据《环境行政处罚办法》的分类，本章重点介绍以下几种环境行政处罚：

1.警告

警告是环境保护监督管理部门依法对环境行政违法者的谴责和警示，属于精神罚。警告是最轻的一种行政处罚，一般只针对较轻的环境行政违法行为。如2006年4月15日施行的《取水许可和水资源费征收管理条例》第50条规定：申请人隐瞒有关情况或者提供虚假材料骗取取水申请批准文件或者取水许

---

[1] 李爱年、周训芳、李慧玲主编：《环境保护法学》，湖南人民出版社2012年版，第163页。

[2]《环境行政处罚办法》第十二条［责令改正形式］：根据环境保护法律、行政法规和部门规章，责令改正或者限期改正违法行为的行政命令的具体形式有：（一）责令停止建设；（二）责令停止试生产；（三）责令停止生产或使用；（四）责令限期建设配套设施；（五）责令重新安装使用；（六）责令限期拆除；（七）责令停止违法行为；（八）责令限期治理；（九）法律、法规或者规章设定的责令改正或者限期改正违法行为的行政命令的其他具体形式。根据最高人民法院关于行政行为种类和规范行政案件案由的规定，行政命令不属行政处罚。行政命令不适用行政处罚程序的规定。

可证的，取水申请批准文件或者取水许可证无效，对申请人给予警告，责令其限期补缴应当缴纳的水资源费，处 2 万元以上 10 万元以下罚款；构成犯罪的，依法追究刑事责任。

随着我国对环境保护工作的重视，环境行政处罚的力度也越来越大。因此，警告这一责任类型适用得越来越少，仔细考察最新修订的两部法律《环境保护法》和《大气污染防治法》的法律责任的规定，都未规定警告这一责任形式。

有学者主张"警告只能单独适用"[1]，但考察我国现行立法，也有与其他责任类型合并适用的，如上文提及的国务院发布《取水许可和水资源费征收管理条例》第 50 条。

2. 罚款

罚款是环境保护监督管理部门依法强令环境行政违法者向国家缴纳一定数额的金钱，是典型的财产罚。

被誉为史上最严的《环境保护法》在规定实施罚款的同时，规定了按日连续计罚制度。该法第 59 条规定："企业事业单位和其他生产经营者违法排放污染物，受到罚款处罚，被责令改正，拒不改正的，依法作出处罚决定的行政机关可以自责令改正之日的次日起，按照原处罚数额按日连续处罚。前款规定的罚款处罚，依照有关法律法规，按照防治污染设施的运行成本、违法行为造成的直接损失或者违法所得等因素确定的规定执行。地方性法规可以根据环境保护的实际需要，增加第一款规定的按日连续处罚的违法行为的种类。"为配合该条的实施，环保部于 2014 年 12 月发布了《环境保护主管部门实施按日连续处罚办法》，进一步规定了实施按日连续处罚的范围。该《办法》第 5 条规定："排污者有下列行为之一，受到罚款处罚，被责令改正，拒不改正的，依法作出罚款处罚决定的环境保护主管部门可以实施按日连续处罚：（1）超过国家或者地方规定的污染物排放标准，或者超过重点污染物排放总量控制指标排放污染物的；（2）通过暗管、渗井、渗坑、灌注或者篡改、伪造监测数据，或者不正常运行防治污染设施等逃避监管的方式排放污染物的；（3）排放法律、法规规定禁止排放的污染物的；（4）违法倾倒危险废物的；（5）其他违法排放污染物行为。"

---

[1] 韩德培主编：《环境保护法教程》（第七版），法律出版社 2015 年版，第 332 页。

根据上述规定，要实施按日连续处罚，有一个前提，即违法排放污染物，受到罚款处罚；另有一个条件，即被责令改正，拒不改正的。何谓"拒不改正"呢？该办法作了清晰的解释：排污者具有下列情形之一的，认定为拒不改正：（1）责令改正违法行为决定书送达后，环境保护主管部门复查发现仍在继续违法排放污染物的；（2）拒绝、阻挠环境保护主管部门实施复查的。

此外，一些地方性立法充分使用《环境保护法》第59条第3款赋予的权力，规定了更宽泛的适用按日连续处罚的情形，如2015年7月1日实施的《广东省环境保护条例》[1]就将"重点排污单位不公开或者不如实公开环境信息的"情形纳入按日连续处罚的范围。

如何实施按日连续处罚？办法对此规定：按日连续处罚的计罚日数为责令改正违法行为决定书送达排污者之日的次日起，至环境保护主管部门复查发现违法排放污染物行为之日止。再次复查仍拒不改正的，计罚日数累计执行；再次复查时违法排放污染物行为已经改正，环境保护主管部门在之后的检查中又发现排污者有该办法第五条规定的情形的，应当重新作出处罚决定，按日连续处罚的计罚周期重新起算；按日连续处罚次数不受限制；按日连续处罚每日的罚款数额，为原处罚决定书确定的罚款数额；按照按日连续处罚规则决定的罚款数额，为原处罚决定书确定的罚款数额乘以计罚日数。

3. 拘留

此处"拘留"即"行政拘留"，它是一种重要的也是常见的行政处罚，属于人身罚。是指法定的行政机关（专指公安机关）依法对违反行政法律规范的人，在短期内限制人身自由的一种行政处罚。行政拘留是最严厉的一种行政处

---

[1]《广东省环境保护条例》第79条：违反本条例规定，有下列违法行为之一，受到罚款处罚，被责令停止或者改正违法行为，拒不停止或者改正违法行为的，依法作出处理决定的行政机关可以自责令停止或者改正违法行为的次日起，按照原罚款数额按日连续处罚：（一）企业事业单位和其他生产经营者违法排放污染物的；（二）企业事业单位和其他生产经营者未经批准擅自拆除、闲置防治污染设施的；（三）重点排污单位不公开或者不如实公开环境信息的；（四）污染物集中处理单位不正常运行或者未经环境保护主管部门同意停止运行污染物集中处理设施的；（五）建设单位未依法提交建设项目环境影响评价文件或者环境影响评价文件未经批准，擅自开工建设的；（六）法律法规规定的其他行为。

罚，通常适用于严重违反治安管理但不构成犯罪，而警告、罚款处罚不足以惩戒的情况。因此法律对它的设定及实施条件和程序均有严格的规定。行政拘留裁决权属于县级以上公安机关；期限一般为十日以内，较重的不超过十五日。

我国新修订的《环境保护法》第 63 条规定：企业事业单位和其他生产经营者有下列行为之一，尚不构成犯罪的，除依照有关法律法规规定予以处罚外，由县级以上人民政府环境保护主管部门或者其他有关部门将案件移送公安机关，对其直接负责的主管人员和其他直接责任人员，处十日以上十五日以下拘留；情节较轻的，处五日以上十日以下拘留：（1）建设项目未依法进行环境影响评价，被责令停止建设，拒不执行的；（2）违反法律规定，未取得排污许可证排放污染物，被责令停止排污，拒不执行的；（3）通过暗管、渗井、渗坑、灌注或者篡改、伪造监测数据，或者不正常运行防治污染设施等逃避监管的方式违法排放污染物的；（4）生产、使用国家明令禁止生产、使用的农药，被责令改正，拒不改正的。

环境行政处罚除上述类型外，我国自然资源保护法还规定了其他如没收等行政处罚种类，本章不一一列举。

（三）环境行政处罚的管辖

环境行政处罚的管辖是指各级环境保护行政主管部门在制裁环境资源行政违法行为的权限和分工。环保部颁布的《环境保护行政处罚办法》第 17 条至第 21 条对此作了详尽的规定。

一般而言，县级以上环境保护主管部门管辖本行政区域内的环境保护行政处罚案件。造成跨行政区域污染的行政处罚案件，由污染行为发生地环境保护主管部门管辖。两个以上环境保护主管部门都有管辖权的环境行政处罚案件，由最先发现或者最先接到举报的环境保护主管部门管辖。

对行政处罚案件的管辖权发生争议时，争议双方应报请共同的上一级环境保护主管部门指定管辖。下级环境保护主管部门认为其管辖的案件重大、疑难或者实施处罚有困难的，可以报请上一级环境保护主管部门指定管辖。上一级环境保护主管部门认为下级环境保护主管部门实施处罚确有困难或者不能独立行使处罚权的，经通知下级环境保护主管部门和当事人，可以对下级环境保护主管部门管辖的案件指定管辖。

上级环境保护主管部门可以将其管辖的案件交由有管辖权的下级环境保护主管部门实施行政处罚。不属于本机关管辖的案件,应当移送有管辖权的环境保护主管部门处理。受移送的环境保护主管部门对管辖权有异议的,应当报请共同的上一级环境保护主管部门指定管辖,不得再自行移送。

(四)环境行政处罚程序

环境行政处罚的程序是指行政主体实施环境资源行政惩罚的步骤和方式,包括处罚的决定程序和执行程序。决定程序又包括简易程序、一般程序。

1.简易程序

环境行政处罚的简易程序,是环境资源行政执法人员当场作出处罚决定的程序。适用简易程序的范围是:违法事实确凿、情节轻微并有法定依据,对公民处以50元以下、对法人或者其他组织处以1000元以下罚款或者警告的行政处罚,可以适用本章简易程序,当场作出行政处罚决定。

当场作出行政处罚决定时,环境执法人员不得少于两人,并应遵守下列简易程序:

(1)执法人员应向当事人出示中国环境监察证或者其他行政执法证件;

(2)现场查清当事人的违法事实,并依法取证;

(3)向当事人说明违法的事实、行政处罚的理由和依据、拟给予的行政处罚,告知陈述、申辩权利;

(4)听取当事人的陈述和申辩;

(5)填写预定格式、编有号码、盖有环境保护主管部门印章的行政处罚决定书,由执法人员签名或者盖章,并将行政处罚决定书当场交付当事人;

(6)告知当事人如对当场作出的行政处罚决定不服,可以依法申请行政复议或者提起行政诉讼。

以上过程应当制作笔录。执法人员当场作出的行政处罚决定,应当在决定之日起3个工作日内报所属环境保护主管部门备案。

2.一般程序

环境行政处罚的一般程序,是对一般环境违法行为实施处罚的基本程序。

这种程序步骤相对严格、完整，适用广泛。除适用简易程序当场作出决定的环境行政处罚外，其他环境行政处罚均应遵守一般程序。

环境行政处罚的一般程序包括如下步骤：

（1）立案。环境行政主管部对通过检查发现或者接到举报、控告、移送的环境违法行为，应予审查，并在7日内决定是否立案。

（2）调查取证。环境行政主管部门对登记立案的环境资源违法行为，必须指定专人负责，及时组织调查取证。执法人员调查取证时，应当向当事人或者有关人员出示行政执法证件。询问或者调查应当制作笔录。环境行政主管部门对立案查处的环境资源违法行为，需要进行环境监测的，应当组织环境监测机构或者经环境资源行政主管部门确认的其他监测机构进行监测。环境监测机构和经确认的其他监测机构，应当出具环境监测结果报告。环境监测结果报告经环境资源行政主管部门审查属实，可以作为查处环境资源违法行为的证据。

（3）告知和听证。环境行政机关在作出行政处罚决定之前，应当告知当事人作出行政处罚决定的事实、理由和依据，并告知当事人依法享有的权利。当事人有权进行陈述和申辩，行政机关必须充分听取当事人的意见。对当事人提出的事实、理由和证据，应当进行复核。当事人提出的事实、理由和证据成立的，行政机关应当采纳。在作出暂扣或吊销许可证、较大数额的罚款和没收等重大行政处罚决定之前，应当告知当事人有要求举行听证的权利。"较大数额"罚款和没收，对公民是指人民币（或者等值物品价值）5000元以上、对法人或者其他组织是指人民币（或者等值物品价值）50000元以上。地方性法规、地方政府规章对"较大数额"罚款和没收的限额另有规定的，从其规定。

（4）审查。调查终结，环境行政主管部门组织调查的机构应当提出已查明违法行为的事实和证据以及依法给予行政处罚的初步意见，送本部门法制工作机构审查。环境行政主管部门法制工作机构应对案件的以下内容进行审查：违法事实是否清楚；证据是否确凿；调查取证是否符合法定程序；适用法律是否正确；处罚种类和幅度是否适当；当事人陈述和申辩的理由是否成立。经审查发现违法事实不清、证据不足或者调查取证不符合法定程序时，应当通知执行调查任务的执法人员补充调查取证或者依法重新调查取证。审查终结，法制工作机构应当提出处理意见，报本部门负责人审批。

（5）作出处罚决定。环境行政主管部门的负责人经过审议，分别作出如下处理：违法事实不能成立或者违法行为轻微，依法可以不予行政处罚的，不予行政处罚；违法事实成立，决定给予行政处罚的，由本部门法定代表人签发《环境保护行政处罚决定书》，对其中重大环境资源违法行为给予处罚或者给予较重行政处罚的，本部门的负责人应当集体讨论决定；法律、法规和规章规定行政处罚必须报请上级环境资源行政主管部门批准的，应以书面形式报告，经批准后方可作出处罚决定；法律、法规和规章规定由人民政府实施处罚的，应在提出处罚意见后，连同全部案件材料报人民政府决定是否实施行政处罚；环境违法行为触犯刑法，涉嫌构成犯罪的，将案件移送司法机关，依法追究刑事责任。

（6）制作处罚决定书。环境行政主管部门依法作出行政处罚决定后，由法制工作机构负责制作行政处罚决定书。环境行政处罚决定书，应当载明法律规定的事项。环境保护行政处罚案件自立案之日起，应当在3个月内作出处理决定。特殊情况需要延长时间的，环境保护行政主管部门应当书面告知案件当事人，并说明理由。

（7）送达。行政处罚决定书应当送达当事人，并根据需要抄送与案件有关的单位和个人。送达行政处罚文书可以采取直接送达、留置送达、委托送达、邮寄送达、转交送达、公告送达、公证送达或者其他方式。送达行政处罚文书应当使用送达回证并存档。

3. 环境行政处罚的救济

环境行政处罚的救济途径有二：一是环境行政复议，二是环境行政诉讼。

环境行政复议，是指行政相对人认为行政主体的环境行政行为侵犯其合法权益，向行政复议机关提出申请，行政复议机关依法对具体行政行为进行审查并作出裁决的制度。《行政复议法》第9条规定：公民、法人或者其他组织认为具体行政行为侵犯其合法权益的，可以自知道该具体行政行为之日起六十日内提出行政复议申请；但是法律规定的申请期限超过六十日的除外。因不可抗力或者其他正当理由耽误法定申请期限的，申请期限自障碍消除之日起继续计算。

环境行政诉讼是指行政相对人认为行政主体的环境行政行为侵犯其合法权益而向人民法院起诉，并由人民法院就被诉行政行为的合法性作出裁决的法律制度。行政诉讼是对行政行为的司法审查，是对违法或失当的行政行为的最有力的救济方式。

新《行政诉讼法》第45条规定：公民、法人或者其他组织不服复议决定的，可以在收到复议决定书之日起十五日内向人民法院提起诉讼。复议机关逾期不作决定的，申请人可以在复议期满之日起十五日内向人民法院提起诉讼。法律另有规定的除外。同时，第46条规定：公民、法人或者其他组织直接向人民法院提起诉讼的，应当自知道或者应当知道作出行政行为之日起六个月内提出。法律另有规定的除外。这一规定比原《行政诉讼法》的规定延长了三个月期限。

4.执行程序

环境行政处罚依法作出决定后，当事人应当在处罚决定书确定的期限内，履行处罚决定。当事人对处罚决定不服，可以申请行政复议或提起行政诉讼。当事人逾期不申请行政复议、不提起行政诉讼，又不履行处罚决定的，由作出处罚决定的环境行政主管部门申请人民法院强制执行。申请行政复议或提起行政诉讼的，不停止行政处罚决定的执行。

二、环境行政处分

（一）环境行政处分的概念

环境行政处分是指国家机关、企业事业单位按照行政隶属关系，依法对在保护和改善生活环境和生态环境，防治污染和其他公害中违法失职，但又不够刑事惩罚的所属人员的一种行政惩罚措施。

（二）环境行政处分的对象

环境行政处分的对象包括以下两类：

1.单位实施了污染或破坏环境的行为，情节较重但又不够刑事处罚的有关责任人员。

2.环境保护监督管理部门的工作人员在执法过程中滥用职权、玩忽职守、徇私舞弊但又不够刑事处罚的违法行为。

（三）环境行政处分的种类

《中华人民共和国公务员法》第 56 条规定："处分分为：警告、记过、记大过、降级、撤职、开除。"此外，《事业单位工作人员处分暂行规定》规定，处分的种类为：（1）警告；（2）记过；（3）降低岗位等级或者撤职；（4）开除。

此外，根据《环境保护法》第 68 条规定，环境行政处分包括记过、记大过、降级、撤职、开除。显然，警告未列入环境行政处分范畴。同时，撤职和开除只针对造成严重后果的情形。

此处应当说明的是，《环境保护法》第 68 条规定了"引咎辞职"这一特殊的形式，但其不属于环境行政处分的范畴。在现代汉语中，"咎"指过失（因疏忽大意而犯的错误），引咎是指把过失归在自己身上，目的在于自责。引咎辞职是指党政领导干部因工作严重失误、失职造成重大损失或者恶劣影响，或者对重大事故负有重要领导责任，不宜再担任现职，由本人主动提出辞去现任领导职务的行为。

《环境保护法》第 68 条规定：地方各级人民政府、县级以上人民政府环境保护主管部门和其他负有环境保护监督管理职责的部门有下列行为之一的，对直接负责的主管人员和其他直接责任人员给予记过、记大过或者降级处分；造成严重后果的，给予撤职或者开除处分，其主要负责人应当引咎辞职。（1）不符合行政许可条件准予行政许可的；（2）对环境违法行为进行包庇的；（3）依法应当作出责令停业、关闭的决定而未作出的；（4）对超标排放污染物、采用逃避监管的方式排放污染物、造成环境事故以及不落实生态保护措施造成生态破坏等行为，发现或者接到举报未及时查处的；（5）违反本法规定，查封、扣押企业事业单位和其他生产经营者的设施、设备的；（6）篡改、伪造或者指使篡改、伪造监测数据的；（7）应当依法公开环境信息而未公开的；（8）将征收的排污费截留、挤占或者挪作他用的；（9）法律法规规定的其他违法行为。

为落实环境责任，中共中央办公厅、国务院办公厅印发了《党政领导干部生态环境损害责任追究办法（试行）》，该办法规定：地方各级党委和政府对本地区生态环境和资源保护负总责，党委和政府主要领导成员承担主要责任，其他有关领导成员在职责范围内承担相应责任。中央和国家机关有关工作部门、地方各级党委和政府的有关工作部门及其有关机构领导人员按照职责分别承担相应责任。党政领导干部生态环境损害责任追究，坚持依法依规、客观公正、科学认定、权责一致、终身追究的原则。该办法还规定了应当追究相关地方党委和政府主要领导成员责任的八种情形[1]、应当追究相关地方党委和政府有关领导成员责任的五种情形[2]和应当追究政府有关工作部门领导成员责任的七种情形[3]。

此外,《湖南省重大环境问题（事件）责任追究办法（暂行）》第5条规定：重大环境问题（事件）问责包括：（1）区域环境质量未达到相应功能区要求且持续恶化（按国家规范监测，县级及以上行政区域或者省级以上重要环境功能区的大气、水、土壤三大类环境质量监测指标中的两项连续两年下降，或者一项连续两年下降情节严重）的；（2）发生重大环境污染事件的；（3）在环境保护监督管理中严重失职渎职，造成恶劣社会影响，或者对已经发生的环境敏感

---

[1] 该八种情形是：（一）贯彻落实中央关于生态文明建设的决策部署不力，致使本地区生态环境和资源问题突出或者任期内生态环境状况明显恶化的；（二）作出的决策与生态环境和资源方面政策、法律法规相违背的；（三）违反主体功能区定位或者突破资源环境生态红线、城镇开发边界，不顾资源环境承载能力盲目决策造成严重后果的；（四）作出的决策严重违反城乡、土地利用、生态环境保护等规划的；（五）地区和部门之间在生态环境和资源保护协作方面推诿扯皮，主要领导成员不担当、不作为，造成严重后果的；（六）本地区发生主要领导成员职责范围内的严重环境污染和生态破坏事件，或者对严重环境污染和生态破坏（灾害）事件处置不力的；（七）对公益诉讼裁决和资源环境保护督察整改要求执行不力的；（八）其他应当追究责任的情形。

[2] 该五种情形是：（一）指使、授意或者放任分管部门对不符合主体功能区定位或者生态环境和资源方面政策、法律法规的建设项目审批（核准）、建设或者投产（使用）的；（二）对分管部门违反生态环境和资源方面政策、法律法规行为监管失察、制止不力甚至包庇纵容的；（三）未正确履行职责，导致应当依法由政府责令停业、关闭的严重污染环境的企业事业单位或者其他生产经营者未停业、关闭的；（四）对严重环境污染和生态破坏事件组织查处不力的；（五）其他应当追究责任的情形。

[3] 该七种情形是：（一）制定的规定或者采取的措施与生态环境和资源方面政策、法律法规相违背的；（二）批准开发利用规划或者进行项目审批（核准）违反生态环境和资源方面政策、法律法规的；（三）执行生态环境和资源方面政策、法律法规不力，不按规定对执行情况进行监督检查，或者在监督检查中敷衍塞责的；（四）对发现或者群众举报的严重破坏生态环境和资源的问题，不按规定查处的；（五）不按规定报告、通报或者公开环境污染和生态破坏（灾害）事件信息的；（六）对应当移送有关机关处理的生态环境和资源方面的违纪违法案件线索不按规定移送的；（七）其他应当追究责任的情形。

问题不重视或者应对处置不当，导致事件恶化，引发群体性事件的；（4）未完成国家和省人民政府下达的主要污染物总量减排目标任务，或者发生其他严重环境违法事件，导致国家对我省实施全省区域限批或者局部限批，影响我省重大工程建设的；（5）不执行省委、省人民政府有关环境保护重大工作部署，情节严重的；（6）其他需要问责的情形。

显然，湖南的此项办法，比《环境保护法》的规定更为严格。

第三节 环境行政强制措施

一、环境行政强制措施的概念和分类

根据《中华人民共和国行政强制法》的规定，行政强制措施，是指行政机关在行政管理过程中，为制止违法行为、防止证据损毁、避免危害发生、控制危险扩大等情形，依法对公民的人身自由实施暂时性限制，或者对公民、法人或者其他组织的财物实施暂时性控制的行为。因此环境行政强制措施是指环境行政机关在环境行政管理过程中，为制止环境违法行为、防止证据损毁、避免危害发生、控制危险扩大等情形，依法对公民的人身自由实施暂时性限制，或者对公民、法人或者其他组织的财物实施暂时性控制的行为。

根据《环境保护法》第25条的规定，环境行政强制措施包括查封、扣押两种类型。

二、实施查封、扣押的主体

根据《环境保护法》的第25条的规定，实施查封、扣押的主体是县级以上人民政府环境保护主管部门和其他负有环境保护监督管理职责的部门。因此，除了环境保护主管部门外，其他负有环境保护监督管理职责的部门也是可以实施查封、扣押的主体。但由于《环境保护法》和环保部发布的《环境保护主管部门实施查封、扣押办法》所明确规定的查封、扣押的范围只限于违法排放污

染物的情形，故只有污染防治的分管部门才有权实施查封、扣押，如海洋行政主管部门等。

三、实施查封、扣押的范围

《环境保护法》第 25 条规定：企业事业单位和其他生产经营者违反法律法规规定排放污染物，造成或者可能造成严重污染的，县级以上人民政府环境保护主管部门和其他负有环境保护监督管理职责的部门，可以查封、扣押造成污染物排放的设施、设备。根据这一规定，实施查封、扣押的主体对象必须满足以下条件：（1）企业事业单位和其他生产经营者实施了违法向环境排放污染物的行为；（2）造成或可能造成严重污染的。

为使《环境保护法》的这一规定更具可操作性，环保部于 2014 年 12 月发布了《环境保护主管部门实施查封、扣押办法》，对实施查封、扣押的条件作了具体规定。该《办法》第 4 条规定，排污者有下列情形之一的，环境保护主管部门依法实施查封、扣押：（1）违法排放、倾倒或者处置含传染病病原体的废物、危险废物、含重金属污染物或者持久性有机污染物等有毒物质或者其他有害物质的；（2）在饮用水水源一级保护区、自然保护区核心区违反法律法规规定排放、倾倒、处置污染物的；（3）违反法律法规规定排放、倾倒化工、制药、石化、印染、电镀、造纸、制革等工业污染的；（4）通过暗管、渗井、渗坑、灌注或者篡改、伪造监测数据，或者不正常运行防治污染设施等逃避监管的方式违反法律法规规定排放污染物的；（5）较大、重大和特别重大突发环境事件发生后，未按照要求执行停产、停排措施，继续违反法律法规规定排放污染物的；（6）法律、法规规定的其他造成或者可能造成严重污染的违法排污行为。同时还规定，有第（1）项、第（2）项、第（3）项、第（6）项情形之一的，环境保护主管部门可以实施查封、扣押；已造成严重污染或者有第（4）项、第（5）项情形之一的，环境保护主管部门应当实施查封、扣押。

《办法》第 6 条规定，具备下列情形之一的排污者，造成或者可能造成严重污染的，环境保护主管部门应当按照有关环境保护法律法规予以处罚，可以不予实施查封、扣押：（1）城镇污水处理、垃圾处理、危险废物处置等公共设施的运营单位;(2)生产经营业务涉及基本民生、公共利益的;(3)实施查封、扣押可能影响生产安全的。该《办法》虽然使用"可以不予实施查封、扣押"的表述,但笔者建议:如果出现这三种情形之一的,不要实施查封、扣押。该项规定值得进一步研究,因为,"可以"是法律中任意性条款使用的标志性词语。违反任意性条款的规定不构成违法。这意味着出现这三种情形之一的,也可以实施查封扣押,但如果实施了查封、扣押,损害了社会公共利益的,能否理解为构成《环境保护法》第 68 条中的"违反本法规定,查封、扣押企业事业单位和其他生产经营者的设施、设备的"行为呢? 显然不能。

但值得注意的是:该办法的名称明确界定为"环境保护主管部门实施查封、扣押办法",因此只能适用于环保部门实施查封、扣押的情形,其他负有环境保护监督管理职责的部门在实施查封、扣押时不能直接适用该办法。

四、查封、扣押的具体对象

《办法》在第 5 条明确了环境保护查封、扣押的具体范围,环境保护主管部门查封、扣押排污者造成污染物排放的设施、设备,应当符合有关法律的规定。不得重复查封、扣押排污者已被依法查封的设施、设备。对不易移动的或者有特殊存放要求的设施、设备,应当就地查封。《办法》对实施查封作出了具体操作指引,指导性和操作性强,同时通过强调查封体现出查封优先、慎用扣押的制度导向。

五、实施查封、扣押的程序

实施查封、扣押的程序包括调查取证、审批、决定、执行、送达、解除。

需要实施查封、扣押的,应当书面报经环境保护主管部门负责人批准;案情重大或者社会影响较大的,应当经环境保护主管部门案件审查委员会集体审议决定。查封、扣押的期限不得超过三十日;情况复杂的,经本级环境保护主管部门负责人批准可以延长,但延长期限不得超过三十日。法律、法规另有规定的除外。延长查封、扣押的决定应当及时书面告知排污者,并说明理由。

本章讨论主题与问题安排

主题一：环境行政责任之案例分析

2005 年 8 月，一个叫锦绣龙城的大型住宅项目在几年前还是荒郊野外的湖北省武汉市东湖新技术开发区某地开工。开发商请环评机构编制了环评文件后呈送所在地的环保部门审批。

到 2006 年底，环保部门相继批复了此项目的环评报告，认为这些文件"编制合理"，"项目采取环评文件提出的环保措施后可以满足环保要求"，因此均"原则同意"。

2009 年 4 月 22 日，业主向武汉市城市规划管理局提出行政复议申请，要求其依法撤销东湖新技术开发区分局颁发给武汉市源兴房地产开发有限公司（锦绣龙城开发商）的《建设工程规划许可证》和《建设工程规划验收合格证》。7 月 20 日，武汉市规划局做出行政复议决定，认为其开发区分局在发放《建设工程规划许可证》之前，要求开发商征求环保管理部门的意见，环评机构出具了《环境影响报告表》，开发区分局在审批意见中明确表述"同意该项目在拟定地点按拟定规模实施"。武汉市规划局认为，环保管理部门认可规划设计方案中确定的规划设计要求，开发区分局颁发许可证的行为符合《环境噪声污染防治法》的有关规定。

2009 年 6 月，"锦绣龙城"的 67 名业主先后向武汉市环保局递交行政复议申请书，提出这一住宅区紧邻武汉——大冶铁路线，火车噪声严重干扰他们的生活，要求对环保部门批准此项目环评文件的行政行为予以审查。经仔细调查后，武汉市环保局组织了有业主代表与开发商、环评机构和区环保部门参加的复议听证会。

环保部门称，根据我国《环境影响评价法》，环评针对的是建设项目"可能造成的环境影响"，环评文件的主要内容是"建设项目对环境可能造成影响的分析、预测和评估"，在此基础上得出"评价的结论"。因此，环保部门审批环评文件的标准是项目本身对外部的影响问题，而没有义务审核外部环境对项目的影响。

据此，武汉市环保局认为，是武汉市城市规划管理局东湖开发区分局原则同意锦绣龙城规划总平面设计；"《民用建筑隔声设计规范》属于建筑设计标准，对建筑设计是否满足相关设计规范，环保部门没有审查权限"。听证之后不久，武汉市环保局即依法做出了维持原行政行为的决定。[1]

问题：

1. 什么是环境行政复议？

2. 联系本案实际分析环境行政复议制度的主要内容。

主题二：环境行政处罚与环境行政命令

问题：

1. 环境行政处罚与环境行政命令有何区别？

2. 环境行政处罚的种类有哪些？环境行政命令的种类有哪些？

 讨论参考资料

1. 韩德培主编：《环境保护法教程》（第七版），法律出版社 2015 年版。

2. 蔡守秋主编：《环境资源法学》，人民法院出版社、中国人民公安大学出版社 2003 年版。

3. 谢伟编著：《环境资源法实验案例教程》，中国政法大学出版社 2015 年版。

4. 《中华人民共和国行政复议法》。

5. 《环境保护主管部门实施查封、扣押办法》。

6. 《环境保护主管部门实施按日连续处罚办法》。

7. 《环境行政处罚办法》。

8. 《党政领导干部生态环境损害责任追究办法（试行）》。

9. 《湖南省重大环境问题（事件）责任追究办法（暂行）》。

---

[1] 谢伟编著：《环境资源法实验案例教程》，中国政法大学出版社 2015 年版，第 260—261 页。

课后思考题

1. 环境行政责任的构成要件有哪些？

2. 如何实施按日连续计罚？

3. 如何实施查封、扣押？

4. 行政拘留适用的范围是什么？

5. 简述引咎辞职适用的范围。

| 第十二章 |

环境刑事责任

第一节 环境犯罪与环境刑事责任概述

一、环境犯罪的概念

环境刑事责任的承担以构成环境犯罪为前提。因此，研究环境刑事责任应以研究环境犯罪为前提。

环境犯罪，在英国称为公害罪，日本称为公害犯罪[1]，而在国内，有的学者称其为环境资源犯罪[2]、危害环境罪[3]，在我国《刑法》第六章第六节中则称为"破坏环境资源保护罪"。关于环境犯罪的概念，国内外学者众说纷纭。如有学者认为，环境犯罪的概念应该作广义和狭义两种解释。广义的环境犯罪，是指行为人违反环境保护法律，污染或破坏环境，应受到刑法处罚的行为；狭义的环境犯罪，是指自然人或单位违反环境保护法律，污染或破坏环境，造成公私财产重大损失或者人身重大伤亡严重后果，或情节严重的行为。[4]还有学者认为，破坏环境资源保护罪是指行为人违反环境和自然资源保护法律、法规

---

[1] 付立忠著：《环境刑法学》，中国方正出版社 2001 年版，第 180 页。

[2] 蔡守秋主编《环境资源法学》，人民法院出版社、中国人民公安大学出版社 2003 年版，第 377 页。

[3] 周珂主编：《环境与资源保护法》，中国人民大学出版社 2007 年版，第 248 页。

[4] 赵秉志、王秀梅、杜澎著：《环境犯罪比较研究》，法律出版社 2004 年版，第 15 页。

的规定，所实施的造成或可能造成环境污染或破坏自然资源，并应受刑罚惩罚的行为。[1] 也有的定义为：环境犯罪是指自然人或非自然人主体，故意或过失或无过失实施的污染大气、水、土壤或破坏土地、矿藏、森林、草原、珍稀濒危动物或其他生态环境和生活环境，具有现实危害性或实际危害后果的作为和不作为。[2] 有的学者认为，环境犯罪是指违反环境资源保护法规和刑法规定，破坏人类环境和其他生态环境，构成犯罪的行为。[3]

有关环境犯罪的定义，并非仅上述几种。但仔细研究，其定义的分歧无外乎以下几方面：一是是否以造成或可能造成人身伤亡或财产损害的严重后果作为其定义的要素，即生态环境的破坏可否构成环境犯罪？如主张以造成或可能造成人身伤亡或财产损害的严重后果作为其定义的要素，则其对环境犯罪研究的视角仅停留在对人的利益的侵害上，是传统的以人为中心的立法观的反映，没有突出环境价值的独立性。相反，如认为环境犯罪侵害的不仅包括人的生命、健康及财产，还包括对环境的损害，其研究已经突破了传统的人类中心主义的环境价值观，而代之以生态中心主义的价值观。二是是否包含有非过失而造成的环境犯罪？而主观要素是否应在环境犯罪的定义中体现？

笔者认为，随着《刑法修正案（八）》的出台，以传统的人类中心主义的价值观为指导来定义环境犯罪的概念已时过境迁，故可将环境犯罪定义为：环境犯罪，又称为破坏环境资源保护罪，是指个人或单位违反环境保护法律、法规，实施污染环境或者不合理开发利用自然资源行为，侵犯公民的环境法益和国家的环境管理秩序，造成或可能造成公私财产的重大损失、人身伤亡或者生态环境破坏的严重后果，应受刑罚处罚的行为。

二、环境犯罪的构成要件

犯罪构成要件是犯罪构成的组成部分。要件的有机统一形成犯罪构成。犯罪构成由一系列主客观要件所组成，其中的"要件"就是成立犯罪必须具

---

[1] 周珂主编：《环境与资源保护法》，中国人民大学出版社 2007 年版，第 249 页。

[2] 付立忠著：《环境刑法学》，中国方正出版社 2001 年版，第 186 页。

[3] 蒋兰香著：《环境犯罪基本理论研究》，知识产权出版社 2008 年版，第 29 页。

备的条件；各个要件之中又包含若干要素。若干要素组成一个要件，若干要件组成一个犯罪构成。犯罪构成不是各个要件的简单相加，而是各个要件的有机统一；各个要件按照犯罪构成的要求相互联系、相互作用、协调一致，形成为一个整体。

环境犯罪，即破坏环境资源保护罪的构成要件包括以下几个方面：

（一）破坏环境资源保护罪的客体

犯罪客体，是指刑法所保护的而为犯罪行为所侵犯的法益。具体来说，破坏环境资源保护罪的客体是指环境保护法规定并为我国刑法所保护的环境权益和国家的环境管理制度。所谓环境权益，是指自然人、单位（包括国家）在其生存的自然环境方面所享有的权利与利益，包括享有清洁、舒适生活环境的权益和合理开发利用环境资源的权益等。

在此，应注意区分环境犯罪的客体与环境犯罪的对象。破坏环境资源保护罪的犯罪对象是大气、土壤、水等人类赖以生存的环境要素和兼具生态功能的动植物、森林、矿产资源等各类自然资源。

（二）破坏环境资源保护罪的客观方面

犯罪的客观方面，是指刑法所规定的、说明行为对犯罪客体造成侵害的客观外在事实特征，具体表现为危害行为、危害结果以及行为的时间、地点、方法（手段）等。破坏环境资源罪的危害行为，主要有污染行为和破坏行为两大类。污染环境的行为，是指自然人或单位违反国家规定，在生产或生活过程中排放、倾倒或者处置废物，引起环境质量下降，造成或可能造成严重危害后果的行为。它可以由作为或不作为构成。破坏行为是指自然人或单位在开发、利用自然资源的过程中，非法攫取资源，破坏生态平衡，情节严重的行为。破坏环境资源罪的危害结果，是指对大气、土壤、水以及野生动植物等生态要素的侵害，进而危害人们的生命健康和重大公私财产安全的损害事实或危险状态。时间、地点和方法（手段）对破坏环境资源罪的一些具体个罪具有十分重要的意义。例如，"禁渔期"、"禁猎期"、"禁渔区"、"禁猎区"、"禁用的工具、方法"等就是构成《刑法》第 340 条和 341 条规定的非法捕捞水产品罪和非法狩猎罪的必备条件。

（三）破坏环境资源保护罪的主体

破坏环境资源保护罪的主体包括个人和单位。其中个人只包括一般主体。单位主体，《刑法》第346条明确规定实行双罚制，即对单位判处罚金，并对其直接主管人员和其他直接责任人员予以刑罚处罚。

（四）破坏环境资源保护罪的主观方面

犯罪的主观方面是指犯罪主体对自己行为及其危害结果所持的心理态度，它包括罪过（即故意或过失）以及犯罪的目的和动机等因素。破坏环境资源保护罪的罪过形式包括故意和过失。其中污染环境犯罪的故意形态只包括间接故意，即明知自己的排放、倾倒、处置废物等的行为会导致环境污染，造成或可能造成公私财产重大损失或者人员伤亡的严重后果，并且放任这种结果发生的心理态度。对于直接故意实施污染环境行为，并希望危害环境结果发生的，由于其是以不特定或多数人的生命、财产安全为侵害客体的，应定为危害公共安全罪（如放火、决水、爆炸、投放危险物质罪；以危险方法危害公共安全罪等）或者以侵犯公民人身权利罪（故意杀人罪；故意伤害罪等）定处。污染环境犯罪的过失形态是指自然人或单位，应当知道自己的行为可能会发生环境污染，造成或可能造成公私财产重大损失或者人员伤亡的严重后果，由于疏忽大意而没有预见，或者已经预见，但轻信能够避免的心理态度。破坏环境资源的犯罪的主观罪过多为故意，即明知违反各项环境资源保护法律、法规，非法、过量攫取各种生态资源，希望或放任生态资源破坏后果发生的心理态度。

破坏环境资源保护罪多表现为行为人以追求经济效益为目的和动机，而忽视了环境利益。"以牟利为目的"亦一度成为某些个罪犯罪构成的必备要件，如非法收购盗伐、滥伐林木罪。2002年12月28日第九届全国人民代表大会常务委员会第三十一次会议通过的《刑法修正案》（四）废除了"以牟利为目的"。这是我国刑事立法由主观主义向客观主义转化的体现，因此，在破坏环境资源罪类中，目的不再影响定罪，而只能和动机一样作为量刑情节。

三、环境刑事责任的概念

由于对环境犯罪定义的差异，对环境刑事责任的界定也各有千秋。主要有：

1.认为环境刑事责任是指行为人故意或过失地实施了严重危害环境的行为，并造成了人身伤亡或公私财产的严重损失，从而构成犯罪所应承担的刑事法律后果。2.认为环境刑事责任是指单位或个人因违反环境保护法律规范，严重破坏环境资源，导致严重的环境污染，造成或者可能造成公私财产重大损失或者人身伤亡的严重后果，构成犯罪所应负的刑事方面的法律责任。 3.认为环境刑事法律责任是指环境刑事法律关系的主体因违反环境法律法规的规定，或违反环境行政和民事合同的约定，严重破坏了法律上的或合同中的功利关系或道义关系所应承担的对人、单位、国家、社会和环境的补偿、惩罚或其他性质的具有强制性的不利刑事法律后果。

结合《刑法修正案》（八），可将环境刑事责任定义为：环境刑事责任是指个人或单位因违反环境保护法律、法规，造成或可能造成公私财产的重大损失、人身伤亡或生态环境破坏的严重后果，触犯刑法构成犯罪所应承担的刑事方面的法律后果。

四、我国环境刑事立法

我国环境刑事立法主要由 97《中华人民共和国刑法》、刑法修正案和众多的司法解释组成。

首先，《中华人民共和国刑法》已由中华人民共和国第八届全国人民代表大会第五次会议于 1997 年 3 月 14 日修订，自 1997 年 10 月 1 日起施行。该法在第六章妨害社会管理秩序罪的第六节破坏环境资源保护罪的第 338—346 条中规定了该类罪的罪与刑。

其次，刑法修正案涉及破坏环境资源保护罪的有：1.中华人民共和国刑法修正案》（二），2001 年 8 月 31 日第九届全国人民代表大会常务委员会第二十三次会议通过，同日公布；2.《中华人民共和国刑法修正案》（四），2002 年 12 月 28 日第九届全国人民代表大会常务委员会第三十一次会议通过，同日公布施行；3.《中华人民共和国刑法修正案》（八），由中华人民共和国第十一届全国人民代表大会常务委员会第十九次会议于 2011 年 2 月 25 日通过，自 2011 年 5 月 1 日起施行。

此外，有关破坏环境资源保护罪的司法解释有：2000 年 6 月 16 日最高人民法院《关于审理破坏土地资源刑事案件具体应用法律若干问题的解释》、2000 年 11 月 22 日最高人民法院《关于审理破坏森林资源刑事案件具体应用法律若干问题的解释》、2000 年 11 月 27 日最高人民法院《关于审理破坏野生动物资源刑事案件具体应用法律若干问题的解释》、2003 年 5 月 29 日最高人民法院《关于审理非法采矿、破坏性采矿刑事案件具体应用法律若干问题的解释》、2006 年 6 月 26 日《最高人民法院关于审理环境污染刑事案件具体应用法律若干问题的解释》、2013 年 6 月 8 日由最高人民法院审判委员会第 1581 次会议、最高人民检察院第十二届检察委员会第 7 次会议通过，自 2013 年 6 月 18 日公布并施行的《最高人民法院、最高人民检察院关于办理环境污染刑事案件适用法律若干问题的解释》和一系列的《最高人民法院、最高人民检察院关于执行〈中华人民共和国刑法〉确定罪名的补充规定》等。

第二节 环境犯罪的主要罪名及刑事责任

一、污染环境罪

（一）原《刑法》的规定及不足

原《刑法》第 338 条规定："违反国家规定，向土地、水体、大气排放、倾倒或者处置有放射性的废物、含传染病病原体的废物、有毒物质或者其他危险废物，造成重大环境污染事故，致使公私财产遭受重大损失或者人身伤亡的严重后果的，处三年以下有期徒刑或者拘役，并处或者单处罚金；后果特别严重的，处三年以上七年以下有期徒刑，并处罚金。"这一规定使得重大环境污染事故罪在其构成要件方面存在诸多问题，不利于对严重污染环境行为的打击。

1. 以实际财产和人身损害后果的发生为犯罪构成要件不利于打击污染环境犯罪。重大环境污染事故罪是结果犯，即以实际造成的公私财产损失或者人身伤亡作为犯罪构成要件，意味着无论行为人对环境造成多么严重的污染，只要没有造成公私财产的重大损失或者人身伤亡的严重后果，就不能追究污染者的刑事责任。而事实上，在很多情形下，污染的后果并不会及时发生也不一定只出现财产损失或者人身伤亡这两种危害后果，这样的规定使入罪门槛过高，"对非突发性的长期累积形成的重大环境污染，即使最终出现法定的危害后果，也难以及时追究行为人的刑事责任"。[1]这一规定显然不利于对生态环境的保护。

2. 污染排放物范围规定过窄。刑法规定造成重大环境污染事故的排放物是"向土地、水体、大气排放、倾倒或者处置有放射性的废物、含传染病病原体的废物、有毒物质或者其他危险废物"，这一规定将排放物限制在危险废物范围内。而事实上，并非只有危险废物才导致严重的环境污染的后果。而尚未列入危险废物名录的有害物质也可能产生严重污染环境的后果。

（二）《刑法修正案》（八）的有关规定与变化

《中华人民共和国刑法修正案》（八）已由中华人民共和国第十一届全国人民代表大会常务委员会第十九次会议于 2011 年 2 月 25 日通过，自 2011 年 5 月 1 日起施行。该修正案将《刑法》第 338 条修改为："违反国家规定，排放、倾倒或者处置有放射性的废物、含传染病病原体的废物、有毒物质或者其他有害物质，严重污染环境的，处三年以下有期徒刑或者拘役，并处或者单处罚金；后果特别严重的，处三年以上七年以下有期徒刑，并处罚金。"同时，2011 年 4 月 27 日最高人民法院与最高人民检察院公布了《关于执行〈中华人民共和国刑法〉确定罪名的补充规定》（五）将本罪罪名由"重大环境污染事故罪"改为"污染环境罪"的司法解释。

1. 修正的主要内容

（1）罪名变化

97《刑法》颁布后，最高人民法院公布了《关于执行〈中华人民共和国刑法〉确定罪名的规定》，将第 338 条的罪名规定为"重大环境污染事故罪"，取自条文中"造成重大环境污染事故"一句。修改后，"造成重大环境污染事故，致使……"一句已改为"严重污染环境的"，并且新的司法解释出台后规定了本罪罪名由"重大环境污染事故罪"改为"污染环境罪"。从条文的表述看，修

---

[1] 李希慧、董文辉：《重大环境污染事故罪的立法修改研究》，《法学杂志》2011 年第 9 期，第 9 页。

改后的称谓符合条文的犯罪构成，也体现了修改后条文的本质特征，具有一定的进步性。

（2）犯罪对象范围扩大

原《刑法》第338条中有"向土地、水体、大气"的排放、倾倒、处置场所限定规定，修改后，该场所限定被删除。也就是说："行为人只要实施了'排放、倾倒或者处置'有害物质的行为，不论排放、倾倒或者处置的场所在哪，只要严重污染环境的都可能构成污染环境罪。"[1] 毫无疑问，此次修改使犯罪对象的范围扩大了不少，没有了倾倒排放的场所限制，对污染环境的犯罪行为惩处范围可以扩大到包括土地、水体、大气在内的所有对人类生活有影响的空间。犯罪对象范围的扩大其进步性显而易见，保护环境本就不应只限制在与人类生产生活密切相关的狭小领域，对环境犯罪场所的限制无异于将法条困在死胡同里却让不法分子有机可乘钻法律的空子。删除了场所限制，法条可操作性强了，应对起环境犯罪来自然游刃有余。

（3）污染物范围扩大

将"其他危险废物"修改为"其他有害物质"，"其范围大大拓宽，有助于降低环境刑事犯罪的门槛"[2]。危险废物是指被列入国家危险废物名录或由国家规定的危险废物鉴别标准和方法认定的具有一定危险性的废物。危险废物的认定是根据《国家危险废物名录》的方式来确定的，修改前如果实施了非《国家危险废物名录》上但造成重大污染的排放倾倒或处置行为，则无法追究刑事责任。"危险废物"范围被限定在《国家危险废物名录》里，事实上，能污染环境的因素非常多，区区"废物"二字又怎能囊括得了复杂的环境污染因素。修改后，"有害物质"使污染物的范围拓宽了，原法条的弊端也扫除了不少，本罪的外延扩大了，一般污染物的污染行为也能受到刑法制裁，本罪的包容度更强了，降低了入罪标准，更有利于刑法对于环境刑事犯罪的控制。

---

[1] 牛忠志、邢涛：《对〈刑法修正案（八）〉关于破坏环境资源保护犯罪修改的评价》,《世纪桥》2011 年第 15 期第 41 页。

[2] 王炜：《刑法修正案八"重大环境污染事故罪"修订解读》,《中国环境报》2011 年 3 月 20 日。

（4）立法理念进步

长期以来，我国刑法对于环境污染犯罪的立法理念坚持的是传统的人本主义法益观，虽然97《刑法》将环境犯罪作为单独的一章，但环境并未被视为一个独立的法益得以保护，其中第338条中就将犯罪的结果要件规定为"造成重大环境污染事故，致使公私财产遭受重大损失或者人身伤亡的严重后果"，可见刑法对环境犯罪的惩处并不是为了保护环境，而是为了保护人类的财产、健康、生命等权益不受污染或破坏环境行为的损害。此次修改将"造成重大环境污染事故，致使公私财产遭受重大损失或者人身伤亡的严重后果"改为了"严重污染环境"，这意味着，无论行为人是否造成公私财产重大损失或者人身伤亡，只要造成了严重污染环境的后果就要承担刑事责任。这一规定，从注重人身和财产权利的保护到侧重保护生态环境本身这一立法理念的进步，"有助于摆脱只注重人身和财产保护的传统观念，更好地突出环境资源的生态功能和生态价值"。使一些环境污染严重但却未造成财产损失或人身伤亡后果的污染事件难逃法网。在结果要件上降低了入罪标准，只要行为严重污染了环境即可依法被追究刑事责任，一定程度上彰显了生态主义法益理念。

此次修改算是众望所归，很多迫在眉睫的问题都得到了相应的解决，"污染环境罪"的犯罪对象与污染物范围都得到了扩大，总的来说，认定犯罪行为的标准降低了，处罚范围扩大了，环境犯罪的立法理念进步了，凸显了刑法的震慑力，提高了人类保护环境的意识，对环境保护具有重要意义。

2.污染环境罪的概念和构成要件

根据《刑法修正案》（八）的规定，可将污染环境罪定义为：违反国家规定，排放、倾倒或者处置有放射性的废物、含传染病病原体的废物、有毒物质或者其他有害物质，严重污染环境，触犯刑法构成犯罪的行为。

污染环境罪的构成条件是：

（1）犯罪客体

犯罪客体是国家保护环境的管理秩序。排放、倾倒或者处置"有害物质"，"都需要国家有关部门制定专门规定加以规范，以形成有利于保护环境的管理秩序"。行为人违反了这些规定就侵犯了国家保护环境的管理秩序。

（2）犯罪的客观方面

犯罪的客观方面表现为违反国家规定，排放、倾倒或者处置有放射性的废物、含传染病病原体的废物、有毒物质或者其他有害物质，严重污染环境的行为。即必须实施了向环境排放、倾倒或者处置有害物质的行为；且该行为必须违反国家保护环境的有关规定；该行为必须造成了"严重污染环境"的后果。

根据《最高人民法院、最高人民检察院关于办理环境污染刑事案件适用法律若干问题的解释》第 10 条规定，下列物质应当认定为"有毒物质"：①危险废物，包括列入国家危险废物名录的废物，以及根据国家规定的危险废物鉴别标准和鉴别方法认定的具有危险特性的废物；②剧毒化学品、列入重点环境管理危险化学品名录的化学品，以及含有上述化学品的物质；③含有铅、汞、镉、铬等重金属的物质；④《关于持久性有机污染物的斯德哥尔摩公约》附件所列物质，如"灭蚁灵"、"二恶英"；⑤其他具有毒性，可能污染环境的物质。

根据上述司法解释第 1 条的规定，实施《刑法》第 338 条规定的行为，具有下列情形之一的，应当认定为"严重污染环境"：①在饮用水水源一级保护区、自然保护区核心区排放、倾倒、处置有放射性的废物、含传染病病原体的废物、有毒物质的；②非法排放、倾倒、处置危险废物三吨以上的；③非法排放含重金属、持久性有机污染物等严重危害环境、损害人体健康的污染物超过国家污染物排放标准或者省、自治区、直辖市人民政府根据法律授权制定的污染物排放标准三倍以上的；④私设暗管或者利用渗井、渗坑、裂隙、溶洞等排放、倾倒、处置有放射性的废物、含传染病病原体的废物、有毒物质的；⑤两年内曾因违反国家规定，排放、倾倒、处置有放射性的废物、含传染病病原体的废物、有毒物质受过两次以上行政处罚，又实施前列行为的；⑥致使乡镇以上集中式饮用水水源取水中断十二小时以上的；⑦致使基本农田、防护林地、特种用途林地五亩以上，其他农用地十亩以上，其他土地二十亩以上基本功能丧失或者遭受永久性破坏的；⑧致使森林或者其他林木死亡五十立方米以上，或者幼树死亡二千五百株以上的；⑨致使公私财产损失三十万元以上的；⑩致使疏散、转移群众五千人以上的；⑪致使三十人以上中毒；⑫致使三人以上轻伤、轻度残疾或者器官组织损伤导致一般功能障碍的；⑬致使一人以上重伤、中度残疾或者器官组织损伤导致严重功能障碍的；⑭其他严重污染环境的情形。

（3）犯罪主体

本罪的犯罪主体为一般主体，包括单位和个人。两高的司法解释规定了一种属于共同犯罪的情形：行为人明知他人无经营许可证或者超出经营许可范围，向其提供或者委托其收集、贮存、利用、处置危险废物，严重污染环境的，以污染环境罪的共同犯罪论处。

（4）犯罪主观方面

原重大环境污染事故罪的主观方面一直是学界争论的焦点，但《刑法修正案》（八）删除了《刑法》第338条中的"事故"二字，将本罪主观罪过明确化，即犯罪的主观方面既包括过失，有时也存在间接故意的情形，即行为人明知自己的行为可能造成严重污染环境的后果，但却仍然放任损害后果的发生。

（四）污染环境罪的刑罚

本罪按危害后果的大小分两个档次，其后果严重的，处三年以下有期徒刑或者拘役，并处或者单处罚金；后果特别严重的，处三年以上七年以下有期徒刑，并处罚金。

此外，两高的司法解释规定了应当酌情从重处罚的情形：（1）阻挠环境监督检查或者突发环境事件调查的；（2）闲置、拆除污染防治设施或者使污染防治设施不正常运行的；（3）在医院、学校、居民区等人口集中地区及其附近，违反国家规定排放、倾倒、处置有放射性的废物、含传染病病原体的废物、有毒物质或者其他有害物质的；（4）在限期整改期间，违反国家规定排放、倾倒、处置有放射性的废物、含传染病病原体的废物、有毒物质或者其他有害物质的。

二、非法倾倒、堆放、处置进口的固体废物罪

（一）概念和构成要件

非法倾倒、堆放、处置进口固体废物罪，是指违反我国《固体废物污染环境防治法》的规定，将境外的固体废物进境倾倒、堆放、处置，造成或者可能

造成重大环境污染事故，致使公私财产遭受或者可能遭受重大损失或者严重危害人体健康，触犯刑法构成犯罪的行为。

本罪的构成要件是：

1. 犯罪客体

本罪的客体是国家关于固体废物污染环境防治的管理制度。犯罪对象必须是境外固体废物，包括固体废物、工业固体废物、城市生活垃圾和其他危险废物。[1] 如果非法处置境内固体废物构成犯罪的，应以污染环境罪论。此外，此处的固体废物只能是可以进口或国家限制进口的固体废物，不包括国家禁止进口的固体废物。如果非法处置的是国家禁止进口的废物，不构成本罪，而应按《刑法》第155条规定的"走私废物罪"[2] 论处。

2. 本罪的客观方面

本罪的客观方面表现为违反国家规定，将境外的固体废物进境倾倒、堆放、处置的行为。本罪中的危害结果不是犯罪构成的必要条件，而是量刑考虑的情节，这体现了本条属于危险犯的立法精神。

3. 本罪的主体

本罪的主体是一般主体。单位和个人都是该罪的主体。

4. 本罪的主观方面

本罪的主观方面为间接故意。

（二）本罪的刑罚

本罪的刑罚分三档：将境外的固体废物进境倾倒、堆放、处置的，处五年以下有期徒刑或者拘役，并处罚金；造成重大环境污染事故，致使公私财产遭受重大损失或者严重危害人体健康的，处五年以上十年以下有期徒刑，并处罚金；后果特别严重的，处十年以上有期徒刑，并处罚金。

---

[1] 参见国家环境保护局、对外贸易经济合作部、海关总署、国家工商局和国家商检局1996年3月1日联合发布的《废物进口环境管理暂行规定》第32条。

[2] 根据2003年8月21日公布实施的最高人民法院、最高人民检察院关于执行《中华人民共和国刑法确定罪名的补充规定（二）》，取消了刑法原第155条第3项"走私固体废物罪"罪名，确定为"走私废物罪"。

三、擅自进口固体废物[1]罪

（一）概念和构成要件

擅自进口固体废物罪，是指未经环境保护行政主管部门许可，擅自进口固体废物用作原料，造成重大环境污染事故，致使公私财产遭受重大损失或者严重危害人体健康，触犯《刑法》构成犯罪的行为。

本罪的构成要件是：

1. 本罪的客体是国家对废物进口管理制度。犯罪对象具有特定性，只能是国家允许进口或者限制进口的可以用作原料的境外固体废物。如果行为人以原料利用为名，擅自进口不能用作原料的固体废物的，应以刑法第 155 条第 3 项走私废物罪论。

2. 本罪的客观方面表现为行为人擅自进口固体废物的行为以及造成的重大环境污染事故，致使公私财产遭受的重大损失或者严重危害人体健康的严重后果。根据我国《废物进口环境保护管理暂行规定》第 8 条："列入附件一的任何废物，必须经国家环境保护局审查批准，才可进口。"因此，一切擅自进口废物的行为都是违法的。本罪为"结果犯"，擅自进口固体废物的行为必须造成了公私财产重大损失或者严重危害了人体健康的后果才可以本罪论处。

3. 本罪的主体是一般主体。

4. 本罪的主观方面为间接故意。

（二）本罪的刑罚

本罪刑罚按危害后果大小分两档：造成重大环境污染事故，致使公私财产遭受重大损失或者严重危害人体健康的，处五年以下有期徒刑或者拘役，并处罚金；后果特别严重的，处五年以上十年以下有期徒刑，并处罚金。

四、非法捕捞水产品罪

（一）概念和构成要件

非法捕捞水产品罪，是指违反国家保护水产资源法规，在禁渔区、禁渔期

---

[1]　第九届全国人大常委会第 31 次会议通过的《刑法修正案》（四），将此处的固体废物修改为固体废物、液体废物和其他废物。参见《全国人民代表大会常务委员会公报》2003 年第 1 期。

或者使用禁用的工具、方法捕捞水产品，情节严重触犯《刑法》构成犯罪的行为。

本罪的构成要件是：

1.本罪的客体是国家对水产资源的管理制度。犯罪对象是指在我国内水、滩涂、领海以及我国管辖的一切其他海域内，除珍贵水生动植物以外的各种野生水生动物、水生植物等水产品资源。

2.本罪的客观方面表现为违反保护水产资源法律、法规，在禁渔区、禁渔期或者使用禁用的工具、方法捕捞水产品，情节严重的行为。本罪属情节犯，必须是行为人之行为属"情节严重的"，才构成本罪。所谓"情节严重"，是指数量较大；以非法捕捞水产品为常业或者多次捕捞水产品屡教不改；以禁止使用的炸药、剧毒农药、电网等严重危害水产资源的方法捕捞等等[1]。

3.本罪的主体是一般主体，包括自然人和单位。

4.本罪的主观方面为故意。

（二）本罪的刑罚

本罪只设一档刑罚，即处三年以下有期徒刑、拘役、管制或者罚金。

五、非法猎捕、杀害、收购、运输、出售国家重点保护珍贵、濒危野生动物罪

（一）概念和构成要件

非法猎捕、杀害、收购、运输、出售国家重点保护珍贵、濒危野生动物罪，是指违反野生动物保护法规，猎捕、杀害、收购、运输、出售国家重点保护的珍贵、濒危野生动物触犯《刑法》构成犯罪的行为。

本罪的构成要件是：

1.本罪的客体是国家对珍贵、濒危野生动物的保护和管理制度。犯罪对象是国家保护的珍贵、濒危的陆生、水生野生动物。"珍贵的野生动物"，是指在生态平衡、科学研究、文学艺术、经济发展及国际交往等方面具有重要价值的陆生、水生野生动物。"濒危的野生动物"，是指品种、数量稀少且濒于灭绝危险的陆生、水生野生动物。最高人民法院 2000 年 11 月 17 日《关于审理破

---

[1] 李爱年、李慧玲主编：《环境与资源保护法》，浙江大学出版社 2008 年版，第 245 页。

坏野生动物资源刑事案件具体应用法律若干问题的解释》第 1 条规定，《刑法》第 341 条第 1 款规定的"珍贵、濒危野生动物"，包括列入国家重点保护野生动物名录的国家一、二级保护野生动物、列入《濒危野生动植物种国际贸易公约》附录一、附录二的野生动物以及驯养繁殖的上述物种。

2. 本罪的客观方面，表现为非法猎捕、杀害、收购、运输、出售国家重点保护珍贵、濒危野生动物的行为。本罪属行为犯，无需考察结果。

3. 本罪的主体为一般主体，包括单位和个人。

4. 本罪的主观方面为故意，过失不构成本罪。

（二）本罪的刑罚

本罪根据情节的严重程度设三档刑罚：实施一般非法猎捕、杀害、收购、运输、出售行为的，处五年以下有期徒刑或者拘役，并处罚金；情节严重的，处五年以上十年以下有期徒刑，并处罚金；情节特别严重的，处十年以上有期徒刑，并处罚金或者没收财产。

六、非法收购、运输、出售国家重点保护的珍贵、濒危野生动物制品罪

（一）概念和构成要件

非法收购、运输、出售国家重点保护的珍贵、濒危野生动物制品罪，是指违反《野生动物保护法》的规定，收购、运输、出售国家重点保护的珍贵、濒危野生动物制品触犯《刑法》构成犯罪的行为。

本罪的构成要件是：

1. 侵犯的客体是国家对珍贵、濒危野生动物资源的重点保护制度。本罪的对象是国家重点保护的珍贵、濒危野生动物制品。所谓"制品"，是指利用珍贵、濒危野生动物作原料加工制作的标本、食品、药品、服饰等产品。

2. 本罪的客观方面表现为行为人实施了非法收购、运输、出售国家重点保护的珍贵、濒危野生动物制品的行为。

3. 本罪的主体是一般主体。

4. 本罪的主观方面必须是故意，即行为人明知是国家重点保护的珍贵、濒

危野生动物制品，而故意实施收购、运输、出售等行为。

（二）本罪的刑罚

本罪与上一罪名的刑罚相同，即根据情节的严重程度设三档刑罚：实施一般非法收购、运输、出售行为的，处五年以下有期徒刑或者拘役，并处罚金；情节严重的，处五年以上十年以下有期徒刑，并处罚金；情节特别严重的，处十年以上有期徒刑，并处罚金或者没收财产。

七、非法狩猎罪

（一）概念和构成要件

非法狩猎罪，是指违反狩猎法规，在禁猎区、禁猎期或者使用禁用的工具、方法进行狩猎，破坏野生动物资源，情节严重触犯《刑法》构成犯罪的行为。

本罪的构成要件：

1.本罪的客体是国家对野生动物保护的管理制度。犯罪对象是指除国家重点保护的珍贵、濒危野生动物以外的其他野生陆生动物。

2.本罪的客观方面，是行为人实施了在禁猎区、禁猎期或者使用禁用的工具、方法进行狩猎，破坏野生动物资源，情节严重的行为。最高人民法院2000年11月17日《关于审理破坏野生动物案件具体应用法律若干问题的解释》的第6条对"情节严重"作了具体解释，即具有下列情形之一的，属于情节严重的非法狩猎：（1）非法狩猎野生动物二十只以上的；（2）违反狩猎法规，在禁猎区或者禁猎期使用禁用的工具、非法狩猎的；（3）具有其他严重情节的。

3.本罪的主体是一般主体。

4.本罪的主观方面是故意，即明知是在禁猎区、禁猎期或者使用禁止的工具、方法进行狩猎而故意为之。

（二）本罪的刑罚

本罪只设一档刑罚：违反狩猎法规，在禁猎区、禁猎期或者使用禁用的工具、方法进行狩猎，破坏野生动物资源，情节严重的，处三年以下有期徒刑、拘役、管制或者罚金。

八、非法占用农用地罪

（一）概念和构成要件

非法占用农用地罪，是指违反土地管理法规，非法占用耕地、林地等农用地，改变被占用土地用途，数量较大，造成耕地、林地等农用地大量毁坏触犯《刑法》构成犯罪的行为。

本罪是在 2001 年 8 月 31 日通过的《刑法修正案》（二）中修改的，在原 1997 年刑法中称为毁坏耕地罪。

本罪的构成要件：

1. 本罪的客体是国家的土地管理制度。包括《土地管理法》《森林法》《基本农田保护条例》等法律、法规中规定的制度。本罪的犯罪对象是耕地、林地等农用地。

2. 本罪的客观方面为非法占用耕地、林地等农用地，改变被占用土地用途，数量较大，造成耕地、林地等农用地大量毁坏的行为。非法占用，是指行为人未经国家有关土地管理部门批准或者采取欺骗、行贿等手段获取批准而占用农用地。改变用途，是指行为人将土地管理部门批准专用的农用地擅自改作他用。2000 年 6 月 22 日施行的《最高人民法院关于审理破坏土地资源刑事案件具体应用法律若干问题的解释》中规定：（1）非法占用耕地"数量较大"，是指非法占用基本农田五亩以上或者非法占用基本农田以外的耕地十亩以上。（2）非法占用耕地"造成耕地大量毁坏"，是指行为人非法占用耕地建窑、建坟、建房、挖沙、采石、采矿、取土、堆放固体废弃物或者进行其他非农业建设，造成基本农田五亩以上或者基本农田以外的耕地十亩以上种植条件严重毁坏或者严重污染。本罪属于结果犯，即行为人的行为造成了农用地大量毁坏才构成本罪。

3. 本罪的主体为一般主体。

4. 本罪的主观方面为故意。

（二）本罪的刑罚

本罪只设一档刑罚，即处五年以下有期徒刑或者拘役，并处或者单处罚金。

九、非法采矿罪

（一）概念和构成要件

本罪由《刑法修正案》（八）作了修改，根据该修正案的规定，非法采矿罪是指违反矿产资源法的规定，未取得采矿许可证擅自采矿，擅自进入国家规划矿区、对国民经济具有重要价值的矿区和他人矿区范围采矿，或者擅自开采国家规定实行保护性开采的特定矿种,情节严重触犯《刑法》构成犯罪的行为。

本罪的构成要件：

1.本罪的客体是国家对矿产资源的管理制度。犯罪对象是矿产资源，是指在地质运动过程中形成的，蕴于地壳之中的，能为人们用于生产和生活的各种矿物质的总称。其中包括各种呈固态、液态或气态的金属、非金属矿产、燃料矿产和地下热能等。

2.本罪的客观方面，表现为违反矿产资源法的规定，实施了五种擅自采矿的违法行为之一，且情节严重的行为。这五种违法行为是：（1）未取得采矿许可证擅自采矿；（2）擅自进入国家规划矿区采矿；（3）擅自进入对国民经济具有重要价值的矿区采矿；（4）擅自进入他人矿区范围采矿；（5）擅自开采国家规定实行保护性开采的特定矿种。值得注意的是，本罪的客观方面相对于1997年《刑法》发生了重大变化。原《刑法》第343条规定："违反矿产资源法的规定，未取得采矿许可证擅自采矿的，擅自进入国家规划矿区、对国民经济具有重要价值的矿区和他人矿区范围采矿的，擅自开采国家规定实行保护性开采的特定矿种，经责令停止开采后拒不停止开采，造成矿产资源破坏的，处三年以下有期徒刑、拘役或者管制，并处或者单处罚金；造成矿产资源严重破坏的，处三年以上七年以下有期徒刑，并处罚金。"而《刑法修正案》（八）在客观方面的规定有两处修改：一是删掉了"经责令停止开采后拒不停止开采"，二是改"造成矿产资源严重破坏的"为"情节严重的"规定。"情节严重"既包括已经对矿产资源造成破坏的，又不限于此。显然，这一修改降低了入罪的门槛，并由原来的结果犯改为行为犯。当然对于"情节严重"尚需最高人民法院作进一步的解释。

3. 本罪的主体为一般主体。

4. 本罪的主观要件为故意。

（二）本罪的刑罚

本罪设置了两档刑罚，即：实施五种行为之一，情节严重的，处三年以下有期徒刑、拘役或者管制，并处或者单处罚金；情节特别严重的，处三年以上七年以下有期徒刑，并处罚金。

十、破坏性采矿罪

（一）概念和构成要件

破坏性采矿罪，是指违反《矿产资源法》的规定，采取破坏性的方法开采矿产资源，造成矿产资源严重破坏，触犯《刑法》构成犯罪的行为。

本罪的构成要件：

1. 本罪的客体是国家对矿产资源的管理制度。

2. 本罪的客观方面表现为采取破坏性开采方法开采矿产资源的行为和使矿产资源遭受严重破坏的危害结果。其中"破坏性开采"是指行为人违反地质矿产主管部门审查批准的矿产资源开发利用方案开采矿产资源，并造成矿产资源严重破坏的行为。刑法没有明确什么是"破坏性开采方法"。大量的教科书认为破坏性开采方法是指"国家禁止使用的开采方法和开采顺序"，以矿山企业的开采回采率、采矿贫化率和选矿回收率是否达到设计要求为标准进行判断，但"三审"不达标经常出现在使用合理方法采矿的情形下。因此，最高人民法院《关于审理非法采矿、破坏性采矿刑事案件具体适用法律若干问题的解释》中以"行为人违反地质矿产主管部门审查批准的开发利用方案开采矿产资源，并造成矿产资源严重破坏"为标准判断行为人是否采用破坏性方法采矿。"造成矿产资源严重破坏"，是指破坏性采矿造成矿产资源破坏的价值，数额在30万元以上的。破坏性的开采方法以及造成矿产资源破坏或者严重破坏的数额，由省级以上地质矿产主管部门出具鉴定结论，经查证属实后予以认定。

3. 本罪的主体为一般主体。

4. 本罪的主观要件为故意。

（二）本罪的刑罚

构成本罪的，处五年以下有期徒刑或者拘役，并处罚金。

十一、非法采伐、毁坏国家重点保护植物罪

（一）概念和构成要件

非法采伐、毁坏国家重点保护植物罪，是指违反国家规定，非法采伐、毁坏珍贵树木或者国家重点保护的其他植物触犯《刑法》构成犯罪的行为。

本罪的构成要件是：

1. 本罪的客体是国家对重点植物的管理制度。本罪的犯罪对象是珍贵树木或者国家重点保护的其他植物。

2. 本罪的客观方面，表现为违反《森林法》《野生植物保护条例》等法律、法规，非法采伐、毁坏国家重点保护植物的行为。"非法采伐"，是指未取得采伐许可证或者经过欺骗、行贿等手段取得采伐许可证，或者超过许可证规定的采伐株数、树种进行采伐。"毁坏植物"是指使珍贵树木或其他国家重点保护植物的价值或使用价值和正常生产发育的能力部分丧失或者全部丧失。

3. 本罪的主体为一般主体。

4. 本罪的主观方面为故意，即明知而为之。

（二）本罪的刑罚

本罪刑罚分两档，一是实施上述行为的，处三年以下有期徒刑、拘役或者管制，并处罚金；二是情节严重的，处三年以上七年以下有期徒刑，并处罚金。

十二、非法收购、运输、加工、出售国家重点保护植物、国家重点保护植物制品罪

（一）概念和构成要件

非法收购、运输、加工、出售国家重点保护植物、国家重点保护植物制品罪，是《刑法修正案》（四）第 6 条规定的，指违反国家规定，非法收购、运输、加工、出售珍贵树木或者国家重点保护的其他植物及其制品触犯《刑法》构成

犯罪的行为。

本罪的构成要件是：

1. 本罪的客体是国家对重点植物及其制品的管理制度。本罪的犯罪对象是珍贵树木或者国家重点保护的其他植物及其制品。此处的"制品"是指对采伐的珍贵树木或者国家重点保护的其他植物通过某种加工手段而获得的成品或半成品。

2. 本罪的客观方面，表现为非法收购、运输、加工、出售珍贵树木或者国家重点保护的其他植物及其制品的行为。本罪是选择性罪名，行为人只要实施了上述四种行为之一，即可构成本罪。

3. 本罪的主体为一般主体。

4. 本罪的主观方面为故意。

（二）本罪的刑罚

本罪的刑罚与上一罪名的刑罚相同，即实施上述行为的，处三年以下有期徒刑、拘役或者管制，并处罚金；二是情节严重的，处三年以上七年以下有期徒刑，并处罚金。

十三、盗伐林木罪

（一）概念和构成要件

盗伐林木罪，是指违反《森林法》及其他保护森林法规，以非法占有为目的，采用秘密的方法砍伐国家、集体所有（包括他人或者本人依法承包经营管理国家或集体所有）的森林或者其他林木，数量较大触犯《刑法》构成犯罪的行为。

本罪的构成要件如下：

1. 本罪的客体是国家对森林、林木资源的管理制度和国家、集体或者公民的林木所有权。犯罪对象是森林和其他林木。

2. 本罪的客观方面为以秘密的方法采伐森林或者其他林木，数量较大的行为。根据 2000 年 12 月《最高人民法院关于审理破坏森林资源刑事案件具体应用法律若干问题的解释》第 3 条的规定，其行为具体包括三种情形：擅自砍伐国家、集体、他人所有或者他人承包经营管理的森林或者其他林木的；擅自砍伐本单位或者本人承包经营管理的森林或者其他林木的；在林木采伐许可证规定的地点以外采伐国家、集体、他人所有或者他人承包经营管理的森林或者其他林木的。该解释第4条规定，盗伐林木"数量较大"，以二至五立方米或者幼树一百至二百株为起点；盗伐林木"数量巨大"，以二十至五十立方米或者幼树一千至二千株为起点；盗伐林木"数量特别巨大"，以一百至二百立方米或者幼树五千至一万株为起点。《刑法修正案》（四）第7条第4款的规定，盗伐国家级自然保护区内的森林或者其他林木的，从重处罚。如果将国家、集体、他人所有并已经伐倒的树木秘密非法据为己有，以及偷砍他人房前屋后、自留地种植的零星树木数额较大的，定为盗窃罪。

3.本罪的主体为一般主体。

4.本罪的主观方面为直接故意，且以非法占有为目的。

（二）本罪的刑罚

本罪按采伐数量分三档刑罚，即：采伐数量较大的，处3年以下有期徒刑、拘役或者管制，并处或者单处罚金；数量巨大的，处3年以上7年以下有期徒刑，并处罚金；数量特别巨大的，处7年以上有期徒刑，并处罚金。值得一提的是，此处对数量特别巨大的盗伐林木罪的刑罚，由原《刑法》和《关于严惩破坏经济的罪犯的决定》的规定"判处10年以上有期徒刑，无期徒刑或者死刑，可以并处没收财产"改为"处7年以上有期徒刑，并处罚金"。这一修改显然降低了对该罪的处罚力度，与盗窃罪的刑罚相比，该罪刑罚显然过轻，更何况森林的生态效益价值远远超过森林作为财产的经济价值。这一规定不利于保护生态环境和可持续发展战略的实施。

此外，《刑法》规定：盗伐国家级自然保护区内的森林或者其他林木的，从重处罚。

十四、滥伐林木罪

（一）概念和构成要件

滥伐林木罪是指违反《森林法》及其他保护森林法规，无采伐许可证，或者虽持有采伐许可证，但未按采伐许可证所规定的地点、数量、树种、方式而任意采伐本单位所有或管理的，或者本人自留山上的森林或者其他林木，数量较大触犯《刑法》构成犯罪的行为。

本罪的构成要件是：

1. 本罪的客体是国家对森林、林木资源的管理制度。本罪的对象是本单位所有或管理的，或者本人自留山上的森林或者其他林木。

2. 本罪的客观方面，表现为无采伐许可证或者未按照采伐许可证的规定、要求进行采伐，而且数量较大。根据 2000 年 12 月《最高人民法院关于审理破坏森林资源刑事案件具体应用法律若干问题的解释》第 5 条的规定：违反森林法的规定，具有下列情形之一，数量较大的，依照刑法第 345 条第二款的规定，以滥伐林木罪定罪处罚：（1）未经林业行政主管部门及法律规定的其他主管部门批准并核发林木采伐许可证，或者虽持有林木采伐许可证，但违反林木采伐许可证规定的时间、数量、树种或者方式，任意采伐本单位所有或者本人所有的森林或者其他林木的；（2）超过林木采伐许可证规定的数量采伐他人所有的森林或者其他林木的。林木权属争议一方在林木权属确权之前，擅自砍伐森林或者其他林木，数量较大的，以滥伐林木罪论处。同时该解释第 6 条规定：滥伐林木"数量较大"，以十至二十立方米或者幼树五百至一千株为起点；滥伐林木"数量巨大"，以五十至一百立方米或者幼树二千五百至五千株为起点。对于一年内多次盗伐、滥伐少量林木未经处罚的，累计其盗伐、滥伐林木的数量，构成犯罪的，依法追究刑事责任。

3. 本罪的主体是一般主体。

4. 本罪的主观方面为故意。

（二）本罪的刑罚

本罪刑罚亦按其滥伐的数量分两档，即滥伐森林或者其他林木，数量较大的，处三年以下有期徒刑、拘役或者管制，并处或者单处罚金；数量巨大的，处三年以上七年以下有期徒刑，并处罚金。此外，滥伐国家级自然保护区内的森林或者其他林木的，从重处罚。

十五、非法收购、运输盗伐、滥伐的林木罪

（一）概念和构成要件

非法收购、运输盗伐、滥伐的林木罪，是指非法收购明知是盗伐、滥伐的林木，情节严重触犯《刑法》构成犯罪的行为。2003 年 8 月 21 日起施行《最高人民法院、最高人民检察院关于执行〈中华人民共和国刑法〉确定罪名的补充规定（二）》已取消"非法收购盗伐、滥伐的林木罪"罪名而代之以"非法收购、运输盗伐、滥伐的林木罪"。

本罪的构成要件是：

1. 本罪的客体是国家对林木资源的管理制度。本罪的对象是他人盗伐、滥伐的林木。

2. 本罪的客观方面，表现为非法收购了他人盗伐、滥伐的林木，情节严重的行为。对于"情节严重"，2000 年 12 月《最高人民法院关于审理破坏森林资源刑事案件具体应用法律若干问题的解释》第 11 条做了具体的解释，规定：具有下列情形之一的，属于在林区非法收购盗伐、滥伐的林木"情节严重"：非法收购盗伐、滥伐的林木二十立方米以上或者幼树一千株以上的；非法收购盗伐、滥伐的珍贵树木二立方米以上或者五株以上的；其他情节严重的情形。具有下列情形之一的，属于在林区非法收购盗伐、滥伐的林木"情节特别严重"：非法收购盗伐、滥伐的林木一百立方米以上或者幼树五千株以上的；非法收购盗伐、滥伐的珍贵树木五立方米以上或者十株以上的；其他情节特别严重的情形。

3. 本罪的主体为一般主体。

4. 本罪的主观方面为故意。即明知是盗伐或滥伐的林木而进行非法收购和运输。上述《解释》第 10 条规定：刑法第 345 条规定的"非法收购明知是盗伐、滥伐的林木"中的"明知"，是指知道或者应当知道。具有下列情形之一的，可以视为应当知道，但是有证据证明确属被蒙骗的除外：（1）在非法的木材交易场所或者销售单位收购木材的;（2）收购以明显低于市场价格出售的木材的；（3）收购违反规定出售的木材的。此外，《刑法修正案》（四）删除了原《刑法》规定的以牟利为目的要件。为收购木材、木制品以及其他目的，唆使他人盗伐，

滥伐林木构成犯罪的，按教唆犯，以盗伐林木罪或者滥伐林木罪追究刑事责任。

（二）本罪的刑罚

本罪按情节设置两档刑罚：非法收购、运输明知是盗伐、滥伐的林木，情节严重的，处三年以下有期徒刑、拘役或者管制，并处或者单处罚金；情节特别严重的，处三年以上七年以下有期徒刑，并处罚金。

本章讨论主题与问题安排

主题一：污染环境罪的理解

问题：

1. 污染环境罪的犯罪构成包括哪些要件？

2.《刑法》修正案（八）对污染环境罪的规定与原《刑法》规定有何不同？

3. 最高人民法院和最高人民检察院的司法解释对污染环境的共同犯罪有何规定？

4. 如何区分污染环境罪与相关危害公共安全犯罪？

主题二：环境资源犯罪之案例分析

1. 某市一化工公司将在生产除草醚替代品时封存的化工废料197桶，送到某市洪山区环保固体废弃物交换中心处置，并交付处置费用40000元。次年3月，洪山区环保局决定处理这批废料，并决定由时任分管副局长的李某具体负责此事。经时任洪山区环保固体废弃物交换中心主任朱某推荐，朱某的两位朋友刘某和杨某可以处理这批废料。于是李某便提议先给197桶废料做个化验以弄清废料的化学成分再行处理。不久李某便收到了一份没盖公章的"某市化学研究所检验报告单"，上面写着送检样品只含铁、锌等物质，无毒无害。这时李某已意识到此检验报告不符合规定要求但未明确指出，仅委婉提出化验单上需要加盖公章。

3月底，朱某告诉李某准备将此化工废弃物交给刘某和杨某处理，李某此时既未督促其提供加盖公章的化验单，也未予以制止，便同意将这批废料交给刘某和杨某处理。刘、杨二人遂将其中 80 余桶化学废料随意倾倒在汉阳锅顶山半山腰。倾倒完毕后恰逢天降暴雨，废料顺地势侵入下游的仙山村和龙阳湖，导致土壤、水中苯酚含量严重超标，村民鱼池、菜地、藕田和湖水遭受污染，直接经济损失达 200 万元。

问题：

（1）本案中刘、杨二人的行为是否构成犯罪，为什么？

（2）本案中原洪山区环保局分管副局长李某的行为是否构成犯罪，为什么？

2. 河南郑州一在校大学生闫某，放暑假和朋友王某掏鸟窝抓了 16 只鸟出售，因涉嫌犯非法收购、猎捕珍贵、濒危野生动物罪，二人分别被判刑十年半和十年有期徒刑，并处罚金。

此案一经媒体披露，就引发公众热议，有网友吐槽并质疑"人不如鸟"，指责当地司法系统小题大做。新浪网发起的"大学生抓 16 只鸟获刑十年半，你认为量刑适当吗"的民意调查显示，截至 2015 年 12 月 3 日 13 点，有超过 77% 的网友认为量刑过重。

据查：闫某抓的不是一般的鸟，16 只鸟都是燕隼，属于国家二级保护动物。办案检察官指出，被告人之一闫某是"河南鹰猎兴趣交流群"的一员，曾网上非法收购 1 只凤头鹰转手出售；被告人在网上兜售时特意标注信息为"阿穆尔隼"；被告人王某家是养鸽子的。

根据最高人民法院的相关司法解释，非法收购、运输、出售国家二级保护动物隼（所有类），6 只到 9 只就属情节严重的，须处五年以上十年以下有期徒刑，并处罚金；10 只以上的，属于情节特别严重的，处十年以上有期徒刑，并处罚金或者没收财产。闫某和王某一共抓捕和出售了 16 只燕隼，属于情节特别严重，因此，依法对他们判处十年半和十年有期徒刑并处罚金，不但是在法律规定的幅度范围内量刑，也根本谈不上过重。

当然，有人说，有些大贪官贪污成千万上亿元，也就判处十几年有期徒刑,闫某、王某抓了16只鸟就判刑这么重,这明显不公平。[1]

问题：

1. 闫某是否构成犯罪? 如构成，构成何罪?

2. 法院判决是否合法?

3. 本案适用哪一个司法解释?

4. 如何评价我国刑法及相关司法解释对此的规定?

 讨论参考资料

1. 韩德培主编 :《环境保护法学教程》(第七版), 法律出版社 2015 年版。

2. 李爱年、周训芳、李慧玲主编 :《环境保护法学》, 湖南人民出版社 2012 年版。

3.《中华人民共和国刑法》。

4.《关于审理破坏野生动物资源刑事案件具体应用法律若干问题的解释》。

5.《最高人民法院、最高人民检察院关于办理环境污染刑事案件适用法律若干问题的解释》。

 课后思考题

1. 结合司法解释分析盗伐林木罪和滥伐林木罪有何不同?

2. 非法狩猎罪的犯罪构成要件有哪些?

---

[1] 《"抓 16 只鸟获刑 10 年半" 量刑重不重? 》, http://news.163.com/15/1204/06/B9VJQQM7000-14AED.html，2015-12-4。

| 第十三章 |

水污染防治和大气污染防治法律制度

第一节 水污染防治法律制度

一、我国水资源、水环境状况及立法概况

水污染是指人类的生产或其他活动，向水环境排放有毒、有害的物质和能量，导致其物理、化学、生物或者放射性等特性改变，从而使环境质量下降，危害人类健康、生命安全或者导致财产损害的现象。

我国是一个水资源贫乏的国家，水资源总量约 2.8 万亿立方米，人均占有水资源量约 2200 立方米，只有世界人均占 有量的 1/4。随着我国经济的持续快速增长和经济规模的不断扩大，水污染物排放虽得到了一定程度的控制，但水质状况仍不容乐观。

据 2015 年 6 月环境保护部公布的《2014 中国环境状况公报》显示，国家对全国 423 条主要河流、62 座重点湖泊（水库）的 968 个国控地表水监测断面（点位）开展了水质监测，Ⅰ、Ⅱ、Ⅲ、Ⅳ、Ⅴ、劣 Ⅴ 类水质断面分别占 3.4%、30.4%、29.3%、20.9%、6.8%、9.2%，主要污染指标为化学需氧量、总磷和五日生化需氧量。南水北调东线、中线工程输水干线所有断面水质均达到或好于 Ⅲ 类标准。329 个地级及以上城市开展了集中式饮用水水源地水质监测，取水总量为 332.55 亿吨，达标水量为 319.89 亿吨，占 96.2%。4896 个地

下水监测点位中，水质为优良级的监测点比例为 10.8%，良好级的监测点比例为 25.9%，较好级的监测点比例为 1.8%，较差级的监测点比例为 45.4%，极差级的监测点比例为 16.1%。2014 年，化学需氧量排放总量为 2294.6 万吨，同比下降 2.47%；氨氮排放总量为 238.5 万吨，同比下降 2.90%。2014 年，长江、黄河、珠江、松花江、淮河、海河、辽河七大流域和浙闽片河流、西北诸河、西南诸河的国控断面中，Ⅰ类水质断面占 2.8%，同比上升 1.0 个百分点；Ⅱ类占 36.9%，同比下降 0.8 个百分点；Ⅲ类占 31.5%，同比下降 0.7 个百分点；Ⅳ类占 15.0%，同比上升 0.5 个百分点；Ⅴ类占 4.8%，劣Ⅴ类占 9.0%，同比均持平。主要污染指标为化学需氧量、五日生化需氧量和总磷。

《水污染防治法》于 1984 年颁布，1996 年、2008 年两次修订，2008 年的修订广泛征求了社会公众的意见，全国人大常委会先后三次审议通过。2008 年 2 月 28 日，第十届全国人大常委会第三十二次会议对原《水污染防治法》作了全面修订。此次修订的《水污染防治法》共 8 章 92 条，比修订前增加了 30 条，其内容因增补而更加丰富，结构因调整而更趋完整，制度因创新而更符合实际。修订后的《水污染防治法》有诸多重大进展，在监管制度方面体现了 10 项创新。

二、《水污染防治法》的几大亮点

（一）更加突出饮用水安全

党和国家非常关心人民群众的饮水安全。原国家环保部部长周生贤反复强调，污染防治是环保工作的重中之重，确保饮用水安全是首要环节。这些思想不但指导了《水污染防治法》的修改过程，在法律中也得到了直接体现。

修订后的《水污染防治法》从 4 个方面加强了饮用水的法律保护：

1. 在立法目的部分增加了"保障饮用水安全"。该法第 1 条规定：为了防治水污染，保护和改善环境，保障饮用水安全，促进经济社会全面协调可持续发展，制定本法。

2. 在指导原则部分提出要"优先保护饮用水水源"。该法第 3 条规定：水污染防治应当坚持预防为主、防治结合、综合治理的原则，优先保护饮用水水源，严格控制工业污染、城镇生活污染，防治农业面源污染，积极推进生态治理工程建设，预防、控制和减少水环境污染和生态破坏。

3. 在结构上增设"饮用水水源保护"专章，即第五章，共 10 个条款，主要规定了饮用水保护区划、禁设排污口、禁止或者限制含磷洗涤剂等措施：

一是完善饮用水水源保护区分级管理制度。规定：国家建立饮用水水源保护区制度，并将其划分为一级和二级保护区，必要时可在饮用水水源保护区外围划定一定的区域作为准保护区。

二是明确饮用水水源保护区划定机关和争议解决机制。规定：饮用水水源保护区的划定，由有关市、县人民政府提出划定方案，报省、自治区、直辖市人民政府批准；跨市、县饮用水水源保护区的划定，由有关市、县人民政府协商提出划定方案，报省、自治区、直辖市人民政府批准；协商不成的，由省、自治区、直辖市人民政府环境保护主管部门会同同级水行政、国土资源、卫生、建设等部门提出划定方案，征求同级有关部门的意见后，报省、自治区、直辖市人民政府批准。跨省、自治区、直辖市的饮用水水源保护区，由有关省、自治区、直辖市人民政府商有关流域管理机构划定；协商不成的，由国务院环境保护主管部门会同同级水行政、国土资源、卫生、建设等部门提出划定方案，征求国务院有关部门的意见后，报国务院批准。

三是对饮用水水源保护区实行严格管理。规定：在饮用水水源保护区内，禁止设置排污口；禁止在饮用水水源一级保护区内新建、改建、扩建与供水设施和保护水源无关的建设项目；已建成的与供水设施和保护水源无关的建设项目，由县级以上人民政府责令拆除或者关闭；禁止在饮用水水源一级保护区内从事网箱养殖、旅游、游泳、垂钓或者其他可能污染饮用水水体的活动。同时还规定：禁止在饮用水水源二级保护区内新建、改建、扩建排放污染物的建设项目；已建成的排放污染物的建设项目，由县级以上人民政府责令拆除或者关闭；在饮用水水源二级保护区内从事网箱养殖、旅游等活动的，应当按照规定采取措施，防止污染饮用水水体。

四是在饮用水准保护区内实行积极的保护措施。禁止在饮用水水源准保护区内新建、扩建对水体污染严重的建设项目；改建建设项目，不得增加排污量。

县级以上地方人民政府应当根据保护饮用水水源的实际需要，在准保护区内采取工程措施或者建造湿地、水源涵养林等生态保护措施，防止水污染物直接排入饮用水水体，确保饮用水安全。

4. 在罚则部分的第75条和第81条加重了危害饮用水行为的处罚，从而将"保护饮用水安全"放在了首位。第75条规定：在饮用水水源保护区内设置排污口的，由县级以上地方人民政府责令限期拆除，处十万元以上五十万元以下的罚款；逾期不拆除的，强制拆除，所需费用由违法者承担，处五十万元以上一百万元以下的罚款，并可以责令停产整顿。除前款规定外，违反法律、行政法规和国务院环境保护主管部门的规定设置排污口或者私设暗管的，由县级以上地方人民政府环境保护主管部门责令限期拆除，处二万元以上十万元以下的罚款；逾期不拆除的，强制拆除，所需费用由违法者承担，处十万元以上五十万元以下的罚款；私设暗管或者有其他严重情节的，县级以上地方人民政府环境保护主管部门可以提请县级以上地方人民政府责令停产整顿。未经水行政主管部门或者流域管理机构同意，在江河、湖泊新建、改建、扩建排污口的，由县级以上人民政府水行政主管部门或者流域管理机构依据职权，依照前款规定采取措施、给予处罚。第81条规定：有下列行为之一的，由县级以上地方人民政府环境保护主管部门责令停止违法行为，处十万元以上五十万元以下的罚款；并报经有批准权的人民政府批准，责令拆除或者关闭：（1）在饮用水水源一级保护区内新建、改建、扩建与供水设施和保护水源无关的建设项目的；（2）在饮用水水源二级保护区内新建、改建、扩建排放污染物的建设项目的；（3）在饮用水水源准保护区内新建、扩建对水体污染严重的建设项目，或者改建建设项目增加排污量的。在饮用水水源一级保护区内从事网箱养殖或者组织进行旅游、垂钓或者其他可能污染饮用水水体的活动的，由县级以上地方人民政府环境保护主管部门责令停止违法行为，处二万元以上十万元以下的罚款。个人在饮用水水源一级保护区内游泳、垂钓或者从事其他可能污染饮用水水体的活动的，由县级以上地方人民政府环境保护主管部门责令停止违法行为，可以处五百元以下的罚款。

（二）强化了地方政府的环境责任

许多地方环境污染的背后，总能看到地方保护主义的影子。环境指标纳入政府官员考核指标体系将是斩断这种保护主义的利剑。2005 年《国务院关于落实科学发展观加强环境保护的决定》提出，地方政府要确保实现环境目标，政府主要领导是本行政区域环境保护的第一责任人。中共中央组织部 2006 年印发了《体现科学发展观要求的地方党政领导班子和领导干部综合考核评价试行办法》，其配套文件提出了地方"主要污染物排放总量控制率"、"主要污染物排放强度控制率"、"饮用水源水质达标率"等环保考核内容，并规定由环保部门直接提供，国家环保总局还代表国务院与各地签订了污染减排的目标责任状。

在此基础上，修订后的《水污染防治法》从两方面完善了政府的责任机制：一是规定国家实行水环境保护目标责任制；二是明确提出了考核评价制度，将水环境保护目标完成情况作为对地方人民政府及其负责人考核评价的内容。

（三）生态保护补偿机制写进法律

保护江河源头的生态环境，下游地区是主要受惠者，但上游地区往往因此丧失某些发展机会，从而造成地区间发展失衡。实践证明，实行生态补偿有利于扭转这种失衡现象。《"十一五"规划纲要》指出："按照谁开发谁保护、谁受益谁补偿的原则，建立生态补偿机制。"《国务院关于落实科学发展观加强环境保护的决定》提出：要完善生态补偿政策，尽快建立生态补偿机制。国务院 2007 年发布的《节能减排综合性工作方案》要求：开展跨流域生态补偿试点工作。

在此基础上，修订后的《水污染防治法》第 7 条规定："国家通过财政转移支付等方式，建立健全对位于饮用水水源保护区区域和江河、湖泊、水库上游地区的水环境生态保护补偿机制。"这一规定为推进生态补偿机制的建立提供了有力的法律保障。

（四）明确规定禁止超标排污

《水污染防治法》修订之前，超标排放水污染物的行为相当普遍。究其原因，可以归因于两方面的法律缺失：一是法律没有明确规定禁止超标排污，二是超标排污没有明确的法律责任。

修订后的《水污染防治法》从两方面力图扭转这种现象：一是第 9 条明确

规定："排放水污染物，不得超过国家或者地方规定的水污染物排放标准和重点水污染物排放总量控制指标。"二是第74条进一步规定，排放水污染物超过标准的，责令其限期治理，处应缴纳排污费数额二倍以上五倍以下的罚款。

（五）总量控制的适用范围扩大

修订前的《水污染防治法》虽然规定了总量控制制度，但只适用于"特殊水体"，即排污达标但水质不达标的水体。

修订后的《水污染防治法》对总量控制制度做了两方面修改：一是扩大了总量控制的适用范围，不再局限于排污达标但质量不达标的水体，并要求地方政府将总量控制指标逐级分解落实到基层和排污单位；二是除国家重点水污染物外，省级政府可以确定本行政区域实施总量控制的"地方重点水污染物"。

（六）"区域限批"手段法制化

"区域限批"制度是环境监管手段的重要创新。实践证明，"区域限批"制度的效果非常明显，不仅使违法建设单位受到严厉惩罚，也使一些地方政府官员对环评等法律制度产生了敬畏之心。

修订后的《水污染防治法》及时吸纳了这一制度，并将其由行政管理措施上升为强制实施的法律制度。第18条规定："对超过重点水污染物排放总量控制指标的地区，有关人民政府环境保护主管部门应当暂停审批新增重点水污染物排放总量的建设项目的环境影响评价文件。"

（七）公众参与有保障

公众对改善严重污染的水环境具有极大的热情，法律为公众参与设计了相关制度。新修订的《水污染防治法》从四个方面提供了公众参与的制度保障：

一是赋予公众检举权。第10条规定，任何单位和个人都有权对污染损害水环境的行为进行检举。

二是对违法者公开曝光。第19条规定，上级环保部门对未完成总量控制指标的下级行政区予以公布，各级环保部门对违法企业予以公布。

三是统一发布国家水环境状况信息，保障公众环境知情权。

四是为公益诉讼铺设了道路，允许环保社会团体依法支持因水污染受害人向法院提起诉讼。第88条规定：环境保护主管部门和有关社会团体可以依法支持因水污染受到损害的当事人向人民法院提起诉讼。

（八）排污许可制度进入法律

国家正在加紧拟定《排污许可证条例》，根据 2004 年生效的《行政许可法》的规定，尚未制定法律的，行政法规可以创设行政许可；已经制定法律而法律没有设定许可的，行政法规不能创设许可，只能在法律设定的许可范围内做出实施性规定。由于过去《水污染防治法》没有明确设定排污许可，制定《排污许可证条例》面临着法律障碍。

修订后的《水污染防治法》第 20 条不仅提出国家实行排污许可制度，同时还规定了这一制度的基本内容。第一，明确了四类适用对象：向水体排放工业废水的企业单位，向水体排放医疗污水的医疗卫生机构，城镇污水集中处理设施的运营单位，其他按照规定应当取得排污许可证的企业事业单位。第二，明确了两项基本要求：禁止无证排污，禁止违证排污。第三，明确授权立法，即排污许可的具体办法和实施步骤由国务院规定。

（九）创设排污单位的自我监测义务

排污单位藐视法律义务弄虚作假，环保部门因监管力量薄弱而底数不清，这是一些地方基层环保工作的实际状况。在修订过程中，有关机关充分研究了国情，并参考了国外经验，认为自我监测、记录和申报是企业的基本义务，随时抽查和核实是环保部门的基本权力。

修订后的《水污染防治法》对此从四个方面做了规定：一是新设定排污单位具有自我监测义务，要求其安装自动监测设备并与环保部门联网，保存原始监测记录；二是明确适用于"重点排污单位"；三是规定重点排污单位名录由环保部门会同有关部门确定；四是规定未安装、未联网、未监测、未保存原始监测记录的，将被处以 10 万元罚款。

（十）事故应急处置规范得到加强

2005 年发生的松花江特大水污染事件，造成了令人痛心的后果，它不仅推动了中国的突发事件预防应对工作，也在一定程度上直接推动了《水污染防治法》的修订。

修订后的《水污染防治法》专设第 6 章，集中规定了"水污染事故处置"

方面的要求，主要包括：一是政府应当做好突发水污染事故的应急准备、应急处置和事后恢复；二是企业应当制定应急预案，并定期演练；三是发生事故后，企业应当立即启动应急预案，采取应急措施；四是环保部门应当及时报告政府，抄送有关部门。

第 68 条规定：企业事业单位发生事故或者其他突发性事件，造成或者可能造成水污染事故的，应当立即启动本单位的应急方案，采取应急措施，并向事故发生地的县级以上地方人民政府或者环境保护主管部门报告。环境保护主管部门接到报告后，应当及时向本级人民政府报告，并抄送有关部门。造成渔业污染事故或者渔业船舶造成水污染事故的，应当向事故发生地的渔业主管部门报告，接受调查处理。其他船舶造成水污染事故的，应当向事故发生地的海事管理机构报告，接受调查处理；给渔业造成损害的，海事管理机构应当通知渔业主管部门参与调查处理。

（十一）加大了处罚力度，完善了法律责任

为了加大水污染违法成本，增强对违法行为的震慑力，解决"守法成本较高、违法成本较低"的问题，该法在法律责任部分主要做了以下四个方面的规定：

一是综合运用各种行政处罚手段，加大行政处罚力度。根据违法行为的不同，规定了责令改正、责令停止违法行为、罚款、暂扣船员适任证书、责令停产停业、责令关闭等措施，同时要求对直接负责的主管人员和其他直接责任人员依法给予处分。

二是完善行政措施，强化环境保护主管部门的执法手段。将责令限期治理、停产整顿等行政强制权赋予环境保护主管部门。第 74 条规定，排放水污染物超过国家或者地方规定的水污染物排放标准，或者超过重点水污染物排放总量控制指标的，由县级以上人民政府环境保护主管部门按照权限责令限期治理，处应缴纳排污费数额二倍以上五倍以下的罚款。

三是强化违法排污者的民事责任和治理责任。第 85 条规定：因水污染受到损害的当事人，有权要求排污方排除危害和赔偿损失。由于不可抗力造成水污染损害的，排污方不承担赔偿责任；法律另有规定的除外。水污染损害是由受害人故意造成的，排污方不承担赔偿责任。水污染损害是由受害人重大过失造成的，可以减轻排污方的赔偿责任。水污染损害是由第三人造成的，排污方承担赔偿责任后，有权向第三人追偿。

四是明确规定举证责任倒置。第87条规定：因水污染引起的损害赔偿诉讼，由排污方就法律规定的免责事由及其行为与损害结果之间不存在因果关系承担举证责任。

第二节 大气污染防治法律制度

一、我国大气环境状况、应对措施及立法概况

大气污染是指人类的生产或其他活动，向大气环境排放有毒、有害的物质和能量，导致其物理、化学、生物或者放射性等特性改变，从而使环境质量下降，危害人类健康、生命安全或者导致财产损害的现象。大气污染与其他污染相比，具有污染扩散速度快、波及范围广、持续时间长等特点。

近年来，雾霾是人们热议的话题，这在一定程度上反映了我国大气环境质量状况糟糕。据2015年6月环境保护部公布的《2014中国环境状况公报》显示，全国开展空气质量新标准监测的161个地级及以上城市中，只有16个城市空气质量年均值达标，145个城市空气质量超标。全国有470个城市（区、县）开展了降水监测，酸雨城市比例为29.8%，酸雨频率平均为17.4%。

为了应对较差的大气环境质量状况，我国在2014年全面实施《大气污染防治行动计划》。一是加强重点行业污染治理。印发京津冀及周边地区、长三角、珠三角及周边地区重点行业大气污染限期治理方案，出台《大气污染防治成品油质量升级行动计划》，发布《石化行业挥发性有机物综合整治方案》，提出码头油气回收技术推广行动方案。全年淘汰落后和过剩产能钢铁3110万吨、水泥8100万吨、平板玻璃3760万重量箱，淘汰黄标车及老旧车超过600万辆，淘汰燃煤小锅炉5.5万台。二是推进区域协作。北京亚太经合组织（APEC）会议、南京青奥会空气质量保障任务圆满完成。特别是APEC会议期间，北京空气质量4天为优、7天为良，各项污染物平均浓度均达到近5年同期最低水平，

出现了"APEC 蓝"，得到社会各界的普遍认可。三是加强大气环境执法监管。环保部门运用卫星和无人机等高科技手段，采取联合执法、交叉执法、区域执法等方式，坚持每月组织开展大气污染防治专项检查，检查结果通报给地方政府并向社会公开。四是完善监测预警体系。全国 338 个地级及以上城市 1436 个监测点位全部具备实施新空气质量标准监测能力，京津冀、长三角、珠三角区域空气质量预报预警平台已基本建成。五是加快出台配套政策。国务院办公厅印发《大气污染防治行动计划实施情况考核办法（试行）》，有关方面先后出台 19 项配套政策措施，发布 20 项相关污染物排放标准。六是强化基础支撑。中央财政先后安排专项资金 100 亿元，支持各地开展大气污染防治。实施清洁空气研究计划和蓝天科技工程"十二五"专项规划，发布《大气污染防治先进技术汇编》，北京、天津、石家庄和上海大气颗粒物源解析研究成果已发布。通过努力，2014 年，首批实施新环境空气质量标准监测的 74 个城市细颗粒物（PM2.5）年均浓度为 64 微克 / 立方米，同比下降 11.1%。

特别值得一提的是，《中华人民共和国大气污染防治法》于 1987 年 9 月 5 日第六届全国人民代表大会常务委员会第二十二次会议通过实施后，该法于 1995 年 8 月 29 日第八届全国人民代表大会常务委员会第十五次会议修正，2000 年 4 月 29 日第九届全国人民代表大会常务委员会第十五次会议第一次修订，2015 年 8 月 29 日第十二届全国人民代表大会常务委员会第十六次会议第二次修订，并自 2016 年 1 月 1 日起施行。

二、《大气污染防治法》修订的主要内容和亮点

2015 年 8 月 29 日修订通过的《大气污染防治法》历经三审，从以前的 7 章 66 条扩展为 8 章 129 条，不仅在法条数量上接近翻一倍，在内容上也对所有现行法条作出修改。作为环保法修订通过后修改的第一部单行法，此次立法过程中主要是根据目前大气环境污染严峻形势，根据中央提出的加快推进生态文明建设的精神，对大气污染防治法做出的修改。此次修订，有以下特色：

（一）改善"大气环境质量"是贯穿于整部法律的主线

环境保护部副部长潘岳就新修订的《大气污染防治法》在接受媒体采访时

说，新法抓住了大气环境质量改善这个主线，为推动大气污染物全防全控奠定了坚实的法律基础。新修订的《大气污染防治法》中明确提及"大气环境质量"达36次之多，接近全部条文的1/3，这正是此法的最大亮点。[1]

（二）强化了政府的责任

此次《大气污染防治法》以改善大气环境质量为目标，注重强化地方政府在环境保护、改善大气质量方面的责任，实行政府负责制，加强了地方政府的监督。该法第3条明确规定，县级以上人民政府应当将大气污染防治工作纳入国民经济和社会发展规划，加大对大气污染防治的财政投入。地方各级人民政府应当对本行政区域的大气环境质量负责，制定规划，采取措施，控制或者逐步削减大气污染物的排放量，使大气环境质量达到规定标准并逐步改善。

同时，该法还规定了考核评价制度。规定：国务院环境保护主管部门会同国务院有关部门，按照国务院的规定，对省、自治区、直辖市大气环境质量改善目标、大气污染防治重点任务完成情况进行考核。省、自治区、直辖市人民政府制定考核办法，对本行政区域内地方大气环境质量改善目标、大气污染防治重点任务完成情况实施考核。考核结果应当向社会公开。

此外，还规定：县级以上人民政府环境保护主管部门对大气污染防治实施统一监督管理。县级以上人民政府其他有关部门在各自职责范围内对大气污染防治实施监督管理。

（三）突出了重点问题

这主要体现在用专章确立联防联控机制。当前，我国大气污染呈现明显的区域性特征。京津冀、长三角、珠三角地区，大气污染不再局限于单个城市内，城市间大气污染变化过程呈现明显的同步性，区域性污染特征十分显著。辽宁中部城市群、湖南长株潭地区以及成渝地区等城市密度大、能源消费集中的区域也出现了区域性大气污染。因此，这种跨行政区域的污染单纯靠原有的监管模式，不能解决问题。为了应对区域性污染，该法设定了联防联控机制，并且设专章即第五章"重点区域大气污染联合防治"予以规定。该法明确由国家建立重点区域大气污染联防联控机制，统筹协调重点区域内大气污染防治工作。

---

[1]《2015 大气污染防治法解读》，http://www.cnrencai.com/zengche/240265.html，2015-12-22。

国务院环境保护主管部门根据主体功能区划、区域大气环境质量状况和大气污染传输扩散规律，划定国家大气污染防治重点区域，报国务院批准。此外，重点区域内有关省、自治区、直辖市人民政府应当确定牵头的地方人民政府，定期召开联席会议，按照统一规划、统一标准、统一监测、统一的防治措施的要求，开展大气污染联合防治，落实大气污染防治目标责任。国务院环境保护主管部门应当加强指导、督促。

法律还规定，编制可能对国家大气污染防治重点区域的大气环境造成严重污染的有关工业园区、开发区、区域产业和发展等规划，应当依法进行环境影响评价。规划编制机关应当与重点区域内有关省、自治区、直辖市人民政府或者有关部门会商。重点区域内有关省、自治区、直辖市建设可能对相邻省、自治区、直辖市大气环境质量产生重大影响的项目，应当及时通报有关信息，进行会商。会商意见及其采纳情况作为环境影响评价文件审查或者审批的重要依据。

其次是重污染天气的应对。新法设专章第六章"重污染天气的应对"对此做出具体规定。

（四）注重源头治理

注重加强源头治理，从制定产业政策、调整能源结构、提高燃煤质量、防治机动车污染治理等几个方面着手，从推动转变经济发展方式、优化产业结构、调整能源结构的角度完善相关的制度。新的《大气污染防治法》第2条规定，防治大气污染，应当以改善大气环境质量为目标，坚持源头治理，规划先行，转变经济发展方式，优化产业结构和布局，调整能源结构。防治大气污染，应当加强对燃煤、工业、机动车船、扬尘、农业等大气污染的综合防治，推行区域大气污染联合防治，对颗粒物、二氧化硫、氮氧化物、挥发性有机物、氨等大气污染物和温室气体实施协同控制。由于目前我们国家主要能源仍是煤炭，而且短期内这个能源结构难以改变，所以此次新修改的《大气污染防治法》加强了对煤炭的洗选，优化煤炭的使用方式，提高燃煤的洗选比例，推广煤炭清洁高效利用。为减少燃煤大气污染，法律提出国务院有关部门和地方各级人民政府应当采取措施，推广清洁能源的生产和使用，逐步降低煤炭在一次能源消费中的比重，同时要求地方各级人民政府加强民用散煤的管理，禁止销售不符合民用散煤质量标准的煤炭。对于反映较多的机动车污染问题，新法也对提高燃油质量标准、对燃油机动车新车的排放标准和新车的环保一致性都提出了要求。

（五）加强标准控制

《大气污染防治法》新增"大气污染防治标准和限期达标规划"章节并前置，规范大气污染质量标准、污染物排放标准制定行为以及标准运用和落实。这一做法，是我国现行环保立法中的首创。

（六）优化了监督管理制度与措施

主要表现在：

1. 大气污染物排放总量控制范围拓宽

污染物排放总量控制制度是指根据国家大气环境质量标准和地区环境容量，计算出该地区大气污染物允许排放量并将其分配到整个地区、行业以至污染源，要求按照下达的总量控制指标排放污染物的法律规定。[1] 原《大气污染防治法》实行大气污染物排放总量控制制度的区域主要包括尚未达到规定的大气环境质量标准的区域以及国务院批准划定的酸雨控制区、二氧化硫污染控制区[2]，新法借鉴了 2008 年修订的《水污染防治法》的规定，将总量控制制度适用于全国。该法规定：国家对重点大气污染物排放实行总量控制。重点大气污染物排放总量控制目标，由国务院环境保护主管部门在征求国务院有关部门和各省、自治区、直辖市人民政府意见后，会同国务院经济综合主管部门报国务院批准并下达实施。省、自治区、直辖市人民政府应当按照国务院下达的总量控制目标，控制或者削减本行政区域的重点大气污染物排放总量。确定总量控制目标和分解总量控制指标的具体办法，由国务院环境保护主管部门会同国务院有关部门规定。省、自治区、直辖市人民政府可以根据本行政区域大气污染防治的需要，对国家重点大气污染物之外的其他大气污染物排放实行总量控制。

2. 信息公开和公众参与更细化

新法秉承新《环境保护法》强化信息公开和公众参与的立法思路，要求信

---

[1] 韩德培主编：《环境保护法教程》（第五版），法律出版社 2007 年版，第 228 页。

[2] 见原《大气污染防治法》第 15 条。

息公开的表述有 11 处之多。如新法明确要求，制定标准应当征求公众意见；省级以上环保部门约谈地方政府的情况、重点排污单位名录、建设单位新建项目的环评文件、重点区域内的大气监测信息和源解析结果、重污染天气应急预案、突发重大环境事件监测信息等都要向社会公开；环保部门应当公布举报电话、电子邮箱，方便公众举报，并反馈举报处理结果等。

3. 取消了"三同时"验收，代之以环境影响评价

新法第 18 条规定：企业事业单位和其他生产经营者建设对大气环境有影响的项目，应当依法进行环境影响评价、公开环境影响评价文件；向大气排放污染物的，应当符合大气污染物排放标准，遵守重点大气污染物排放总量控制要求。该法取消了原第 11 条的规定：建设项目投入生产或者使用之前，其大气污染防治设施必须经过环境保护行政主管部门验收，达不到国家有关建设项目环境保护管理规定的要求的建设项目，不得投入生产或者使用。

4. 取消了征收排污费、两控区划分、大气污染防治重点城市提法

由于总量控制的适用范围拓宽，不再是基于两控区，因此，该法取消了两控区的提法；同时，正如上文所述，区域性污染严重，划定大气污染防治重点城市制度已失去其存在的基础，因此，新法也删掉了旧法中的相关规定。关于取消征收排污费的规定的原因，一则因为排污费费改税势在必行，新的《环境保护法》已有规定，《环境保护税法》（征求意见稿）已经出来，税法的正式出台为时不远。二则即使相关税法未公布实施，《排污费征收使用管理条例》等还在有效实施。

5. 增加环保约谈和区域限批制度

区域限批制度首次在法律中规定是 2008 年修订的《水污染防治法》，新《环境保护法》对此进行规定，新《大气污染防治法》也规定了该制度，并将其适用范围扩大到未完成国家下达的大气环境质量改善目标的地区，同时增加了约谈制。该法第 22 条规定：对超过国家重点大气污染物排放总量控制指标或者未完成国家下达的大气环境质量改善目标的地区，省级以上人民政府环境保护主管部门应当会同有关部门约谈该地区人民政府的主要负责人，并暂停审批该地区新增重点大气污染物排放总量的建设项目环境影响评价文件。约谈情况应

当向社会公开。

6. 增加大气污染损害评估制度

新法第 28 条规定：国务院环境保护主管部门会同有关部门，建立和完善大气污染损害评估制度。

7. 增加规定了查封、扣押行政强制措施

新法遵循新《环境保护法》的做法，增加规定了查封、扣押行政强制措施。该法第 30 条规定：企业事业单位和其他生产经营者违反法律法规规定排放大气污染物，造成或者可能造成严重大气污染，或者有关证据可能灭失或者被隐匿的，县级以上人民政府环境保护主管部门和其他负有大气环境保护监督管理职责的部门，可以对有关设施、设备、物品采取查封、扣押等行政强制措施。

8. 为排污权交易预留了空间

《大气污染防治法》的第 21 条规定："国家逐步推行重点大气污染物排污权交易。"这是我国首次在法律中确认排污权交易，为我国排污权交易制度的建立提供了法律依据。

（七）强化了法律责任

新的《大气污染防治法》共 129 条，其中涉及到法律责任的条款就有 30 条，这无疑表明，对于违法行为，新法将采取重典手段，加强震慑，加大处罚，让违法者付出沉重代价，增加其违法成本，对污染企业产生巨大的震慑作用。不仅规定了大量的具体的有针对性的措施，还规定了相应的处罚责任。具体的处罚行为和种类接近 90 种，提高了这部法的操作性和针对性。[1]

新修改的法律取消了现行法律中对造成大气污染事故企业事业单位罚款"最高不超过 50 万元"的封顶限额，变为按倍数计罚，同时，遵循修订的《环境保护法》的规定，增加了"按日计罚"的规定；新法还规定，造成大气污染事故的，对直接负责的主管人员和其他直接责任人员可以处上一年度从本企业事业单位取得收入 50% 以下的罚款。对造成一般或者较大大气污染事故的，按照污染事故造成直接损失的 1 倍以上 3 倍以下计算罚款；对造成重大或者特

---

[1] 朱宁宁：《解读新修改的〈大气污染防治法〉》，http://www.fjfzb.gov.cn/cms/html/sfzb/2015-09-06/2024214311.html，2015-12-21。

大大气污染事故的，按污染事故造成的直接损失的 3 倍以上 5 倍以下计罚。

本章讨论主题与问题安排

主题一：《水污染防治法》的进步与不足

问题：

1.《水污染防治法》与原法相比有哪些进步？

2.《水污染防治法》与新《环境保护法》和《大气污染防治法》相比有哪些不足？

主题二：《大气污染防治法》修改的内容及其原因

问题：

1.简述《大气污染防治法》修改的内容。

2.简述《大气污染防治法》修改的原因。

讨论参考资料

1.韩德培主编：《环境保护法教程》(第七版)，法律出版社 2015 年版。

2.蔡守秋主编：《环境资源法学》，人民法院出版社、中国人民公安大学出版社 2003 年版。

3.谢伟编著：《环境资源法实验案例教程》，中国政法大学出版社 2015 年版。

4.《中华人民共和国行政复议法》。

5.《环境保护主管部门实施查封、扣押办法》。

6.《环境保护主管部门实施按日连续处罚办法》。

7.《环境行政处罚办法》。

 课后思考题

1.试比较两法规定的区域限批制度的不同。

2.试述应对雾霾的法律对策。

第十四章

自然资源权属争议解决机制

第一节 自然资源权属争议概述

一、自然资源权属争议的内涵

权属即权利的归属，自然资源权属即自然资源所有权和使用权的归属。而自然资源权属争议则是指因自然资源所有权、使用权权属界限不明确而引起的争议。按自然资源权利性质划分，自然资源权属争议可分为所有权争议和使用权争议；按自然资源的种类划分，自然资源权属争议可分为土地权属争议、矿产资源权属争议、森林资源及林木权属争议、草原资源权属争议等。

二、自然资源权属争议的特征

自然资源权属争议是指因权属不清而引起的争议，因此它与自然资源侵权纠纷存在明显的差异。通常，侵权纠纷可用行政调解和民事诉讼，但权属争议的解决就不同，相对而言，自然资源权属争议及其解决具有如下特征：

1.争议类型的多样性。自然资源权属争议类型的多样性，既体现在既有资源的所有权争议，也有资源的使用权争议，又体现在既包括土地所有权和使用权争议、又包括水事纠纷、探矿权争议、采矿权争议、林木和林地所有权和使用权争议等。

2. 政府介入性。资源权属争议的解决，往往需要查明资源权属的初始登记，因此，法律往往规定，当事人不愿协商或协商不成的，由人民政府作出处理。对人民政府处理决定不服的，才可向法院起诉。因此，行政处理往往是纠纷解决的必经程序。并且，对于一些跨省、自治区、直辖市的资源纠纷，如水事纠纷、矿事纠纷，法律还规定国务院具有最终处理决定权。

3. 处理方式的多元性。我国资源权属争议的处理方式有三类，一是自行处理，包括协商、调解；二是行政处理，包括行政调解、行政裁决和行政复议；三是司法处理，包括民事诉讼和行政诉讼。当然，行政诉讼是其最主要的诉讼方式。

第二节　我国自然资源权属争议解决路径之立法规定

我国自然资源权属争议解决路径之立法散见于我国自然资源保护单行法及其实施细则、部门规章和《行政复议法》《行政诉讼法》及其司法解释中。

自然资源权属争议的解决主要规定在资源的专门立法中，其中单行法规定包括：《中华人民共和国土地管理法》第 16 条、《中华人民共和国水法》第 56 条和第 57 条、《中华人民共和国森林法》第 17 条、《中华人民共和国草原法》第 16 条、《中华人民共和国渔业法》第 13 条等。对自然资源权属争议予以规定的行政法规和部门规章有：《矿产资源法实施细则》第 23 条、2003 年国土资源部发布的《土地权属争议调查处理办法》第 4 条、1996 年由原林业部发布的《林木、林地权属争议处理办法》第 4 条和第 22 条等。

除上述自然资源的专门立法外，《行政诉讼法》《行政复议法》及其司法解释对此也有规定。如《行政诉讼法》第 37 条、《行政复议法》第 30 条、最高人民法院关于适用《行政复议法》第三十条第一款有关问题的批复（法释 [2003]5 号）、最高人民法院行政审判庭关于行政机关颁发自然资源所有权或者使用权证的行为是否属于确认行政行为问题的答复 [2005] 行他字第 4 号）等。

如《土地管理法》的第 16 条规定："土地所有权和使用权争议，由当事人协商解决；协商不成的，由人民政府处理。单位之间的争议，由县级以上人民政府处理；个人之间、个人与单位之间的争议，由乡级人民政府或者县级以上人民政府处理。当事人对有关人民政府的处理决定不服的，可以自接到处理决定通知之日起三十日内，向人民法院起诉。"

《森林法》和《草原法》与《土地管理法》的规定大致相同，分别规定：单位之间发生的林木、林地所有权和使用权争议，由县级以上人民政府依法处理。个人之间、个人与单位之间发生的林木所有权和林地使用权争议，由当地县级或者乡级人民政府依法处理。当事人对人民政府的处理决定不服的，可以在接到通知之日起一个月内，向人民法院起诉。草原所有权、使用权的争议，由当事人协商解决；协商不成的，由有关人民政府处理。单位之间的争议，由县级以上人民政府处理；个人之间、个人与单位之间的争议，由乡（镇）人民政府或者县级以上人民政府处理。当事人对有关人民政府的处理决定不服的，可以依法向人民法院起诉。

但是，《水法》对于水事纠纷的解决途径做出了完全不同的规定。《水法》第56条规定："不同行政区域之间发生水事纠纷的，应当协商处理；协商不成的，由上一级人民政府裁决，有关各方必须遵照执行。"第57条规定："单位之间、个人之间、单位与个人之间发生的水事纠纷，应当协商解决；当事人不愿协商或者协商不成的，可以申请县级以上地方人民政府或者其授权的部门调解，也可以直接向人民法院提起民事诉讼。县级以上地方人民政府或者其授权的部门调解不成的，当事人可以向人民法院提起民事诉讼。"

其他立法规定在此不一一列举。

综观上述立法，我国自然资源权属争议之解决存在以下特点和缺失：

（一）争议解决立法层次不统一

我国大多数的自然资源权属争议解决机制规定于由全国人大常委会颁布的单行法律中，如土地、水、森林、草原资源权属争议等。但有些却规定在国务院颁布的行政法规中，如矿业权争议之解决就规定在《矿产资源法实施细则》中。这一局面就带来了执法、司法和守法活动中的复杂性，不便于人们查找相关立法，也不利于法的贯彻实施。

（二）纠纷解决模式差异大

综观我国自然资源的专门立法和其他相关法，其纠纷解决模式不下六种：

一是协商—行政裁决模式，即发生争议后先由当事人协商，不愿协商或协商不成的由政府裁决。如《水法》第56条规定的不同行政区域之间发生的水事纠纷解决模式、《矿产资源法实施细则》第23条规定的探矿权人之间对勘查范围发生的争议和第36条规定的采矿权人之间对矿区范围发生的争议的解决模式等。值得一提的是：从文义解释的角度看，这两部法分别规定的跨行政区域的水事纠纷和探矿权、采矿权争议的解决途径似乎排除了司法最终裁决。

二是协商—行政调解—民事诉讼模式。如《水法》第57条规定的单位之间、个人之间、单位与个人之间发生的水事纠纷，当事人就可选择先协商、不愿协商或协商不成可以申请县级以上地方人民政府或者其授权的部门调解，县级以上地方人民政府或者其授权的部门调解不成的，当事人可以向人民法院提起民事诉讼。

三是协商—民事诉讼模式。上述《水法》第57条规定的"单位之间、个人之间、单位与个人之间发生的水事纠纷，当事人也可选择此模式"。也就是说，对于《水法》第57条规定的情形，当事人可以选择采用上述第二或第三种模式，其中行政调解不是民事诉讼前的必经程序。

四是协商—行政裁决—行政诉讼模式。《土地管理法》第16条规定的土地所有权和使用权争议，当事人协商解决，协商不成的，由人民政府处理，对人民政府处理决定不服的，才可向人民法院起诉。

五是协商—行政裁决—行政复议—行政诉讼模式。从《行政复议法》的第30条的规定可以看出：公民、法人或者其他组织认为行政机关的具体行政行为侵犯其已经依法取得的土地、矿藏、水流、森林、山岭、草原、荒地、滩涂、海域等自然资源的所有权或者使用权的，应适用行政复议前置程序，即采用此种模式。《林木、林地权属争议处理办法》第4条规定的林权争议解决也是规定采用这一模式。

（三）单行法与《行政复议法》规定相矛盾

根据《土地管理法》的 16 条规定，当事人对有关人民政府的处理决定不服的，可以自接到处理决定通知之日起三十日内，向人民法院起诉。这意味着行政复议并非土地权属争议在提起行政诉讼前的必经程序。相反，《行政复议法》第 30 条规定：公民、法人或者其他组织认为行政机关的具体行政行为侵犯其已经依法取得的土地、矿藏、水流、森林、山岭、草原、荒地、滩涂、海域等自然资源的所有权或者使用权的，应当先申请行政复议；对行政复议决定不服的，可以依法向人民法院提起行政诉讼。对《行政复议法》的该条规定，在执法实践中存在难于理解之处。也正因为如此，山西省高级人民法院曾请示最高人民法院，而最高人民法院的回复是：根据《行政复议法》第三十条第一款的规定，公民、法人或者其他组织认为行政机关确认土地、矿藏、水流、森林、山岭、草原、荒地、滩涂、海域等自然资源的所有权或者使用权的具体行政行为，侵犯其已经依法取得的自然资源所有权或者使用权的，经行政复议后，才可以向人民法院提起行政诉讼，但法律另有规定的除外。此外，2005 年最高人民法院在给予甘肃省高级人民法院《关于行政机关颁发土地、矿藏等自然资源所有权或者使用权证的行为是否属于确认具体行政行为的请示》回复时指出：最高人民法院法释 [2003]5 号批复中的"确认"，是指当事人对自然资源的权属发生争议后，行政机关对争议的自然资源的所有权或者使用权所作的确权决定。有关土地等自然资源所有权或者使用权的初始登记，属于行政许可性质，不应包括在行政确认范畴之内。据此，行政机关颁发自然资源所有权或者使用权证书的行为不属于复议前置的情形。

上述最高人民法院的两个司法解释说明土地权属争议行政处理决定是《行政复议法》规定的适用行政复议前置的情形，这与《土地管理法》的规定存在明显的冲突。《土地管理法》和《行政复议法》都是由全国人大常委会制定的法律，从效力层次上看具有同等的法律效力，如果按照特别法优于一般法的规则，对于土地权属争议的解决应适用《土地管理法》的规定。但最高人民法院的司法解释出自 2005 年，在 2004 年修正的《土地管理法》之后。这些规定的矛盾和冲突使得人们在实践中无所适从。正因为如此，2006 年的一司法考试题[1]，司法部提供的标准答案为 B 就引起了诸多的争论。因为按不同的法律，选择的答案不同，如按《土地管理法》和《行政诉讼法》选择 B 有其合理性，如按最高人民法院的司法解释则应选择 C。

（四）提起行政诉讼的期限规定不统一

如前所述，《土地管理法》中规定的提起行政诉讼的期限是自接到处理决定通知之日起三十日内，向人民法院起诉。而《森林法》第 17 条规定的是：当事人对人民政府的处理决定不服的，可以在接到通知之日起一个月内，向人民法院起诉。新修订的《行政诉讼法》第 45 条规定：公民、法人或者其他组织不服复议决定的，可以在收到复议决定书之日起十五日内向人民法院提起诉讼。第 46 条规定：公民、法人或者其他组织直接向人民法院提起诉讼的，应当自知道或者应当知道作出行政行为之日起六个月内提出。法律另有规定的除外。

上述规定，一是两部单行立法分别使用了"三十日"和"一个月"的规定，这两种不同的表达会导致不同的适用结果，这不利于人们对法定期限的了解。二是两部单行法规定的起诉期限远比《行政诉讼法》规定的期限短，尽管《行政诉讼法》中使用了"法律另有规定的除外"表述，按此规定就应优先适用单行法的规定。如果将《土地管理法》规定的情形理解为《行政诉讼法》中规定的"法律另有规定的除外"情形，而仍然适用"三十日"的规定，这与《行政诉讼法》修订的精神相违背，因为原法只规定了"三个月"，修订后延长到了"六个月"。同时，我国立法的现状是：除上述两部单行法规定了提起诉讼的期限外，其他自然资源的单行法却无期限的规定，其他的理应适用六个月的期限的规定，这一状况导致对不同的自然资源权属争议的当事人在程序上实行差别待遇。

---

[1] 2006 年司法考试卷一题：甲村与乙村相邻，甲村认为乙村侵犯了本村已取得的林地所有权，遂向省林业局申请裁决。省林业局裁决该林地所有权归乙村所有，甲村不服。按照《行政复议法》和《行政诉讼法》规定，关于甲村寻求救济的下列哪种说法是正确的？ A. 只能申请行政复议；B. 既可申请行政复议，也可提起行政诉讼；C. 必须先经过行政复议，才能够提起行政诉讼；D. 只能提起行政诉。司法部提供的标准答案为 B。

（五）立法语言欠精准

如《水法》第 57 条规定："单位之间、个人之间、单位与个人之间发生的水事纠纷，应当协商解决；当事人不愿协商或者协商不成的，可以申请县级以上地方人民政府或者其授权的部门调解，也可以直接向人民法院提起民事诉讼。"法律条文中的"应当"理应是强制性条款的用词，违反强制性条款应承担相应的法律责任。而水事纠纷是对水资源的使用权发生争议而引起的纠纷，该类纠纷属于典型的民事纠纷，民事纠纷的解决是否协商，应完全取决于双方当事人的自愿，不应规定应当协商解决，更何况该条规定在其后又使用了"当事人不愿协商"的字样，这有自相矛盾之嫌。

又如《土地管理法》第 16 条规定的"土地所有权和使用权争议，由当事人协商解决；协商不成的，由人民政府处理"。尽管此处"协商解决"前未加"应"字，但后面只有"协商不成"的字样，而无"不愿协商"的表述，这就很容易使人误认为协商是必经程序。

（六）援引模式难于操作

《渔业法》第 13 条规定：当事人因使用国家规划确定用于养殖业的水域、滩涂从事养殖生产发生争议的，按照有关法律规定的程序处理。该"有关法律"是指什么法律，指代不明，在实践中缺乏可操作性。

（七）部分立法仅规定行政处理而排除了司法最终审查

如对矿产资源权属争议案件的处理适用的《矿产资源法实施细则》第 23 条、第 36 条规定，对跨行政区域水事纠纷处理适用的《水法》第 56 条规定仅仅是"协商—行政裁决"。立法并未规定司法最终审查，这不利于保护当事人的合法权益。

当然，按照最高人民法院的司法解释，下列行政复议裁决为最终裁决有其合理性：根据国务院或者省、自治区、直辖市人民政府对行政区划的勘定、调整或者征用土地的决定，省、自治区、直辖市人民政府确认土地、矿藏、水流、森林、山岭、草原、荒地、滩涂、海域等自然资源的所有权或者使用权的行政复议决定为最终裁决。

第三节 我国自然资源权属争议解决路径选择

一、统一自然资源立法

无论是上文提及的争议解决立法层次不统一，还是纠纷解决模式差异大、提起行政诉讼的期限规定不统一等问题，都是因我国自然资源的单行立法各自为阵所致。因此有必要制定一部统一的自然资源基本法，这部法拟或为一部专门的自然资源法的基本法，其名称命名为《中华人民共和国自然资源法》；也拟或制定一部实质意义上的综合性的环境保护基本法，其名称命名为《中华人民共和国环境保护和自然资源法》，其中设自然资源法篇对自然资源权属及其争议解决、基本原则、基本制度等问题予以统一规定。这一立法模式有利于自然资源权属争议的高效公平解决，又可以填补我国现行部分自然资源立法尚无权属争议解决机制规定的立法空白。事实上，我国《海洋环境保护法》和《海岛保护法》等立法，由于其立法侧重于环境保护，因此对权属争议的解决尚无立法规定。

二、简化争议解决模式结构体系，扩大司法审查适用的范围

我国现行立法规定了六种争议解决模式，不同的自然资源采用不同的争议解决模式，这种纷繁复杂的争议解决模式，势必增加行政执法和当事人权益保护的难度。因此，应根据自然资源权属争议的特点，规定两种争议解决模式：一是协商—行政裁决—行政复议模式。该模式适用于最高人民法院司法解释中所列的情形，即：根据国务院或者省、自治区、直辖市人民政府对行政区划的勘定、调整或者征用土地的决定，省、自治区、直辖市人民政府确认土地、矿藏、水流、森林、山岭、草原、荒地、滩涂、海域等自然资源的所有权或者使用权的行政复议决定为最终裁决的情形。二是协商—行政裁决—行政复议—行政诉讼模式。该模式适用于其他所有的自然资源权属争议。即在现有适用范围的基础上，将跨行政区域的水事纠纷和探矿权、采矿权争议的解决途径引入司

法最终审查程序。

司法审查，是一种国家权力对另一种国家权力的监督制约，即法院通过诉讼程序审查并纠正不法行政行为，以保护公民和组织的合法权益免受国家行政机关侵害并维护其合法权益的行政行为，支持行政机关依法行政。扩大自然资源权属争议解决机制的司法最终审查范围，当事人可通过诉诸法律以审查具体行政行为的合法性，以维护自身的合法权益，也是对行政机关实施的具体行政行为的最为有效的监督。中国公民作为社会的成员，不但可以通过其代表行使国家权力，参与管理国家社会事务，而且也迫切期待在其利益受到具体行政行为侵害时，可以通过司法审查监督纠正其违法行为。这也是民主法治的一大体现。

三、明确规定资源权属争议解决机制适用行政复议前置

行政复议前置，是指行政相对人对法律、法规规定的特定具体行政行为不服，在寻求法律救济途径时应当选择先向行政复议机关申请复议，经过复议后仍不服复议决定的，才可以向人民法院提起行政诉讼。我国行政复议与行政诉讼的基本关系是以行政相对人自由选择为原则，以行政复议前置为例外。适用行政复议前置必须法律有明确规定。

对于自然资源权属争议现行立法是否已规定适用行政复议前置、是否应当适用行政复议前置在理论界尚存分歧。

针对上述第一个问题，对《行政复议法》第30条中的"具体行政行为"和"已经依法取得"两个六个字的理解便是关键。其中，对"具体行政行为"的理解，分歧在它是指行政确认还是行政裁决或者两者兼而有之。对此，法学界存在着三种主流观点。一种观点认为：最高院法释〔2003〕5号已经将《行政复议法》第30条第一款的具体行政行为限定为确认具体行政行为，即行政确认侵犯了行政相对人已经依法取得的权属的行为，具有侵权的性质；而行政裁决属于居间裁判行为，没有侵权性质。另一种观点认为：依据《最高人民法院行政审判庭关于行政机关颁发自然资源所有权或者使用权证的行为是否属于确认行政行为问题的答复》（〔2005〕行他字第4号），最高院法释〔2003〕5号批复中的"确认"是指当事人对自然资源的权属发生争议后，行政机关对争议的自然资源的

所有权或者使用权所作的确权决定，属于行政裁决。还有一种观点认为：全国高等学校法学专业核心课程教材《行政法与行政诉讼法》将行政复议法第 6 条第（四）项解释为"行政确权行为"。认为行政确权既包括行政确认行为又包含行政裁决行为，因此法释〔2003〕5 号批复中的确认土地、矿藏、水流、森林、山岭、草原、荒地、滩涂、海域等自然资源的所有权或者使用权具体行政行为，既包括行政确认又包括行政裁决。[1]笔者赞同上述第二种观点，即此处的具体行政行为为行政裁决行为，对行政相对人提出的资源权属争议后进行的裁决理应纳入行政复议前置的范围。

而对"已经依法取得"的理解，理论界存在两种不同观点，一种意见认为，这里的"已经依法取得"应理解为公民、法人或其他组织主观认定已经依法取得土地权属即可，而不应单纯地理解为公民、法人或其他组织已经依法取得行政机关颁发的土地所有权或使用权权属法律证书。行政机关侵犯该项"已经依法取得"的权利时，复议才是行政诉讼的前置条件。至于公民、法人或其他组织是否实际"已依法取得"土地所有权或使用权权属，则属于实体审理中需要确认的问题。[2]另一种意见认为，这里所指的"已经依法取得"应"以当事人已经取得自然资源的所有权或者使用权法律证书为标准"[3]。此处的第一种观点，更具合理性。首先，从文义解释的角度看，《行政诉讼法》第 30 条中使用了"认为"二字，理应理解为主观认定；其次，人民法院在接到诉讼申请时，应查明是否属于行政复议前置的案件，但履行该审查之职责时是否应当做实质性审查，如有无土地使用证，是否是真实的土地使用证等等。而事实上，如果公民、法人或其他组织已经拥有了真实合法的权属证书，那便是侵权纠纷，而不是权属争议，这理所当然无需行政途径解决，而应提起民事诉讼。

针对上述第二个问题，即自然资源权属争议是否应当纳入行政复议前置

---

[1]　姜明安主编：《行政法与行政诉讼法》，北京大学出版社、高等教育出版社 2007 年版，第 425—426 页。

[2]　王冠春：《土地行政复议案件中几个问题的探讨》，《政府法制·半月刊》2006.9（上），第 16—17 页。

[3]　国家法官学院、中国人民大学法学院编：《中国审判案例要览》，中国人民大学出版社、人民法院出版社 2004 年版，第 34 页。

范围,《最高人民法院行政审判庭关于行政机关颁发自然资源所有权或者使用权证的行为是否属于确认行政行为问题的答复》(下简称"答复")已将"当事人对自然资源的权属发生争议后,行政机关对争议的自然资源的所有权或者使用权所作的确权决定"列入适用行政复议前置的范围,但各自然资源的单行法以及《行政复议法》并未明确将此列入适用行政复议前置的范围。该答复是否属于法的范围?其效力如何?尚存质疑。但该答复是否有其合理性?即对自然资源的权属发生争议后,行政机关对争议的自然资源的所有权或者使用权所作的确权决定是否应当列入行政复议前置的范围笔者持肯定的观点。行政机关应当拥有对行政争议的第一次判断权。适用行政复议前置的可诉具体行政行为特别是土地行政行为属于典型的行使国家强制力的行政职权行为,专业性强、涉及面广、权属复杂,需要专门的土地管理知识和丰富的基层实践经验。行政机关(通常是上级行政机关)所特有的信息便利、专业优势以及相对公正的立场为其迅速化解行政争议提供了可能。[1]当然,其他的资源纠纷解决也是如此。

四、统一行政诉讼期限

如前文所述,我国现行自然资源单行立法规定的诉讼时效期间分别为"三十日"和"一个月",自接到处理决定通知之日起算,而《行政诉讼法》规定的诉讼时效期间为六个月。这一立法规定的不同,导致不同的自然资源权属争议行政诉讼时效期间不同,有必要在我国自然资源立法中统一其行政诉讼时效期间,时效的长短宜参考《行政诉讼法》中较长时效期间的规定。因为在行政关系中,行政相对人是处于弱势地位的一方当事人,在强调建立服务型政府的今天,强化行政相对人的权利是现行立法之趋势。

我国自然资源权属争议立法应不断改进,除上述几方面外,还应进一步规范立法语言,加强立法规范的可操作性,使我国的自然资源权属争议立法日趋完善,以高效、公平地解决自然资源权属争议。

---

[1] 曹康泰主编:《中华人民共和国行政复议法实施条例释义》,中国法制出版社2007年版,第5页。

本章讨论主题与问题安排

主题：我国自然资源权属争议解决途径

问题：

　　1. 我国自然资源权属争议解决途径有哪些模式？

　　2. 我国自然资源权属争议解决途径存在哪些问题？

　　3. 应如何设置自然资源权属争议解决机制？

讨论参考资料

　　1. 孟庆瑜、刘武朝著：《自然资源法基本问题研究》，中国法制出版社 2006 年版。

　　2. 曹康泰主编：《中华人民共和国行政复议法实施条例释义》，中国法制出版社 2007 年版。

　　3.《中华人民共和国行政诉讼法》。

　　4.《中华人民共和国行政复议法》。

　　5.《中华人民共和国土地管理法》。

　　6.《中华人民共和国森林法》。

　　7.《中华人民共和国矿产资源法》。

　　8.《中华人民共和国矿产资源法实施细则》。

　　9.《中华人民共和国草原法》。

　　10.《中华人民共和国渔业法》。

　　11.《林木、林地权属争议处理办法》。

　　12.《土地权属争议调查处理办法》。

　　13.《最高人民法院行政审判庭关于行政机关颁发自然资源所有权或者使用权证的行为是否属于确认行政行为问题的答复》。

　　14. 最高人民法院法释〔2003〕5 号《关于适用行政复议法第三十条第一款有关问题的批复》。

参 考 文 献

一、著作

1. 叶圣陶.精读指导举隅.重庆：重庆商务印书馆，1942.

2. 汪世荣.有效的法学实践教育.北京：法律出版社，2012.

3. 汪劲.环境法学.北京：北京大学出版社，2006.

4. 韩德培.环境保护法教程（第七版）.北京：法律出版社，2015.

5. 陈慈阳.环境法总论.北京：中国政法大学出版社，2003.

6. 金瑞林.环境法学.北京：北京大学出版社，2007.

7. 李爱年，周训芳.环境法.长沙：湖南人民出版社，2004.

8. 汪劲.环境法律的理念与价值追求.北京：法律出版社，2000.

9. 汪劲，田秦等.绿色正义——环境的法律保护.广州：广州出版社，2000.

10. 蔡守秋.环境资源法学.北京：人民法院出版社、中国人民公安大学出版社，2003.

11. 韩德培.环境保护法教程（第六版）.北京：法律出版社，2012.

12. 王曦.国际环境法资料选编.北京：民主与建设出版社，1999.

13. 李爱年.环境法的伦理审视.北京：科学出版社，2006.

14. 赵国青.外国环境法选编.北京：中国政法大学出版社，2000.

15. 张梓太.环境保护法.北京：中央广播电视大学出版社，1999.

16. 罗辉汉.环境法学.广州：中山大学出版社，1986.

17. 韩德培.环境保护法教程（第五版）.北京：法律出版社，2007.

18. 周珂.环境与资源保护法.北京：中国人民大学出版社，2008.

19. （美）爱蒂丝·布朗·魏伊丝.公平地对待未来人类：国际法、共同遗产与世代间衡平.汪劲，于方，王鑫海，译.林峰，胡国辉审校.北京：法律出版社，2000.

20. 叶俊荣 . 环境政策与法律 . 北京：中国政法大学出版社，2003.

21. 吕忠梅 . 环境法新视野 . 北京：中国政法大学出版社，2000.

22.（日）野村好弘 . 日本公害法概论 . 康树华，译 . 北京：中国环境管理、经济与法学学会，1982.

23. 曹明德 . 环境侵权法 . 北京：法律出版社，2000.

24. 程正康 . 环境法概要 . 北京：光明日报出版社，1984.

25.（英）R J 文森特 . 人权与国际关系 . 凌迪等，译 . 北京：知识出版社，1998.

26.（日）原田尚彦 . 环境法 . 于敏，译 . 马骧聪，审校 . 北京：法律出版社，1999.

27. 余涌 . 道德权利研究 . 北京：中央编译出版社，2001.

28. 张文显 . 二十世纪西方法哲学思潮研究 . 北京：法律出版社，1996.

29. 马克思恩格斯全集（第 1 卷）. 北京：人民出版社，1980.

30. 周珂 . 环境与资源保护法（第二版）. 北京：中国人民大学出版社，2010.

31. 李爱年，周训芳，李慧玲 . 环境保护法学 . 长沙：湖南人民出版社，2012.

32. 世界环境与发展委员会 . 我们共同的未来 . 王之佳, 柯金良等，译 . 长春：吉林人民出版社，1997.

33. 李艳芳 . 公众参与环境影响评价制度研究 . 北京：中国人民大学出版社，2005.

34. 李挚萍 . 经济法的生态化 . 北京：法律出版社，2003.

35. 李慧玲 . 环境税费法律制度研究 . 北京：中国法制出版社，2007.

36. 王利民 . 民法·侵权行为法 . 北京：中国人民大学出版社，1993.

37. 杨立新 . 中华人民共和国侵权责任法草案建议稿及说明 . 北京：法律出版社，2007.

38. 王利明 . 民法典·侵权责任法研究 . 北京：人民法院出版社，2003.

39. 国家法官学院、中国人民大学法学院. 中国审判案例要览. 北京：中国人民大学出版社、人民法院出版社，2004.

40. 曹康泰. 中华人民共和国行政复议法实施条例释义. 北京：中国法制出版社，2007.

41. 姜明安. 行政法与行政诉讼法. 北京：北京大学出版社、高等教育出版社，2007.

42. 吕忠梅. 超越与保守——可持续发展视野下的环境法创新. 北京：法律出版社，2003.

43. 中国 21 世纪议程管理中心可持续发展战略研究组. 生态补偿：国际经验与中国实践. 北京：科学文献出版社，2007.

44. 欧洲环境局. 环境税的实施和效果. 北京：中国环境科学出版社，2000.

45. 经济合作与发展组织. 税收与环境：互补性政策. 北京：中国环境科学出版社，1996.

46.（英）E 马尔特比等. 生态系统管理：科学与社会管理问题. 康乐，韩兴国等，译. 北京：科学出版社，2003.

47. 吕忠梅. 环境法原理. 上海：复旦大学出版社，2007.

48. 谢伟. 环境资源法实验案例教程. 北京：中国政法大学出版社，2015.

49. 付立忠. 环境刑法学. 北京：中国方正出版社，2001.

50. 赵秉志，王秀梅，杜澎. 环境犯罪比较研究. 北京：法律出版社，2004.

51. 蒋兰香. 环境犯罪基本理论研究. 北京：知识产权出版社，2008.

52. 孟庆瑜，刘武朝. 自然资源法基本问题研究. 北京：中国法制出版社，2006.

二、连续出版物

1. 李爱年. 生态保护立法体系存在的问题与完善的建议. 中国人口·资源与环境，2002，5.

2. 蔡守秋.论当代环境法学的发展.法商研究，1998，3.

3. 李爱年.环境保护法不直接调整人与自然的关系.法学评论，2002，3.

4. 郭红欣.环境保护法能够调整人与自然的关系.法学评论，2002，6.

5. 陈泉生.环境时代与宪法环境权的创设》.福州大学学报：哲学社会科学版，2001，4.

6. 汪劲.论现代西方环境权益理论中的若干新理念.中外法学，1999，4.

7. 杜钢建.日本的环境权理论和制度.中国法学，1994，6.

8. 张庆椿.环境权初探.环境导报，1999，4.

9. 吕忠梅.论公民环境权.法学研究，1995，6.

10. 吕忠梅.再论公民环境权.法学研究，2000，6.

11. 杜群.论环境权益及其基本权能.环境保护，2002，5.

12. 程杰.论环境权的宪法保障.河南省政法管理干部学院学报，2000，4.

13. 钱水苗.论环境自卫权.中国法学，2001，3.

14. 李艳芳.论环境权及其与生存权和发展权的关系.中国人民大学学报，2000，5.

15. 段永清.论环境权的法律性质.四川行政学院学报，2002，5.

16. 朱谦.论环境权的法律属性.中国法学，2001，3.

17. 吴国贵.环境权的概念、属性.法律科学，2003，4.

18. 古德近.论环境权的属性.南京社会科学，2003，3.

19. 那力.论环境事务中的公众权利.法制与社会发展，2002，2.

20. 王灿发等.圆明园铺膜事件对环境影响评价制度的拷问.中州学刊，2005，5.

21. 李慧玲.我国排污收费制度及其立法评析.中南林业科技大学学报：社会科学版，2007，2.

22. 王丽娜，杨主泉.基于内容分析法的生态补偿概念识别标准研究.现代商贸工业，2015，3.

23. 沈满洪，陆菁.论生态保护补偿机制.浙江学刊，2004，4.

24. 毛显强.生态补偿的理论探讨.中国人口·资源与环境，2002，4.

25. 黄锡生. 矿产资源生态补偿制度探究. 现代法学, 2006, 6.

26. 苏霞. 绿色税收：解决环境问题的有效途径. 统计与决策, 2005, 9.

27. 苏明, 许文. 中国环境税改革问题研究. 财政研究, 2011, 2.

28. 李慧玲. 论环境收入税. 现代法学, 2007, 6; 中国社会科学文摘, 2008, 4.

29. 谭灵. 我国开征环境保护税的思考. 河套大学学报, 2008, 3.

30. 龚文龙. 论新形势下我国环境保护税法律制度之构建. 四川师范大学学报：社会科学版, 2014, 4.

31. 黄新华. 环境保护税的立法目的. 税务研究, 2014, 7.

32. 孙爱华. 开征环境保护税的思考. 经济视角, 2010, 1.

33. 高萍, 计金标, 张磊. 我国环境税税制模式及其立法要素设计. 税务研究, 2010, 1.

34. 杨志勇, 何代欣. 公共政策视角下的环境税. 税务研究, 2011, 7.

35. 胡春延, 周克标. 浅谈对违法行为的征税. 税务与经济, 1993, 2.

36. 翟继光. 论税法的道德性——税法不能承受之重. 西南政法大学学报, 2008, 1.

37. 郭聪聪. 关于我国开征环境保护税的思考. 特区经济, 2014, 9.

38. 刘继虎, 葛婉婉. 违法所得可税论. 经济法论丛, 2006, 12.

39. 计金标, 刘建梅. 公平视角下环境保护税若干问题探析. 税务研究, 2014, 7.

40. 曾贤刚. 从 OECD 国家经验看我国环境税的建立和完善. 经济理论与经济管理, 2008, 5.

41. 梁劲锐, 席小瑾. 环境税收的国际借鉴及对中国的启示. 经济与管理, 2008, 12.

42. 封凯栋等. 我国流域排污权交易制度的理论与实践——基于国际比较的视角. 经济社会体制比较, 2013, 3.

43. 杨坤, 王作敏. 我国排污权交易制度研究进展. 科技创新导报, 2015, 14.

44. 李干杰. 生态保护红线——确保国家生态安全的生命线. 求是, 2014, 2.

45. 陈海嵩. "生态红线"的规范效力与法制化路径——解释论与立法论的

双重展开. 现代法学, 2014, 4.

46. 吕红迪, 万军, 王成新等. 城市生态红线体系构建建设及其与管理制度衔接的研究. 环境科学与管理, 2014, 1.

47. 饶胜, 张强, 牟雪洁. 划定生态红线创新生态系统管理. 环境经济, 2012, 6.

48. 李莉. 生态红线为民所划. 环境保护, 2014, 21.

49. 巩固. 政府激励视角下的《环境保护法》修改. 法学, 2013, 1.

50. 张晏, 汪劲. 我国环境标准制度存在的问题及对策. 中国环境科学, 2012, 1.

51. 刘洪岩. 从文本到问题: 有关新《环境保护法》的分析和评述. 辽宁大学学报: 哲学社会科学版, 2014, 4.

52. 王灿发, 江钦辉. 论生态红线的法律制度保障. 环境保护, 2014, 1.

53. 王金南, 吴文俊, 蒋洪强等. 构建国家环境红线管理制度框架体系. 环境保护, 2014, 2.

54. 熊跃辉. 发挥环保标准在生态保护红线中的支撑作用. 环境保护, 2014, Z1.

55. 李慧玲, 陈颖. 无意思联络数人环境侵权民事责任研究. 吉首大学学报: 社会科学版, 2014, 4.

56. 李慧玲. 排除危害环境污染民事责任构成要件研究. 湖南师范大学社会科学学报: 社会科学版, 2007, 2.

57. 常纪文. 浅议环境权与环境法的关系. 荆门职业技术学院学报, 1999, 5.

58. 河北省渔政处. 乐亭渔业污染案终审渔民获赔 669 万元. 河北渔业, 2003, 3.

59. 李希慧, 董文辉. 重大环境污染事故罪的立法修改研究. 法学杂志, 2011, 9.

60. 牛忠志, 邢涛. 对《刑法修正案（八）》关于破坏环境资源保护犯罪修改的评价. 世纪桥, 2011, 15.

61. 王冠春. 土地行政复议案件中几个问题的探讨. 政府法制·半月刊,

2006，9.

62. 白平则.论公民环境权与公司、企业环境资源使用权.山西师大学报：社会科学版，2005，4.

63. 高吉喜.论生态保护红线划定与保护.2014 中国环境科学学会学术年会论文集.

64. 赵成美.生态保护红线的理论基础、实践意义与管控体系构建.2014 中国环境科学学会学术年会论文集.

65. 夏光，王华，李丽平等.可持续发展的重要推动力.中国环境报，2012年7月3日。

66. 王戈.圆明园牵头组织环评不妥.上海青年报，2005年5月1日。

67. 王炜.刑法修正案八"重大环境污染事故罪"修订解读.中国环境报，2011年3月20日。

68. 王灿发.环境法的辉煌、挑战及前瞻.政法论坛，2010，3.

69.Pearce.The Role of Carbon Taxes in Adjusting to Global Warming.Economic Journal, 1991.

三、电子文献

1. 蔡守秋.《调整论——对主流法理学的反思与补充》前言.［2015-04-26］.http://www.legal-theory.org/?act=view&id=11502&mod=info.

2. 齐彬.中国宪法有待增加十项人权——访中国政法大学校长徐显明.［2015-12-25］.http://www.china.com.cn/chinese/OP-c/243614.htm.

3. 石玉英.检察机关民行检察监督的新途径——浅谈检察机关支持起诉及提起民事诉讼机制.［2010-02-20］.http://www.snd.gov.cn/snd_jcy/InfoDetail/?InfoID=38915902-1cf8-44be-9ef5-1091914da193&CategoryNum=003.

4. 河北新闻.大气污染物传输不畅致污染严重专家呼吁健全京津冀区域横向生态补偿制度.［2015-6-22］.http://www.legaldaily.com.cn/locality/content/2015-05/25/content_6096511.htm?node=73907.